Rheinbündischer Konstitutionalismus

Rechtshistorische Reihe

Band 350

Peter Lang
Frankfurt am Main · Berlin · Bern · Bruxelles · New York · Oxford · Wien

Hartwig Brandt/Ewald Grothe (Hrsg.)

Rheinbündischer Konstitutionalismus

Peter Lang
Internationaler Verlag der Wissenschaften

Bibliografische Information der Deutschen Nationalbibliothek
Die Deutsche Nationalbibliothek verzeichnet diese Publikation in der Deutschen Nationalbibliografie; detaillierte bibliografische Daten sind im Internet über <http://www.d-nb.de> abrufbar.

Diese Arbeit wurde von
Herrn Prof. Dr. Wilhelm Brauneder
zur Aufnahme in diese Reihe empfohlen.

Umschlagabbildung:
Justitia – Sinnbild der Gerechtigkeit.
Dieser Bildausschnitt wurde einem Buch
aus dem 17. Jahrhundert entnommen.

ISSN 0344-290X
ISBN 978-3-631-56489-9

www.peterlang.de

Inhalt

Über die Anfänge des Verfassungsstaates in Deutschland.

Eine Einleitung

Hartwig Brandt – Ewald Grothe

Der moderne deutsche Verfassungsstaat beginnt seinen Weg mit der Französischen Revolution, und es ist Frankreich, das diesen Weg für ein halbes Jahrhundert bestimmt. Die eigenen Traditionen des Ancien régime waren nicht gänzlich verblichen oder ohne Bestand, aber alle Neuerungen, mit denen die Staatsspitzen zu kämpfen hatten, kamen aus dem europäischen Westen. Man kann vier Phasen dieses Prozesses, der sich über die Zeit „zwischen den Revolutionen" von 1789 und 1848 erstreckte, unterscheiden. Seine stärkste Verdichtung erfuhr er in der Rheinbundzeit, als das „Dritte Deutschland" sich vorübergehend als ein Ensemble „französischer" Verfassungsprovinzen darstellte.

Den Beginn machte die literarische Debatte der 1790er Jahre. Sie stand der staatlichen Macht und ihren Trägern noch fern, war aber nicht gänzlich ohne Einfluss auf diese. Sie spiegelte den französischen Diskurs und mit ihm den politischen Fortschritt in allen Wendungen und Nuancen. Mehr noch: Sie schuf Enklaven politischer Öffentlichkeit in einer Umwelt, die noch ganz fürstlich-vormundschaftlich verwaltet wurde.

Zehn Jahre später überzog Napoleon das geschlagene Europa mit einem Netz neuer Institutionen. Er zerstörte das Alte Reich, exportierte den Code civil nach Europa und kreierte Verfassungen oder verlangte deren Errichtung. Dieser Rheinbündische Konstitutionalismus, von dem der napoleonische Konstitutionalismus (M. Hecker) ein Teil war, hatte nur kurze Zeit Bestand, aber er wirkte doch als Anstoß über die Spanne seines Bestehens hinaus.

Eine dritte Phase begann 1815. Unter dem Einfluss der französischen Charte von 1814 wurden auch in Deutschland Verfassungen geschaffen, ja das „Französische" geriet zum allgemeinen politischen Muster: In diesen Verfassungen des sogenannten Frühkonstitutionalismus blieb der Monarch die vorherrschende Kraft im Staat, aber er verfügte Einschränkungen seiner Macht durch Gewährung einer Konstitution, durch Volksrechte und eine parlamentarische Vertretung. Nur Österreich und Preußen verweigerten zunächst die Verfassung, wobei die antikonstitutionelle Vernunft beider Mächte durchaus unterschiedlich beschaffen war.

In eine vierte Phase trat die Entwicklung mit den Revolutionen der dreißiger und vierziger Jahre ein. Wieder war Deutschland der aufnehmende Teil: literarisch, mental, politisch. Seit 1830 berichteten deutsche Tagblätter über die Verhandlungen der französischen Deputiertenkammer. 1848 war Paris der Vorort von radikalen Debatten, Umstürzen und Verfassungswenden.

So erblicken wir in der Epoche zwischen den Revolutionen vier Zeiten französisch-deutschen Transfers: eine des Gedankens, eine der militärisch-politischen Überlagerung, eine der Rechtsaufnahme und eine der Nachfolge durch die revolutionäre Tat. Erst nach 1850 begannen sich die politischen, die verfassungspolitischen Wege beider Seiten zu trennen. Der Prozess von Übertragung und Rezeption war beendet.

Napoleon ist wie ein Furor der Moderne über die deutsche Staatenwelt hereingebrochen. Deutschland war nicht nur das größte Schlachtfeld der napoleonischen Kriege, es war auch das erste Objekt der napoleonischen Revolution. Niemals wieder sind politische Ordnungen und lebensweltliche Verhältnisse so grundstürzend verändert worden wie um 1800 – nicht 1871, nicht 1919, nicht 1933. Damals ging das alte, das reichische Deutschland unter, und mit ihm verschwanden die Elemente, welche das Alte geprägt hatten: die „gotische" Kaiserverfassung, der geistliche Territorialstaat, die städtische und ritterschaftliche Kleinherrschaft.

Die Beseitigung des rechtlichen Herkommens schlug ihrerseits tiefe Krisen der Orientierung. Herrschaftswechsel, Grenzverschiebungen, ja die Schaffung gänzlich neuer Staatsgebilde beendeten gewachsene Ordnungen und Loyalitäten. Dabei war die Verwirrung am größten dort, wo mit der Obrigkeit auch das System ein anderes wurde: wo kein Territorialstaat der Moderne vorgearbeitet hatte; wo schlossgesessene Grund- und Gerichtsherren einem fürstlichen Beamten wichen; wo überschaubare Privilegien, mithin das Besondere ständischer Lebensweisen zurückgedrängt wurde; wo alles Lokale und Korporative unter das „Diktat" allgemeiner staatlicher Normen fiel. Alle diese Veränderungen befanden sich erst ganz in den Anfängen, aber schon diese wirkten wie nie gekannte Verletzungen des Gewohnten. Gerade auch in den niederen Schichten, beim „kleinen Mann", der nun Untertan einer abstrakten Staatsgewalt wurde.

Das Krisenhafte der Jahre wurde verstärkt durch die Kriegsnot, eine Elementarerfahrung der Epoche. Fast fünfzehn Jahre zogen die neuen Massenheere durch Europa, breite Spuren von Brandschatzung und Verwüstung hinterlassend. Hinzu trat, dass Einquartierungen und Plünderungen die Wirtschaft ruinierten. Und zu den Zerstörungen kamen die Hemmnisse: Agrarwirtschaft und Gewerbe litten unter Heeresversorgung und Konskription. Die Basis des Eigentums wurde brüchig. Hungersnöte und Seuchen entvölkerten das Land.

Mit der massenweisen Einebnung alter Herrschaftsbezirke, dem Verschwinden von Zollschranken und ständischen Restriktionen wurden die Menschen aber auch mobiler, sosehr die neuen Freiheiten als fragwürdiges Gut empfunden wurden. Vor allem aber sprengte der Kriegsdienst soziale und regionale Fesseln wie sonst keine Institution der Gesellschaft. Die neue, dem Napoleonischen abgewonnene Kampfmoral war bestimmt durch Leistung, Indoktrination und bedingungslose Unterwerfung: eine Schule der Traditionslosigkeit, die den Grund für ein Zeitalter der Revolutionen auch in Deutschland legte.

Die Französische Revolution war eine Schwester des Krieges – und dies von Anfang an. Nur die militärische Expansion schien imstande, die inneren Konflikte zu bändigen, den tödlichen Antagonismus der Parteien zu entschärfen. Freilich erhielt diese Logik durch den Aufstieg Napoleons noch eine zusätzliche Pointe. Indem die Thermidorianer Krieg führten, hielten sie Royalisten und Jakobiner in Schach. Und ihre Strategie war erfolgreich, solange sich die Armee als Teilhaber, als Schutzwehr des Regimes begriff – zuletzt, als Carnot sie von der Verschwörung des Gracchus Babeuf befreite. Aber mit dem triumphalen Feldzug Bonapartes in Italien 1796 begann sich das Bündnis von ziviler und Militärgewalt zu lokkern und diese eine eigene Qualität zu gewinnen. Mit der Gründung der Cisalpinischen Republik wurde die Armee selbst zur politisch kreativen Kraft. Schon seit dem 18. Fructidor (4.9.1797) war das Militär Teilhaber der inneren Politik. Nun wurde diese zum Gefangenen der militärischen Expansion.

Napoleon hat die Revolution in Frankreich „geschlossen" und in einem zweiten Zuge Europa revolutioniert. Im eigenen Lande zähmte er die drohende Anarchie von links und rechts, brachte er eine Abfolge utopischer Reformen zum Stillstand. In Europa enteignete er das Ancien régime, nivellierte er ständisches wie regional zersplittertes Herkommen. Als Instrument diente in beiden Fällen ein rational-bürgerliches Recht, dazu eine Klasse von Experten, welche dieses Recht exekutierten. Instrument war aber auch das Militär und sein Handwerk, der Krieg. Der Krieg rettete die Politik seit den Anfängen der Revolution, und er exportierte sie am Ende nach Europa.

Andererseits war der Krieg für Napoleon immer mehr als der Treibstoff der Politik. „Ein erster Konsul", so sein Diktum, „ähnelt nicht jenen Königen von Gottes Gnaden, die ihre Staaten als ein Erbe betrachten. Er muß sich durch Handlungen hervortun und folglich Krieg führen". So war militärische Eroberung die revolutionäre Obsession, welche den Vormann des Systems verfolgte. Dies erklärt die Ruhelosigkeit der Epoche, die militärischen Konflikte vom ersten bis zum dritten Koalitionskrieg, vom Krieg gegen Österreich bis zum Feldzug gegen Russland. Die zwischenzeitigen Friedensschlüsse – von Campo Formio (1797) über Lunéville (1801), Amiens (1802), Pressburg (1805) bis Tilsit (1807) und Wien (1809) – waren nur Waffenstillstände auf dem Wege zu einer erstrebten Weltherrschaft. Am Ende waren es, von Spanien abgesehen, nur England und Russland, welche dem Grand Empire die Grenzen setzten.

Der napoleonische Zugriff auf Mitteleuropa hatte mehrere Aspekte. Beherrschende Überlegung war, ein Glacis steuerbarer und kriegsdienstleistender Staaten zu schaffen, von dem aus zunächst Preußen und Österreich, später auch Russland militärisch bezwungen und danach imperial beherrscht werden konnten. Dieser Strategie zugeordnet war eine Politik der Absicherung des transrheinischen Terrains: durch Zerstörung der Reichsverfassung und ihres altrechtlich-feudalen Unterbaus, aber auch durch die Schaffung moderner Verwaltungen wie durch die Stiftung von Konstitutionen. Der Zugriff sollte nicht nur ein Imperium schaffen, sondern auch die Zustimmung der Unterworfenen gewinnen.

Die deutsche Staatenwelt erlebte den Umbruch ihrer Verhältnisse durch die Auflösung des Reiches wie durch die Schaffung des Rheinbundes. Der Auflösung des Reiches wurde von Österreich und Preußen schon in den 1790er Jahren vorgearbeitet, als sie ihre Staatsinteressenpolitik über jene des Reiches stellten. Unabwendbar wurde sie durch die Expansivpolitik des französischen Empire, die im Frieden von Lunéville von 1801 und im Reichsdeputationshauptschluss von 1803 ihre zwischenzeitlichen Haltepunkte hatte.

Unter den deutschen Territorien gab es Geschädigte und Begünstigte dieser Politik. Die Stichworte der Umwälzung hießen Säkularisierung und Mediatisierung. Säkularisierung hieß zum einen, dass die geistlichen Staaten aufgelöst und ihr Terrain, nun schon jenseits aller Entschädigungsansprüche, benachbarten weltlichen Staaten zugeschlagen wurden. Säkularisierung hieß des weiteren aber auch, dass Stifter, Abteien und Klöster der vollen Disposition ihrer Landesherren anheim fielen. Aber auch die weltlichen Reichsstände minderen Niveaus, Ritterschaften, Kleinfürsten, Grafen und Städte, gerieten in den Strudel der Auflösung. Oftmals nur erweiterte Grundherrschaften, vermochten sie der planierenden Politik der Territorialstaaten nicht mehr standzuhalten.

Mit der Auflösung des reichischen Deutschland, seiner geflechthaften Rechtsstruktur, seiner Streuung von Herrschaft, Ökonomie und Gericht, war die korporative Libertät aus seiner Verfassung weitgehend getilgt, die neue Rechtsordnung zu einem Verbund von Staaten geworden. Hatte zunächst die Reichsindolenz Österreichs und Preußens die Auflösung vorangetrieben, so war es nun der Reichszentrifugalismus Bayerns, Württembergs und Badens, der sie zum Abschluss brachte. Alle drei Staaten waren Gefolgsmächte Napoleons. Alle drei Staaten erhielten durch den Friedensschluss von Pressburg (1805) die volle Souveränität. Württemberg und Bayern wurden Königreiche, Baden wurde Großherzogtum. Die Koinzidenz von französischer Hegemonialpolitik und regionaler Staatsbehauptung hat den Untergang des Reiches unabwendbar gemacht.

Dem faktischen Ende des Reiches folgte das förmlich-rechtliche im Abstand. Am 12. Juli 1806 wurde der Rheinbund geschaffen; am 1. August verließen seine sechzehn Erstmitglieder den Reichsverband. Reichskrieg und Reichsfrieden seien

„Worte ohne Schall" geworden, lesen wir in der Begründung. Am 6. August legte Franz II., durch ein französisches Ultimatum bedrängt, die Kaiserkrone nieder. Bis 1808 traten 23 weitere ehemalige Reichsstände der Vereinigung bei.

Integraler Bestandteil der Rheinbundpolitik war die Errichtung von Verfassungen in den Staaten der Gemeinschaft. An Gründen für eine solche Politik gab es mehrere. Die bekannten „moralischen Eroberungen", auf die Napoleon spekulierte, zählten ebenso dazu wie territoriale Unifizierung und die Schaffung einer landeseigenen politischen Legitimation. Andererseits fehlten in Deutschland die sozialen und mentalen Voraussetzungen für eine solche Politik, die ganz von den französischen Verhältnissen ihren Ausgang nahm. In Frankreich war seit 1799 der liberale Verfassungsstaat der Revolution einem imperialen Herrschaftskonstitutionalismus gewichen. Einen Großflächenstaat mit modernen Mitteln zu organisieren, erschien eine Republik, eine Nicht-Monarchie, wenn sie ihren Hang zu Pluralismus und Zentrifugalismus nicht zähmte, zu schwach. Dies war das eigentliche Motiv der Flucht unter die Autorität eines Troupiers – mochte er Napoleon heißen oder einen anderen Namen tragen. Napoleon applizierte dem liberalen Konstitutionalismus zwei Korrekturen. Die eine hieß Plebiszit, das er zweimal praktizierte. Die andere hieß Primat der Verwaltung. Zwischen beiden wurde der Parlamentarismus zerrieben. In Deutschland hatte die Strategie des Plebiszits keinen historischen Grund. Hier hatte es keine Revolution gegeben, die mit ihren eigenen Waffen geschlagen werden konnte. Die Strategie der Verwaltung verfing indessen sehr wohl, wenn auch nicht gegen die „Anarchie" einer Revolution, sondern gegen die eines herkömmlichen „Feudalismus".

Verfassungen sollten im napoleonischen Grand Dessin durch Rechtegewährungen Zustimmung erzeugen, zugleich aber – durch gelenkte Bestellung der Deputierten – die politische Kontrolle der Verwaltung sichern. Nach diesem in Frankreich praktizierten Muster wurde die Verfassung des Königreichs Westphalen geschaffen wie auch ihr „Ableger", die Konstitution des Großherzogtums Frankfurt und die des Duodezstaates Anhalt-Köthen. Die bayerische Verfassung von 1808 bediente sich gleichfalls des vorherrschenden Musters, aber sie war doch auch eine Hervorbringung des Landes selbst, d.h. sie reflektierte dessen eigene Interessen.

Im Großherzogtum Berg schließlich kam nach anfänglichen Initiativen zwar keine Verfassung zustande, aber hier ersetzten einzelne Verfassungsgesetze über eine Verwaltungsmodernisierung die Konstitution. Auch in den sächsisch-thüringischen Kleinstaaten Sachsen-Weimar-Eisenach und Reuß ältere Linie wurden Verfassungen erlassen, die eine vorsichtige Modernisierung der Territorien einleiten und vor allem die Finanzmisere beheben sollten. In allen anderen Staaten des Rheinbundes fehlt der napoleonische Zug zum Modern-Autoritativen. Hier bestanden alte Ständeeinrichtungen fort oder herkömmliche Institutionen wurden restauriert. Aber das Gesamt der Rheinbundstaaten blieb in Ansehung des ursprünglichen „Großen Plans“ am Ende ein politischer Torso.

Bei der Betrachtung des Rheinbündischen Konstitutionalismus darf man gleichwohl nicht allein von seinem praktischen Scheitern ausgehen. Es gilt vielmehr den Gehalt der einzelnen Verfassungsurkunden zu erfassen, zu analysieren und im Hinblick auf ihre Wirkung auch die langfristigen mentalen Folgen zu berücksichtigen. Letztlich wird in den Beiträgen dieses Bandes damit der Versuch unternommen, die verfassungs-, rechts- und sozialgeschichtlich vorgehende Rheinbundforschung, die seit den 1970er Jahren durch Helmut Berding, Elisabeth Fehrenbach, Eberhard Weis und andere vorangetrieben worden ist, fortzuführen und zu ergänzen. Damit wird auch Material für eine komparative Sicht auf die rheinbündischen Reformen geliefert, die nach wie vor erst in den Anfängen steckt.

Ein Blick auf die einzelnen Verfassungsdokumente ermöglicht dabei eine angemessene Berücksichtigung des Rheinbündischen Konstitutionalismus in der deutschen Verfassungsgeschichte und eine präzisere Verortung innerhalb der Entwicklung hin zum modernen Verfassungsstaat. Dies scheint nicht allein wegen der vergangenen Polemik über die Rheinbundzeit bei Treitschke und das Negativurteil über den angeblichen „Schein-Konstitutionalismus“ bei Ernst Rudolf Huber notwendig. Vielmehr berücksichtigen auch neuere Darstellungen die frühesten Verfassungen auf deutschem Boden nicht oder weisen eklatante Fehleinschätzungen ihres konstitutionellen Gehalts auf.

Der Beitrag von Gerhard Schuck über die Rheinbundakte von 1806 befasst sich mit einem Text, der zwar keine Verfassung im engeren Sinne darstellt, weil es sich nicht um ein einzelstaatliches Dokument handelt, sondern um einen „'völkerrechtlichen Vertrag' zwischen Napoleon und den Mitgliedstaaten“. Dennoch ist die in den Folgejahren einsetzende Konstitutionalisierung in den Einzelstaaten ohne diesen ‚Rahmenplan', diesen „Quasi-Verfassungstext“ unverständlich und geradezu unvollständig. Die Rheinbundakte provozierte und initiierte die Reformwelle in den Rheinbundstaaten und gab damit auch das Startsignal für die Verfassungsschöpfungen in insgesamt sechs Mitgliedstaaten. Zwar war die Reforminitiative nicht der primäre Zweck, aber ein erwünschter Nebeneffekt. In erster Linie war der Rheinbund als Puffer zwischen Frankreich und Österreich sowie Russland gedacht. Es handelte sich um ein militärisches „Offensiv- und Defensivbündnis“, das ganz im Dienste der Hegemonialmacht Frankreich stand. Neben den süddeutschen Mittelstaaten wie Bayern, Baden, Württemberg und Hessen-Darmstadt gehörten dem Rheinbund, dessen Name bewusst an das Bündnis von 1658 anknüpfte, vor allem die napoleonischen Kunststaaten Berg, Westphalen und Frankfurt an. Daneben zählten noch etliche Klein- und Duodezstaaten zum Rheinbund, der am Ende nahezu das gesamte ‚Dritte Deutschland' völkerrechtlich verband. Pläne für eine eigene Rheinbundverfassung hat es zwar gegeben, doch trafen sie nicht auf Napoleons Zustimmung, bis dieser schließlich sein Interesse an derartigen Überlegungen verlor, weil er sich auf andere Ziele zu konzentrieren begann.

Am Ende blieb der Rheinbund verfassungspolitisch unvollendet. Als er scheiterte, war er trotz siebenjähriger Dauer ein Torso geblieben. Doch sein Ende ereilte ihn nicht in Kabinetten und Kammern, sondern auf dem Schlachtfeld. Dennoch: Gerade die unter den Zeitgenossen lebhafte Diskussion eine Verfassung des Rheinbundes zeigt die Ernsthaftigkeit, mit der um die Reformen in Deutschland gerungen wurde. Der Rheinbundpatriotismus wies auf den Vormärz-Nationalismus hin, die Verfassungsdiskussion dieser Jahre nahm spätere Verfassungsdiskurse vorweg. Doch die Erinnerung an die Rheinbundära war nach 1815 unerwünscht, wurde verdrängt und unterlag lange Zeit einer damnatio memoriae.

Ganz ähnlich wie dem Rheinbund selbst erging es am Ende dem Rheinbündischen Konstitutionalismus. Auch er fiel weitgehend in Vergessenheit und wurde von den nationalistisch gesonnenen Nachlebenden als Schöpfung französischer ‚Fremdherrschaft' angesehen. Die Geschichte des deutschen Verfassungsstaates begann nach dieser Vorstellung erst mit dem süddeutschen Frühkonstitutionalismus ab 1818.

Zeitlich und sachlich als erstes ist die Verfassung des Königreichs Westphalen zu nennen, die im zweiten Beitrag behandelt wird. Von drei Hofjuristen Napoleons im August 1807 ausgearbeitet, wurde sie vom Kaiser persönlich am 15. November als Konstitution oktroyiert. Seinem Bruder Jérôme gab er mit auf den Weg, ein „konstitutioneller König" zu sein. Es war die Politik der „moralischen Eroberungen", die Napoleon bewog, eine liberale Verfassung zu geben, um die Bevölkerung des besetzten Landes positiv zu stimmen. Die Verfassung sollte primär das zergliederte Land integrieren sowie Regierung und Verwaltung im Sinne hegemonialer Machtinteressen stabilisieren. Hinzu traten eine moderne Verwaltung, die Einführung des Code Napoléon, schließlich als Herzstück ein antiständisch zusammengesetztes, vielmehr repräsentatives Parlament. Westphalen sollte Modell sein, aber es scheiterte an den realen Gegebenheiten. Finanzierungsprobleme und Militärlasten führten zu einer Staatskrise in Permanenz, bis die alliierte Besetzung des Landes das Ende des Staatsexperiments bedeutete. Aus dem Modell wurde nun ein Mythos, der sich nach 1815 bildete: Westphalen wurde zum Schreckbild für die Konservativen, zum (geheimen) Vorbild für die Liberalen.

Die Vorbild- und Modellfunktion kam Westphalen noch unmittelbar in der Rheinbundära zu. Nachdem die Konstitutionspläne für den Rheinbund gescheitert waren, drängte Napoleon auf eine bayerische Verfassung nach westphälischem Muster. Dabei stand die bayerische Verfassungsdiskussion in einer landeseigenen

Reformtradition, die vom leitenden Staatsminister Maximilian Graf Montgelas verkörpert wurde. Er legte im Februar 1808 einen Verfassungsentwurf vor, der Prägnanz ausstrahlt. Die Verfassung vom April 1808 stand am Beginn zahlreicher Reformgesetze. Wie auch im westphälischen Dokument geht es um Staatsorganisation in Verwaltung und Justiz, um Grundfreiheiten und um eine Ständeversammlung modernen Zuschnitts. Zwar durfte man über Gesetze nicht debattieren, freilich darüber entscheiden. Zu recht ist zu fragen, ob diese Konstitution den Realitätstest bestanden hätte. Tatsächlich kam es nicht soweit, weil die Inkraftsetzung über Jahre verschoben wurde. Was blieb, ist aber gleichwohl bemerkenswert, ist „keine Attrappe", sondern ein protokonstitutionelles Vorspiel für die frühkonstitutionelle bayerische Verfassung des Jahres 1818.

Ein ganz anderes Aussehen als die westphälische und bayerische Verfassung hatten die drei in den thüringischen bzw. anhaltischen Kleinstaaten erlassenen Grundgesetze, deren Entstehung und Bedeutung von Gerhard Müller und Edgar Liebmann erörtert werden. Denn bei ihnen handelte es sich nicht um Vollverfassungen, sondern lediglich um Teilkodifikationen. Und auch die Motivlage war hier eine andere: Anders als in Kassel und München ging es nicht in erster Linie um die Integration neuer Gebietsteile, sondern hier spielten ausweglos scheinende finanzielle Krisenlagen die Hauptrolle. Gehen wir aber nach der Chronologie vor.

Den Anfang bei der Verfassungsgebung unter den Kleinstaaten Mitteldeutschlands machte das winzige Fürstentum Reuß ältere Linie. Dem landschaftlichen Deputationstag, der das Landesgrundgesetz im Februar/März 1809 in Greiz beriet, ging es um die Ausschreibung neuer Steuern, um Schuldentilgung und die Reorganisation der Finanzverwaltung. So war die Verfassung vom 15. März, die gerade einmal zwanzig Paragraphen umfasste, streng genommen lediglich ein Finanzgesetz. Von Grundrechten und sonstigem Staatsorganisationsrecht war gar nicht erst die Rede. Allein Steuerbewilligung und finanzpolitische Mitwirkungsbefugnisse waren dem altständisch strukturierten Landtag aufgegeben. Der Übergang zu einem moderneren Repräsentativsystem erfolgte erst mit großer Verspätung 1867.

Rund ein halbes Jahr nach dem reußischen Landesgrundgesetz wurde am 20. September 1809 die Verfassung des Herzogtums Sachsen-Weimar-Eisenach erlassen. Auch hier war die Initiative aus dem Land selbst heraus gekommen. Herzog Carl August, der Freund Goethes, entwarf in einer Denkschrift vom April 1808 höchstpersönlich die Grundzüge einer neuen landständischen Verfassung. Das stand in einer gewissen Kontinuität zu anderen Versuchen in den sächsischen Nachbarstaaten, die altständischen Verhältnisse vorsichtig zu modernisieren, um eine Radikalkur wie in Westphalen zu vermeiden. Doch ausschlaggebend war dann doch die Finanzkrise. Parallel zu den Beratungen in Greiz tagte auch hier ein gemeinschaftlicher Deputationstag der drei Landesteile. Am Ende einigte man sich über eine Konstitution, die ein Torso war und von vornherein als Interimslösung galt. Bruchstückhaft war sie deshalb, weil sie allein Fragen der Repräsentation, der Finanz- und der allgemeinen Verwaltung regelte. Dabei sollte die Landschaftsdeputation nur beraten und nicht entscheiden dürfen. Der Übergangscharakter zeigt sich schließlich daran, dass man überein kam, die Verfassung zwar anzuwenden, aber sie nicht zu publizieren – ein wohl einmaliger Vorgang in der deutschen Verfassungsgeschichte: Tatsächlich erwies sich die Weimarer Verfassung als kurzlebig, denn bereits 1816 wurde sie revidiert und zu einer Vollverfassung mit Untertanenrechten ausgebaut.

Kurzlebigkeit zeichnete auch das dritte thüringisch-sächsische Verfassungswerk aus, das diesen Namen zudem nur sehr eingeschränkt verdient. Erst am 1. März 1811 trat das Verfassungsgesetz über die Einführung des Code Napoléon und die neue Regierungs- und Justizstruktur im Herzogtum Anhalt-Köthen in Kraft – und nur ganze 22 Monate später wurde es suspendiert. In den Zeiten des napoleonischen Niedergangs war die Halbwertzeit von Normen recht kurz. Ohne Frage erhoffte sich Herzog August Christian Friedrich durch das Grundgesetz einen Reformimpuls und zudem die Lösung der akuten Finanzkrise. Doch beides war in der kurzen Zeit selbstverständlich nicht zu erreichen. Ende 1811 wurde zwar noch ein Steuergesetz verabschiedet. Aber als der Herzog plötzlich starb, war das Ende des ganz aus seiner Initiative erwachsenen Reformansatzes gekommen. Sein Nachfolger drehte das Rad zurück und ließ nur wenige Reformen bestehen. Bis zur Revolution von 1848 fiel Anhalt-Köthen „in einen altständisch geprägten Zustand weitgehender verfassungspolitischer Erstarrung“ zurück.

Einen Sonderfall stellt schließlich die letzte der hier behandelten Verfassungen dar: diejenige des Großherzogtums Frankfurt aus dem Jahr 1810. In dem Beitrag von Barbara Dölemeyer wird sie zu Recht in eine Linie mit den Grundgesetzen des Primatialstaates von 1806 und der Constitutions-Ergänzungs-Acte der Freien Stadt Frankfurt von 1816 gestellt. Während der Erlass vom Oktober 1806 die Frankfurter Stadtverfassung und vor allem die Verwaltungsstruktur modernisierte, stellte die Verfassung vom März 1810 eine Vollverfassung dar. Zeitlich entstand sie zwar parallel zu den thüringisch-sächsischen Landesgrundgesetzen, aber inhaltlich knüpfte sie an das westphälische Modell von 1807 an. Das zeigte sich sowohl bei den Untertanenrechten als auch bei den Verwaltungs- und Justizbestimmungen. Schließlich stand auch bei den Rechten der Ständeversammlung das Kasseler Beispiel Pate: Lediglich konsultative Funktionen kamen ihr zu. Einberufen wurde sie überdies nur ein einziges Mal. Überhaupt trägt die Verfassung deutliche Züge des Unvollendeten: nicht der Text als solcher, aber die Ausführung seiner Bestimmungen. So blieb die vorgesehene Bauernbefreiung ebenso in den Anfängen stecken wie die vollständige Gewerbefreiheit nicht ausgeführt wurde. Alle Realisierungsbemühungen fielen zeitlich bereits in die Auflösung des französischen Imperiums, die für Frankfurt selbst seit 1813 mehrjährige Verfassungskämpfe mit sich brachte. Das Ergebnis des Jahres 1816 war ein schwieriger Kompromiss, der in weiten Teilen eine deutliche Distanzierung von den rheinbündischen Reformen bedeutete. Nach drei schnell hintereinander folgenden Verfassungsgebungen erlebte der Stadtstaat nach 1816 eine vierzig Jahre währende Phase normativer Konstanz. Erst das Organische Edikt von 1856 änderte die Frankfurter Stadtverfassung erneut.

Der Rheinbündische Konstitutionalismus, das zeigen alle sieben Beiträge deutlich, war alles andere als eine einheitliche Phase der deutschen Verfassungsgeschichte. Was ihn zunächst eint, ist die relativ enge zeitliche Kongruenz der sechs Verfassungsgebungen innerhalb von fünf Jahren zwischen 1807 und 1811. Darüber hinaus verbindet ihn die Ausarbeitung der einzelstaatlichen Verfassungen unter französischem Protektorat. Der äußere Druck aus Paris zeigte sich am deutlichsten in der Rheinbundakte und den drei Verfassungen von Westphalen, Bayern und Frankfurt. Hier wurden die französischen Prinzipien bei Untertanenrechten, Staatsorganisation und Justizverwaltung am reinsten verwirklicht. Westphalen ging zeitlich voraus und diente als Modell. Deutlich mehr von inneren Reformimpulsen geprägt und deshalb sehr uneinheitlich und unvollständig stellen sich die Landesgrundgesetze von Reuß ältere Linie, Sachsen-Weimar-Eisenach und Anhalt-Köthen dar. Mal mehr ein Finanz-, mal eher ein Justizgesetz sind alle drei Konstitutionen durch ihren Interimscharakter gekennzeichnet.

Alle sechs einzelstaatlichen Verfassungen lassen sich schwer auf einen einheitlichen Nenner bringen. Was sich sagen lässt, ist allenfalls dies: Sie realisierten – wenn auch nur für kurze Zeit – Reformansätze in Deutschland, deren revolutionärer programmatischer Charakter ihnen eine subkutane Bedeutung für die spätere Verfassungspolitik in der Restaurations- und Vormärzzeit verlieh. So fremdgesteuert und unvollkommen die Verfassungsreformen der Rheinbundära auch waren: Der Rheinbündische Konstitutionalismus repräsentiert die Frühgeschichte des modernen Verfassungsstaates in Deutschland.

Die Rheinbundakte von 1806

Gerhard Schuck

Der am 12. Juli 1806 in Paris von Napoleon mit 16 deutschen Fürsten abgeschlossene Gründungsvertrag des Rheinbundes ersetzte die altehrwürdige „Constitution Germanique“[1], das Verfassungsgefüge des Heiligen Römischen Reiches, durch eine mit Frankreich alliierte Konföderation souveräner Staaten und markierte damit, wie es ein zeitgenössischer Staatsrechtler formulierte, „die Grenze und den Anfang zweyer Hauptepochen in der teutschen Geschichte“[2]. Als Konsequenz des Austritts der Rheinbundstaaten aus dem Reichsverband brach das Reich zusammen, was durch die Niederlegung der Kaiserkrone durch Franz II. am 6. August 1806 lediglich noch bestätigt wurde[3]. In Verbindung mit den territorialen Umwälzungen zugunsten der süddeutschen Rheinbundstaaten – insbesondere durch die Mediatisierung der Mehrzahl der kleineren Reichsstände und der Reichsritterschaft (Art. 13-25) – entstand eine völlig neue, wesentlich purifizierte politische Landkarte Deutschlands: Anstelle „reichsständischer Zersplitterung“ trat ein durch „mittelstaatliche Konzentration“[4] geprägtes, föderatives Gebilde, dessen Verfassungsstruktur nach dem Ende des Rheinbundes (1813) vom Deutschen Bund in wesentlichen Teilen übernommen wurde. Dabei besiegelte die Rheinbundgründung nicht nur auf der Makroebene, also auf der nationalen Verfassungsebene, einen epochalen Umbruch. Sie provozierte und ermöglichte auch im Inneren – zumindest einer Reihe der größeren – Mitgliedstaaten eine Welle von Reformen, die im Ergebnis einen Bruch mit der ständestaatlichen Ver-

---

1 Rheinbundakte, Präambel, gedruckt in: *Ernst Rudolf Huber* (Hg.), Dokumente zur deutschen Verfassungsgeschichte. Bd. 1, Stuttgart u.a. ³1978, 28-34, hier 28.

2 *Wilhelm Josef Behr*, Das teutsche Reich, und der rheinische Bund. Eine publizistisch-politische Parallele, zur Ausmittlung der Vorzüge, welche der rheinische Bund, vor dem teutschen Reiche der teutschen Nation darbiethen wird, in: Der Rheinische Bund 6 (1808), 418-448; 7 (1808), 99-138, 361-408; 8 (1808), 3-62, hier 6 (1808), 418.

3 *Gero Walter*, Der Zusammenbruch des Heiligen Römischen Reichs deutscher Nation und die Problematik seiner Restauration in den Jahren 1814/15, Heidelberg 1980.

4 *Kurt von Raumer*, 'Préfecture Française'. Montgelas und die Beurteilung der napoleonischen Rheinbundpolitik. Ein Bericht des württembergischen Gesandten Graf Taube München, 5. Juli 1806, in: *Konrad Repgen – Stephan Skalweit* (Hg.), Spiegel der Geschichte. Festgabe für Max Braubach zum 18. April 1964, Münster 1964, 635-661, hier 640.

fassungsstruktur vollzogen und die Grundlagen moderner Staatlichkeit und damit auch die Voraussetzungen für die Entstehung liberaler Verfassungen schufen[5].

Die dauerhafte Trennung vom Reich war Grundbestandteil der Rheinbundgründung und wurde bereits in Art. 1 proklamiert. Nach Art. 2 galt jedes deutsche Reichsgesetz für die Zukunft als „null und nichtig", ausgenommen die Regelungen des Reichsdeputationshauptschlusses zu den Rechten der Gläubiger und Pensionisten sowie zum Rheinschifffahrts-Oktroi. Nach Art. 3 hatten die Rheinbundfürsten auf alle Titel, „qui expriment des rapports quelconques avec l'Empire Germanique", zu verzichten und in Art. 4 und 5 wurden ihnen neue Titel verliehen. Durch die Rheinbundakte erlangten die Mitgliedstaaten die volle Souveränität, „la plénitude de la souveraineté" (Art. 4), die in Art. 26 näher bestimmt wurde. Gleichzeitig waren sie jedoch militärisch in einem Offensiv- und Defensivbündnis (Art. 35 und 36) an Napoleon gebunden, der die Rolle eines Protektors einnahm (Art. 12). Darüber hinaus sah die Rheinbundakte einen verfassungsmäßigen Ausbau des Rheinbundes durch Einberufung einer Bundesversammlung und Erlass eines Fundamentalstatutes, also einer Verfassungsurkunde, vor (Art. 6-11).

Die Rheinbundakte selbst bildete also noch keine eigentliche ‚Verfassung', sondern war ein „völkerrechtlicher Vertrag" zwischen Napoleon und den Mitgliedstaaten[6]. Eine Verfassung sollte wie gesagt erst auf der Bundesversammlung diskutiert und erlassen werden, wozu es jedoch nicht kam. Dennoch lässt sich die Rheinbundakte als Quasi-Verfassungstext verstehen, insofern sie die Verfassungsverhältnisse Deutschlands sowie der deutschen Staaten dauerhaft auf eine völlig neue Basis stellte[7].

Gründungsmitglieder des Rheinbundes (Art. 1) waren zunächst die süddeutschen Mittelstaaten – die Königreiche Bayern und Württemberg und die Großherzogtümer Baden und Hessen-Darmstadt – die am meisten von den Gebietsum-

---

5 Vgl. *Helmut Berding – Hans-Peter Ullmann* (Hg.), Deutschland zwischen Revolution und Restauration, Königstein i. Ts. 1981; *Eberhard Weis* (Hg.), Reformen im rheinbündischen Deutschland, Unter Mitarbeit von Elisabeth Müller-Luckner, München 1984; *Elisabeth Fehrenbach*, Traditionale Gesellschaft und revolutionäres Recht. Die Einführung des Code Napoléon in den Rheinbundstaaten, Göttingen 1983; *Paul Nolte*, Staatsbildung als Gesellschaftsreform. Politische Reformen in Preußen und den süddeutschen Staaten 1800-1820, Frankfurt a. M. 1990; *Hans A. Schmitt*, Germany without Prussia: A Closer Look at the Confederation of the Rhine, in: German Studies Review 6 (1983), 9-39.

6 *Ernst Rudolf Huber*, Deutsche Verfassungsgeschichte seit 1789, Bd. 1: Reform und Restauration 1789 bis 1830, Stuttgart [2]1967, 79.

7 Die Verfassungsqualität der Rheinbundakte betont auch *Huber*, wie Fn 6, 79, wenn er sie als „Verfassungsvertrag" bezeichnet und von diesem sagt: „er konstituierte die innere Grundordnung des neugeschaffenen Eigenwesens".

schichtungen während der Endphase des Reiches profitiert hatten, dann der als Kompensation für die Verluste des mainzischen Kernlandes für Carl Theodor von Dalberg, den letzten Reichserzkanzler, neu geschaffene Primatialstaat (1810 zum Großherzogtum Frankfurt erhoben) und das ebenfalls neu geschaffene Großherzogtum Berg sowie als drittes eine Reihe kleinerer Fürstentümer, die nur aufgrund besonderer Umstände, zumeist verwandtschaftlicher Rücksichten, dem Schicksal der Mediatisierung entgangen waren[8]. Nach der Niederlage Preußens bei Jena und Auerstedt kamen weitere Territorien durch Akzessionsverträge hinzu: noch 1806 das Großherzogtum Würzburg, das zum Königreich erhobene Sachsen und die sächsischen Herzogtümer, 1807 und 1808 das von Napoleon neugegründete Herzogtum Westfalen sowie eine Reihe weiterer kleinerer Herzogtümer[9]. Bis zum Ende des Jahres 1808 beinhaltete der Rheinbund so alle deutschen Staaten bis auf die Großmächte Preußen und Österreich sowie Schwedisch-Pommern und Dänisch-Holstein und fasste somit das gesamte sogenannte „Dritte Deutschland“, also das Deutschland ohne Preußen und Österreich, staatsrechtlich zusammen[10].

Die Entstehungsgeschichte des Rheinbundes fällt weitgehend zusammen mit der Geschichte der Auflösung des Heiligen Römischen Reiches Deutscher Nation nach der Französischen Revolution und insbesondere unter dem Einfluss Napoleons. Wie kam es dabei zu dem – von der deutschen Nationalgeschichtsschreibung lange Zeit als Schande stigmatisierten – Bündnis der deutschen Mittelstaaten mit Napoleon?

Aus Sicht der süddeutschen Mittelstaaten bildete das Bündnis mit Frankreich die notwendige Konsequenz aus ihrer prekären Lage zwischen den Machtblöcken. Preußen und Österreich betrieben zunehmend eine vom Reich unabhängige Großmachtpolitik, so dass die kleineren Reichsstände auf Unterstützung von außerhalb angewiesen waren. Diese Konstellation war typisch für die Zeit seit dem

8 *Mathias Bernath*, Die auswärtige Politik Nassaus 1805-1812. Ein Beitrag zur Geschichte des Rheinbundes und der politischen Ideen am Mittelrhein zur Zeit Napoleons, in: Nassauische Annalen NF 63 (1952), 106-192; *Wilfried Schöntag*, „... daß die Rheinbunds-Acte das Fürstenhaus grösser, mächtiger und reicher – das Land aber unfreier und ärmer gemacht hat ...“. Die Fürstentümer Hohenzollern-Hechingen und Hohenzollern-Sigmaringen im Zeitalter Napoleons, in: Württembergisches Landesmuseum Stuttgart (Hg.), Baden und Württemberg im Zeitalter Napoleons, Bd. 2: Aufsätze, Stuttgart 1987, 81-102.

9 Vgl. *Huber*, wie Fn 6, 76.

10 Vgl. *Peter Burg*, Die deutsche Trias in Idee und Wirklichkeit. Vom alten Reich zum Deutschen Zollverein, Stuttgart 1989, 7; *Franz Schnabel*, Deutsche Geschichte im neunzehnten Jahrhundert, Mit einer Einleitung von Eberhard Weis, Bd. 1: Die Grundlagen, unveränd. photomechan. Nachdruck d. Ausg. Freiburg i. Br. 1929, München 1987, 143.

Westfälischen Frieden und bot vor allem Frankreich Ansatzpunkte für seinen Einfluss im Reich. So konnte sich Napoleon bei der Rheinbundgründung auf den Rheinbund von 1658 als Namensgeber und Vorbild beziehen und dabei an die gegen Ende des 18. Jahrhunderts hervortretende Trias-Idee im Reich anknüpfen[11]. Die Lage dieser Territorien des „Dritten Deutschlands" verschärfte sich nach der Französischen Revolution, als eine „Zeit fast ungehemmter Okkupationen (...) angebrochen"[12] war und sich das Reich im Zeichen von Säkularisation und Mediatisierung in Auflösung befand und reichsrechtliche Bestandsgarantien kaum noch zählten. So sah sich Bayern österreichischen Annexionsbestrebungen ausgesetzt, auf deren Höhepunkt, zur Zeit des dritten Koalitionskrieges, im Herbst 1805, das Bündnis mit Frankreich als „unvermeidlicher Akt staatlicher und dynastischer Selbsterhaltung" erschien[13]. Dies galt um so mehr für die kleineren Reichsstände, deren Existenz ganz vom Funktionieren der Reichsverfassung abhing. Für sie stellte eine Verbindung mit Napoleon die einzige mögliche Überlebenschance dar.

Umgekehrt suchte Napoleon die süddeutschen Mittelstaaten zu stärken und an Frankreich zu binden, mit dem Ziel Pufferstaaten zwischen Frankreich einerseits sowie Russland und Österreich andererseits zu schaffen. Bereits bei den im Reichsdeputationshauptschluss von 1803 enthaltenen Gebietsumschichtungen waren die süddeutschen Mittelstaaten von Napoleon begünstigt worden und hatten Gebietsgewinne errungen, die weit über die eigentlich zu „entschädigenden" linksrheinischen Verluste hinausgingen und eine Arrondierung und Konsolidierung als „lebensfähige, geschlossene Mittelstaaten"[14] erst ermöglichten. Als Folge ihres Bündniswechsels zu Napoleon im Dritten Koalitionskrieg erlangten Bayern, Württemberg und Baden erneut beträchtliche Gebietsgewinne und wurden überdies in ihrem Status erhöht. Die im Friedensvertrag von Pressburg vom

---

11 Vgl. *Burg*, wie Fn 10; *Ursula Berg*, Niklas Vogt (1756-1836). Weltsicht und politische Ordnungsvorstellungen zwischen Aufklärung und Romantik, Stuttgart 1992, 257-262.

12 *Dietmar Willoweit*, Deutsche Verfassungsgeschichte. Vom Frankenreich bis zur Teilung Deutschlands. Ein Studienbuch, München 1997, 200.

13 *Eberhard Weis*, Bayern und Frankreich in der Zeit des Konsulats und des ersten Empire (1799-1815), in: *ders.*, Deutschland und Frankreich um 1800. Aufklärung – Revolution – Reform, hg. von Walter Demel und Bernd Roeck, München 1990, 152-185; *Roger Dufraisse*, Napoleon und Bayern, in: *Hubert Glaser* (Hg.), Krone und Verfassung. König Max I. Joseph und der neue Staat. Beiträge zur Bayerischen Geschichte und Kunst 1799-1825, Sonderausgabe, München 1992, 221-229, insb. 221-223.

14 *Thomas Nipperdey*, Deutsche Geschichte 1800-1866. Bürgerwelt und starker Staat, München 1983, 12; *Ulrich Hufeld* (Hg.), Der Reichsdeputationshauptschluss von 1803, Köln-Weimar-Wien 2003.

26. Dezember 1805 von Österreich anerkannte Königswürde Bayerns und Württembergs verbunden mit der ihnen (wie auch Baden und Hessen-Darmstadt) zuerkannten Souveränität („la plénitude de la souveraineté et de tous les droits qui en dérivent“) schuf schließlich eine mit der Reichszugehörigkeit staatsrechtlich bereits unvereinbare Lage[15] und ließ das Reich nur noch als „simularcre“[16], als Scheinkörper, weiterbestehen. Mit der seit Winter 1805/06 in verschiedenen Entwürfen vorbereiteten Gründung des Rheinbundes entschied sich Napoleon dann endgültig für eine Neuordnung Mitteleuropas ohne das Reich und zwang damit die Mitgliedstaaten in ein Bündnis, das versprach, diese in eine noch viel untergeordnetere Lage zu versetzen als es im Reich je möglich gewesen wäre. So jedenfalls sahen es die führenden Rheinbundstaaten Bayern und Württemberg. Sie befürchteten, die „politische Unabhängigkeit und die Souveränität“, die sie gerade ein halbes Jahr zuvor errungen hatten, zu verlieren und traten daher nur widerstrebend dem Bund bei[17].

In der Tat besteht kein Zweifel, dass der Rheinbund hauptsächlich machtpolitischen Zwecken Napoleons dienen sollte und dies auch tat. Diese waren jedoch nicht eindimensional, sondern setzten sich aus unterschiedlichen, sich zum Teil ergänzenden, zum Teil widersprechenden Ansatzpunkten zusammen. Die neuere Forschung betont, dass sich Napoleon bewusst mehrere, auf unterschiedliche Interessenlagen innerhalb der Rheinbundstaaten bezogene Alternativen seiner Rheinbundpolitik offen hielt und diese je nach politischer Zweckmäßigkeit weiterverfolgte oder fallen ließ[18]. Diese Ambivalenz der Rheinbundpolitik Napoleons war bereits in der Rheinbundakte angelegt.

---

15 Vgl. *Rudolfine Freiin von Oer*, Der Friede von Preßburg. Ein Beitrag zur Diplomatiegeschichte des napoleonischen Zeitalters, Münster 1965; *Eberhard Weis*, Napoleon und der Rheinbund, in: *ders.*, Deutschland und Frankreich, wie Fn 13, 188 f.; *Wolfgang Quint*, Souveränitätsbegriff und Souveränitätspolitik in Bayern. Von der Mitte des 17. bis zur ersten Hälfte des 19. Jahrhunderts, Berlin 1971; *Marion Wierichs*, Napoleon und das „Dritte Deutschland“ 1805/1806. Die Entstehung der Großherzogtümer Baden, Berg und Hessen, Frankfurt a. M. 1978.

16 So Napoleon gegenüber dem bayerischen Gesandten Gravenreuth nach dessen Bericht vom 8. Dezember 1805; zit. nach *Quint*, wie Fn 15, 200.

17 *Raumer*, wie Fn 4, 660.

18 Vgl. *Erwin Hölzle*, Das napoleonische Staatssystem in Deutschland, in: Historische Zeitschrift 148 (1933), 277-293; *Weis*, wie Fn 15; *Elisabeth Fehrenbach*, Verfassungs- und sozialpolitische Reformen und Reformprojekte in Deutschland unter dem Einfluß des napoleonischen Frankreich, in: Historische Zeitschrift 228 (1979), 288-316; *Helmut Berding*, Der Gesellschaftsgedanke Napoleons und seine Auswirkungen im rheinbündischen Deutschland: ein Verrat der Revolution?, in: *Roger Dufraisse* (Hg.), Revolution und Gegenrevolution 1789-1830. Zur geistigen Auseinandersetzung in Frankreich und Deutschland, München 1991, 107-119, insb. 108 f.; *Georg Schmidt*, Der napoleonische Rheinbund – ein erneuertes Altes Reich?, in: *Volker*

Eine der für Napoleon zentralen Bestimmungen der Rheinbundakte betraf die militärischen Pflichten der Bündnisstaaten. Der Rheinbund war in der historischen Realität im wesentlichen eine von Napoleon erzwungene Offensiv- und Defensivallianz, die die süddeutschen Mittelstaaten an Frankreich band und für den Kriegsfall zu umfangreichen Truppenkontributionen verpflichtete. Dies war aus Sicht Napoleons der Hauptzweck des Bündnisses. Dabei wird deutlich, dass die größeren süddeutschen Mittelstaaten, vor allem Bayern, Württemberg, Baden und Hessen-Darmstadt, den Kern des Bündnisses bildeten. Sie hatten laut Art. 38 der Rheinbundakte mit 54.000 Mann rund $^5/_6$ des Gesamtkontingentes der Bundesstaaten zu stellen (davon allein Bayern 30.000 Mann)[19]. Dieser Militärbeitrag war für Napoleon so wichtig, dass er den führenden Rheinbundstaaten dafür nicht nur umfangreiche Gebietserweiterungen zusprach, sondern ihnen ein hohes Maß an innerer Selbstständigkeit, ja sogar in einem gewissen Rahmen die Möglichkeit, auf seine außenpolitischen Zielsetzungen Einfluss zu nehmen, einräumte. Letztlich „gab Napoleon doch stets dem zuverlässigen Bundesgenossen, der ihm Soldaten lieferte, die freiwillig unter eigener Führung in den Kampf zogen, den Vorrang gegenüber widerspenstigen Verbündeten, die er mit Gewalt in ein unerwünschtes System hineingepreßt (...) hätte“[20].

Ein zweiter Ansatzpunkt bezog sich auf die von Napoleon neugeschaffenen und an Verwandte zur Regierung gegebenen „Modellstaaten“: das Großherzogtum Berg[21], regiert von Napoleons Schwager Joachim Murat, und das erst 1807 zum Rheinbund kommende Königreich Westphalen, das von Napoleons jüngstem Bruder Jérôme regiert wurde. Sie sollten als Vorbilder zur Übernahme des französischen Staatssystems fungieren und waren daher dem Einfluss Napoleons

---

Press (Hg.), Alternativen zur Reichsverfassung in der Frühen Neuzeit?, München 1995, 227-246.

19 Die später beigetretenen Staaten hatten nach den Akzessionsverträgen folgende Kontingente zu stellen: Sachsen 20.000, Westphalen 25.000, Würzburg 2.000, alle übrigen zusammen 9.250; vgl. *Huber*, wie Fn 6, 81.

20 *Weis*, wie Fn 15, 215; zur Stellung Bayerns im Rheinbund jetzt auch *ders.*, Montgelas, Bd. 2: Der Architekt des modernen bayerischen Staates, München 2005.

21 *Charles Schmidt*, Le Grand-Duché de Berg (1806-1813). Étude sur la domination francaise en Allemagne sous Napoléon I., 1905; dt. übersetzt u.d.T.: Das Großherzogtum Berg 1806-1813. Eine Studie zur französischen Vorherrschaft in Deutschland unter Napoleon I., hg. von Burkhard Dietz und Jörg Engelbrecht, Neustadt/Aisch 1999; *Armin Owzar*, Das Königreich Westphalen und das Großherzogtum Berg. Quellen – Forschungen – Deutungen, in: Westfälische Forschungen 54 (2004), 401-414. Demnächst: *Bettina Severin-Barboutie*, Französische Herrschaftspolitik und Modernisierung. Verfassungs- und Verwaltungsreformen im Großherzogtum Berg (1806-1813), [voraussichtlich Bonn 2007].

am unmittelbarsten ausgesetzt[22]. Auch das für den letzten Kurfürsten von Mainz und nunmehrigen „Fürsten Primas" geschaffene Großherzogtum Frankfurt ist mit Abstrichen den „Napoleonidenstaaten" zuzurechnen, zumal Dalberg mit Kardinal Fesch einen Onkel Napoleons zu seinem Nachfolger gemacht hatte[23]. Die Modellstaaten repräsentieren Napoleons Ziel einer rechts-, verfassungs- und gesellschaftspolitischen Assimilation der Bündnisstaaten an Frankreich[24]. Durch Reformen, wie zum Beispiel die Einführung des Code Napoléon, sollten sie den übrigen Rheinbundstaaten den Weg weisen und überdies durch die Einführung liberaler Prinzipien und gleicher Bürgerrechte für die Idee der Rheinbundreformen werben. Neben dem Code Napoléon ist ein weiteres zentrales Beispiel für diese Vorbild- und Propagandafunktion die westphälische Konstitution vom 15. November 1807, die als erste moderne Verfassung eines deutschen Staates angesehen werden kann[25]. So standen auch die übrigen Rheinbundstaaten, insbesondere die süddeutschen Mittelstaaten, unter dem Druck einer Anpassung an Frankreich, wie Napoleon auf der Mailänder Konferenz im Herbst 1807 gegenüber dem bayerischen König deutlich machte[26]. Um ihre innere Souveränität zu bewahren und Eingriffen Napoleons zuvorzukommen, aber auch aus eigenem Reforminteresse

---

22 Vgl. *Helmut Berding*, Napoleonische Herrschafts- und Gesellschaftspolitik im Königreich Westfalen 1807-1813, Göttingen 1973; *Jörg Engelbrecht*, Das Herzogtum Berg im Zeitalter der Französischen Revolution. Modernisierungsprozesse zwischen bayerischem und französischem Modell, Paderborn 1996; *Klaus Rob* (Bearb.), Regierungsakten des Königreichs Westphalen 1807-1813, München 1992; *ders.* (Bearb.), Regierungsakten des Großherzogtums Berg 1806-1813, München 1992; *Burkhard Dietz* (Hg.), Das Großherzogtum Berg als napoleonischer Modellstaat. Eine regionalhistorische Zwischenbilanz, Köln 1995.

23 *Rainer Wohlfeil*, Untersuchungen zur Geschichte des Rheinbundes 1806-1813. Das Verhältnis Dalbergs zu Napoleon, in: Zeitschrift für die Geschichte des Oberrheins 108 (NF 69) (1960), 85-108; *Harm Klueting*, Dalbergs Großherzogtum Frankfurt – ein napoleonischer Modellstaat? Zu den rheinbündischen Reformen im Fürstentum Aschaffenburg und im Großherzogtum Frankfurt, in: Aschaffenburger Jahrbuch 11/12 (1988), 359-380; *Klaus Rob* (Bearb.), Regierungsakten des Primatialstaates und des Großherzogtums Frankfurt 1806-1813, München 1995.

24 *Berding*, wie Fn 18; jetzt umfassend *Michael Hecker*, Napoleonischer Konstitutionalismus in Deutschland, Berlin 2005.

25 Vgl. *Armin Owzar*, Frankreich in Westfalen. Konstitutionalisierung und Parlamentarisierung unter Napoleon (1806-1813), in: Westfalen 79 (2001), 97-116; *ders.*, Wider den ‚patriarchalischen Schlendrian' – Napoleonische Verfassungspolitik in Westfalen, in: *Gisela Weiß – Gerd Dethlefs* (Hg.), „Zerbrochen sind die Fesseln des Schlendrians" – Westfalens Aufbruch in die Moderne, Münster 2002, 299-315; *Ewald Grothe*, Model or Myth? The Constitution of Westphalia of 1807 and Early German Constitutionalism, in: German Studies Review 28 (2005), 1-19.

26 *Michael Doeberl*, Rheinbundverfassung und bayerische Konstitution, München 1924, 23-28.

übernahmen sie von sich aus wesentliche Teile des napoleonischen Konzeptes. Sie verwirklichten eine Art Verfassungsprogramm: den Rheinbündischen Konstitutionalismus. So folgte Bayern dem Vorbild Westphalens und führte 1808 eine dem westphälischen Modell folgende Konstitution ein[27]. Andere wichtige Teile des napoleonischen Assimilierungsprogramms, wie vor allem den Code Napoléon, konnten die süddeutschen Staaten (mit Ausnahme Badens, der bayerischen Pfalz und Rheinhessens) erfolgreich abwehren, woran man die relative Unabhängigkeit, die sie de facto hatten, erkennen kann. Dennoch: Obwohl der gesellschaftspolitische Kern des Assimilierungsprogramms, die Einführung des Code Napoléon, in seinen egalitären Zielsetzungen weitgehend scheiterte[28], bildeten die französischen Verwaltungs- und Verfassungsgrundsätze insgesamt doch das Modell, an dem sich die Rheinbundreformen ausrichteten[29].

Ein dritter Ansatzpunkt stützte sich auf die kleineren Fürstentümer im Rheinbund. Sie hatten kein eigenständiges politisches Gewicht und sahen in der Rheinbundakte primär eine durch Napoleon garantierte Existenzsicherung. Sie erhofften sich vom Rheinbund nicht, wie die größeren Bundesstaaten, Souveränität im Sinne von Handlungsfreiheit für Reformen, sondern im Gegenteil eine „nationale", das heißt rheinbundübergreifende Verfassung, die in möglichst weitgehender Kontinuität zum Reich die Rechte der „Kleinen" schützen und die Souveränitätsrechte der „Großen" beschränken würde. Auch die durch die Rheinbundgründung mediatisierten, also auf den Status von Großgrundbesitzern mit gewissen Privilegien degradierten ehemaligen Reichsstände selbst setzten ihre Hoffnungen auf einen Ausbau der Rheinbundverfassung. Die Rheinbundakte bot in der Tat genügend Anknüpfungspunkte für ihre Hoffnungen. Zwar garantierte sie auf der einen Seite im Sinne der Reformstaaten die volle und unbeschränkte, von reichsrechtlichen Bindungen freie Souveränität und übertrug den konföderierten Fürsten ausdrücklich alle Souveränitätsrechte („tous les droits de souveraineté") über die ihnen zugewiesenen ehemals reichsständischen Territorien[30]. Auf der anderen Seite aber begründete die Bundesakte mit der Ernennung Dalbergs zum Fürsten Primas des Rheinbundes (Art. 4) und mit der Projektierung eines Bundestages in Frank-

27 *Karl Möckl*, Die bayerische Konstitution von 1808, in: *Eberhard Weis* (Hg.), Reformen im rheinbündischen Deutschland, München 1984, 151-166.

28 *Fehrenbach*, wie Fn 5.

29 *Eberhard Weis*, Der Einfluß der Französischen Revolution und des Empire auf die Reformen in den süddeutschen Staaten, in: Francia 1 (1973), 569-583; *Fehrenbach*, wie Fn 18; *dies.*, Der Einfluß des Napoleonischen Frankreich auf das Rechts- und Verwaltungssystem Deutschlands, in: *Armgard von Reden-Dohna* (Hg.), Deutschland und Italien im Zeitalter Napoleons, Wiesbaden 1979, 23-39.

30 Art. 26 spezifiziert die Souveränitätsrechte auf Gesetzgebung, höchste Gerichtsbarkeit, Oberpolizei, militärische Konskription oder Rekrutierung sowie Besteuerung.

furt, dessen Kompetenzen durch ein „Fundamentalgesetz" zu bestimmen sei (Art. 9-11), vor allem aber mit der Formulierung spezifischer Vorrechte der „Mediatisierten" (Art. 27)[31], Kontinuitäten zur Reichsverfassung. Wären solche Vorgaben verwirklicht worden, hätten sie die Rheinbundsouveränität wesentlich eingeschränkt[32].

Blickt man von heute aus auf die Geschichte des Rheinbundes zurück, so scheint es offensichtlich, dass der in der Rheinbundakte angelegte Gegensatz von Souveränität der Einzelstaaten und Rheinbundverfassung realistischerweise nur auf die eine Seite hin aufgelöst werden konnte, auf die Seite der Souveränität; mit anderen Worten: dass die projektierte Rheinbundverfassung von vornherein zum Scheitern verurteilt war und alleine das Interesse der „Souveränisten" dem Realitätsprinzip entsprach. In der Rheinbundgeschichtsschreibung wurde daher die Idee einer in Kontinuität zur Verfassung des Heiligen Römischen Reichs stehenden Rheinbundverfassung regelmäßig als „idealistisch" oder „ideologisch" abgetan[33]. Speziell Dalbergs Blick auf Napoleon als zweiten Karl den Großen, der den Rheinbund zu einem vorsichtig modernisierten Nachfolger des Reiches habe machen wollen, steht für diese „Rheinbundideologie", während die immer realistischen und rationalistischen Staatsmänner der größeren Mitgliedstaaten das Realitätsprinzip repräsentieren. Doch täuscht diese Betrachtung vom historischen Ergebnis her über Napoleons tatsächliche ursprüngliche Absicht ebenso wie über die zeitgenössische Einschätzung der Rheinbundverfassungspläne durch die betroffenen Politiker. Zumindest am Beginn der Rheinbundzeit wurde die Möglichkeit der Einführung einer Rheinbundverfassung von den führenden Staatsmännern durchaus ernst genommen.

Der erste Entwurf einer Rheinbundverfassung stammt von Dalberg, der als Fürst Primas durch Art. 11 dazu verpflichtet war, ein Fundamentalgesetz in Vorschlag zu bringen. Sein bereits am 4. August 1806 an Napoleon geschicktes Konzept einer stark an das Reich angelehnten zentralistischen Rheinbundverfassung

---

31 Die hauptsächlichen Garantien des Art. 27 bezogen sich auf die mittlere und niedere Zivil- und Kriminalgerichtsbarkeit, die Forstjurisdiktion und Polizei, das Jagd- und Fischereirecht, das Bergrecht sowie Zehnten, Feudalgefälle, Patronatsrechts „et autres semblables".

32 Zu diesem Kontinuitätsstrang in den Verfassungsbestrebungen zwischen Reich und Rheinbund vgl. *Schmidt*, wie Fn 18; *Matthias Pape*, Revolution und Reichsverfassung – Die Verfassungsdiskussion zwischen Fürstenbund und Rheinbund, in: *Elisabeth Weisser-Lohmann* (Hg.), Verfassung und Revolution. Hegels Verfassungskonzeption und die Revolutionen der Neuzeit, Hamburg 2000, 40-84.

33 Dazu *Gerhard Schuck*, Rheinbundpatriotismus und politische Öffentlichkeit zwischen Aufklärung und Frühliberalismus. Kontinuitätsdenken und Diskontinuitätserfahrung in den Staatsrechts- und Verfassungsdebatten der Rheinbundpublizistik, Stuttgart 1994, insb. 217-221.

war jedoch realitätsfern und wurde von Napoleon nicht berücksichtigt[34]. Von Napoleon in Auftrag gegebene Entwürfe des Außenministers Champagny vom Februar 1808 waren wesentlich konkreter ausgearbeitet, sahen aber ebenfalls eine weitgehende Zentralisierung und eine absolute Machtstellung Napoleons vor. Dagegen machte der kurz zuvor von Bayern eingereichte Entwurf, der auf dem Boden der Rheinbundakte im Wesentlichen auf eine Garantie der einzelstaatlichen Souveränität hinauslief, deutlich, wie groß der Widerstand der führenden Mitgliedstaaten gegen einen zentralistischen Ausbau des Rheinbundes sein würde.

Bekanntlich wurde die projektierte Rheinbundverfassung mit einem Fundamentalstatut nicht Wirklichkeit. Mehrere Gründe lassen sich dafür nennen: Im Laufe des Jahres 1808 verlor Napoleon endgültig das Interesse an der Durchsetzung einer Bundesverfassung. Auf eine gewaltsame Durchsetzung verzichtete er vor allem, weil er mehr an der Loyalität der führenden Rheinbundstaaten interessiert war, deren Kerninteresse die Souveränität war. Überdies traten mit dem Beginn des Krieges gegen Spanien und dem sich abzeichnenden Krieg gegen Russland drängendere Probleme in den Vordergrund. Und bedenkt man schließlich den hohen Grad der Assimilation, der bereits im Rahmen der einzelstaatlichen Reformpolitik erreicht worden war, so hätte eine zentralistische Rheinbundverfassung kaum weitere Vorteile bringen können, allenfalls neue Probleme[35].

Die politische Auseinandersetzung um die Rheinbundverfassung wurde in der zeitgenössischen Publizistik durch eine intensive Diskussion begleitet, an der sich die führenden Staatsrechtler der Zeit, u. a. Wilhelm Josef Behr, Karl Salomo Zachariä, Günther Heinrich von Berg, Johann Ludwig Klüber sowie Johann Nikolaus Friedrich Brauer beteiligten[36]. Anfänglich auf eine Auseinandersetzung über die staatsrechtliche „Auslegung der Bundesakte" konzentriert, weitete sie sich zu einer allgemeinen, staatenübergreifend geführten Debatte aus, in der die staatsrechtlichen und politischen Probleme der Rheinbundverfassung umfassend

34 Zu diesem und den folgenden Verfassungsentwürfen zusammenfassend *Weis*, wie Fn 15, 201-215. Vgl. auch *Doeberl*, wie Fn 25; *Karl Beck*, Zur Verfassungsgeschichte des Rheinbundes, Mainz 1890; *Erwin Hölzle*, Vom Reichsuntergang zum Deutschen Bund, in: Kontinuität und Tradition. Jahrbuch der Ranke-Gesellschaft 1955, Frankfurt a. M. 1956, 17-36; *Albrecht Pius Luttenberger*, Karl Theodor von Dalberg, das Reich und der Rheinbund, in: *Peter Schmid – Klemens Unger* (Hg.), 1803. Wende in Europas Mitte. Vom feudalen zum bürgerlichen Zeitalter, Regensburg 2003, 53-79.

35 *Weis*, wie Fn 15, 215; *Fehrenbach*, wie Fn 18, 294; *Schmidt*, wie Fn 18, 237 f.

36 Vgl. *Schuck*, wie Fn 32; *Birgit Fratzke-Weiß*, Europäische und nationale Konzeptionen im Rheinbund. Politische Zeitschriften als Medien der politischen Öffentlichkeit, Frankfurt a. M. 1997; *Naoko Matsumoto*, Polizeibegriff im Umbruch. Staatszwecklehre und Gewaltenteilungspraxis in der Reichs- und Rheinbundpublizistik, Frankfurt a. M. 1999.

diskutiert wurden[37]. Eines der Kernprobleme waren die Sonderrechte der Mediatisierten nach Art. 27 der Rheinbundakte. In der Debatte ging es darum, ob die standesherrlichen Rechte mit der Souveränität vereinbar seien oder nicht, ob also die Souveränität so weit gehe, dass sie letztlich sogar die in der Bundesakte festgeschriebenen Rechte aufheben dürfe, oder ob diese Privilegien als wirksame Einschränkungen der Souveränität zu betrachten seien. Geht man vom reformorientierten Zeitgeist der Rheinbundepoche aus, so mag es zunächst überraschen, dass die überwiegende Mehrheit der Autoren dabei auf der Seite der Mediatisierten stand. Dabei ging es freilich nicht nur um die Verteidigung partikularer Interessen des ehemaligen Reichsadels. Den Mediatisierten kam vielmehr deshalb eine Schlüsselstellung in der Debatte zu, weil die ihnen durch die Bundesakte in Art. 27 gewährten Rechte vielen Publizisten als einziges im Rheinbundstaatsrecht fest verankertes Residuum konstitutioneller Verhältnisse erschien. Autoren wie Günther Heinrich von Berg, der kein Anhänger adeliger Sonderrechte war, verteidigten diese Rechte mit dem Ziel einer politischen Kritik der Souveränität. Für sie schien es, dass mit der aus den Fesseln reichsrechtlicher konstitutioneller Bindungen entlassenen Souveränität sich nicht der moderne Staat, sondern der schrankenlose fürstliche Despotismus endgültig durchgesetzt habe. Für das Prinzip moderner Staatlichkeit, also für die einzelstaatliche Souveränität, trat nur eine, allerdings hochkarätige Minderheit ein. Die meisten von ihnen waren exponierte Repräsentanten der Reformstaaten, wie z.B. Nicolaus Thaddäus Gönner aus Bayern und die bereits erwähnten Brauer und Zachariä aus Baden. Diesen Souveränisten gemeinsam war die Auffassung, dass der Untergang des Reichs und die Durchsetzung der Souveränität notwendige Voraussetzungen zur Modernisierung des Staates seien und dass die in der Bundesakte den Mediatisierten garantierten Vorrechte in Widerspruch zur modernen Staatsauffassung stünden und daher als ‚Anomalien' zu begreifen und jederzeit aufhebbar seien.

Während die Souveränisten die Rheinbundverfassung auf eine bloße Grundlage einzelstaatlicher Souveränität beschränkt sehen wollten und jeden darüber hinausgehenden Verfassungsausbau ablehnten, wurde die Rheinbundverfassung von der Mehrzahl der Autoren als Erneuerung der Reichsverfassung verstanden und begrüßt. Dabei waren für sie nationalpolitische Motive eng verknüpft mit einem gegen die Souveränität gerichteten ständischen Konstitutionalismus. Was also für uns selbstverständlich zusammengehört: Souveränität (im Sinne von moderner Staatlichkeit) und Konstitutionalismus, war in der politischen Konstellation der Rheinbundzeit aufgespalten in zwei unvereinbare Positionen[38]. Nur wenige Autoren waren in der Lage, eine Perspektive zu entwickeln, die beide Aspekte

37 Dazu und zum folgenden *Schuck*, wie Fn 32, insb. 230-304.
38 Vgl. *Nolte*, wie Fn 5, 18.

des modernen Staates in einer realistischen Weise verband. Dies war nur möglich auf der Basis der – und nicht in Opposition zur – Souveränität. Im Gegensatz zum konservativen Rheinbundpatriotismus Dalbergs und der Mediatisierten repräsentierten sie einen zukunftsgerichteten Rheinbundpatriotismus, der die Diskontinuität zum Reich betonte, vom modernen Staatsgedanken der Französischen Revolution ausging und auf den liberalen Nationalismus des Vormärz voraus wies. Autoren wie Behr sahen im Rheinbund die historische Chance einer Modernisierung der deutschen Staatsverfassung auf der Grundlage der in den Reformstaaten vollzogenen Wendung zum modernen Verfassungsstaat. Ausgehend von einem kosmopolitischen Nationalismusverständnis, das keine Vorbehalte gegen die Übernahme französischer Verfassungsinhalte kannte, sahen sie die Möglichkeit, den Rheinbund als nationale Verfassungsorganisation auszubauen, die auch über Napoleon hinaus Bestand haben könne. Grundbedingung dafür war für sie eine nichtunitarische, d.h. eine die einzelstaatliche Souveränität achtende, staatenbündische Verfassungsstruktur, da nur so moderner (also nicht ständischer) Konstitutionalismus und Nationaleinheit mit dem machtpolitischen Interesse der Einzelstaaten vermittelbar schien.

Mit dem Ende der militärischen Vorherrschaft Napoleons war auch der Rheinbund dem Untergang geweiht; er zerfiel mit Napoleons Niederlage in der Völkerschlacht bei Leipzig im Oktober 1813. Bayern hatte bereits gut eine Woche zuvor die Fronten gewechselt und mit diesem faktischen Austritt aus dem Rheinbund seine staatliche Souveränität für die nachrheinbündische Zeit gesichert. Mit den Befreiungskriegen und der nachfolgenden Restaurationsphase setzte sich nun eine Form des Nationalismus als herrschende politische Strömung durch, die alle Erinnerung an den Rheinbund mit dem Fluch des „Antideutschen" belegte und den Grundstein für das negative Bild des Rheinbundes im öffentlichen Bewusstsein des 19. Jahrhunderts legte. Die liberalen Hoffnungen der Rheinbundpatrioten hatten sich politisch nicht erfüllt, doch der Rheinbündische Konstitutionalismus wirkte als Idee im Vormärzliberalismus weiter. Auch der Rheinbund selbst blieb ungeachtet seines sang- und klanglosen Untergangs nicht folgenlos. Auf dem Wiener Kongress wurden – entgegen den vorherrschenden Restaurationsideologien – die umstürzenden verfassungsrechtlichen Neuerungen des Rheinbundes nicht rückgängig gemacht. Die innere Organisation des Rheinbundes wurde vielmehr „in vielen Bestandteilen (...) das Modell des späteren Deutschen Bundes. (...) In gewissem Sinn war der Deutsche Bund von 1815 eine Ausdehnung der im Rheinbund vorgesehenen Verfassungsformen auf das ganze alte Reichsgebiet"[39].

39 *Huber*, wie Fn 6, 86.

Literatur

Beck, Karl, Zur Verfassungsgeschichte des Rheinbundes, Mainz 1890.

Doeberl, Michael, Rheinbundverfassung und bayerische Konstitution, München 1924 (= Sitzungsberichte der Bayerischen Akademie der Wissenschaften, Jg. 1924, 5).

Fratzke-Weiß, Birgit, Europäische und nationale Konzeptionen im Rheinbund. Politische Zeitschriften als Medien der politischen Öffentlichkeit, Frankfurt a. M. 1997 (= Europäische Hochschulschriften. Reihe 3: Geschichte und ihre Hilfswissenschaften, 756).

Hölzle, Erwin, Das napoleonische Staatssystem in Deutschland, in: Historische Zeitschrift 148 (1933), 277-293.

Liebmann, Edgar, Das Alte Reich und der napoleonische Rheinbund, in: Peter Brandt – Martin Kirsch – Arthur Schlegelmilch (Hg.), Handbuch der europäischen Verfassungsgeschichte im 19. Jahrhundert. Institutionen und Rechtspraxis im gesellschaftlichen Wandel. Bd. 1: Um 1800, Bonn 2006, 640-683.

Luttenberger, Albrecht P., Karl Theodor von Dalberg, das Reich und der Rheinbund, in: Peter Schmid – Klemens Unger (Hg.), 1803. Wende in Europas Mitte. Vom feudalen zum bürgerlichen Zeitalter, Regensburg 2003, 53-79.

Matsumoto, Naoko, Polizeibegriff im Umbruch. Staatszwecklehre und Gewaltenteilungspraxis in der Reichs- und Rheinbundpublizistik, Frankfurt a. M. 1999 (= Studien zur Policey und Policeywissenschaft).

Schmidt, Georg, Der napoleonische Rheinbund – ein erneuertes Altes Reich?, in: Volker Press (Hg.), Alternativen zur Reichsverfassung in der Frühen Neuzeit?, München 1995 (= Schriften des Historischen Kollegs. Kolloquien, 23), 227-246.

Schmitt, Hans A., Germany without Prussia: A Closer Look at the Confederation of the Rhine, in: German Studies Review 6 (1983), 9-39.

Schuck, Gerhard, Rheinbundpatriotismus und politische Öffentlichkeit zwischen Aufklärung und Frühliberalismus. Kontinuitätsdenken und Diskontinuitätserfahrung in den Staatsrechts- und Verfassungsdebatten der Rheinbundpublizistik, Stuttgart 1994 (= Frankfurter Historische Abhandlungen, 36).

Walter, Gero, Der Zusammenbruch des Heiligen Römischen Reichs deutscher Nation und die Problematik seiner Restauration in den Jahren 1814/15, Heidelberg 1980 (= Studien und Quellen zur Geschichte des deutschen Verfassungsrechts, 12).

Weis, Eberhard, Napoleon und der Rheinbund, in: ders., Deutschland und Frankreich um 1800. Aufklärung – Revolution – Reform, hg. von Walter Demel und Bernd Roeck, München 1990, 186-217.

Wierichs, Marion, Napoleon und das „Dritte Deutschland“ 1805/1806. Die Entstehung der Großherzogtümer Baden, Berg und Hessen, Frankfurt a. M. 1978 (= Europäische Hochschulschriften, 3, 99).
Wohlfeil, Rainer, Untersuchungen zur Geschichte des Rheinbundes 1806-1813. Das Verhältnis Dalbergs zu Napoleon, in: Zeitschrift für die Geschichte des Oberrheins 108, NF 69 (1960), 85-108.

Die Verfassung des Königreichs Westphalen von 1807*

Ewald Grothe

Die Konstitution des Königreichs Westphalen war die erste geschriebene Verfassungsurkunde auf deutschem Boden. Ebenso wie der durch sie begründete Modellstaat von Napoleons Gnaden stand sie lange Zeit unter dem Verdikt der national und borussisch orientierten Geschichtsschreibung. Noch 1957 bezeichnete Ernst Rudolf Huber die Rheinbundverfassungen als „dekorative Verhüllungen der wahren Verfassungslage" und sprach von einem „verschleiernde[n] Schein-Konstitutionalismus"[1]. Er schloss sich damit der Kritik der nationalliberal-borussischen Geschichtsschreibung an, welche die französische Zeit vor allem als „Fremdherrschaft" verurteilt hatte[2]. Aus dieser Perspektive erschienen sämtliche Konstitutionen als Tarnung rigoroser napoleonischer Machtpolitik, und die Staatsdiener fungierten als Handlanger einer „Besatzungsmacht". Das „kerndeutsche Volk" des künstlich zusammengesetzten Königreichs Westphalen habe mit Abscheu die „hündische Schmeichelei" der Minister beobachtet, kommentierte Heinrich von Treitschke beispielsweise scharfzüngig[3].

---

* Für wichtige Hinweise und wertvolle Kritik danke ich *Ulrich Sieg* (Marburg) sehr herzlich.

1 *Ernst Rudolf Huber*, Deutsche Verfassungsgeschichte seit 1789, Bd. 1: Reform und Restauration 1789 bis 1830, Stuttgart u.a. 1960, 88. Von einem „Scheinparlament" hatte bereits Treitschke gesprochen. *Heinrich von Treitschke*, Deutsche Geschichte im Neunzehnten Jahrhundert, Bd. 1: Bis zum zweiten Pariser Frieden, Leipzig 1928 [zuerst 1879], 352.

2 So vor allem *Rudolf Goecke*, Das Königreich Westphalen. Sieben Jahre französischer Fremdherrschaft im Herzen Deutschlands 1807-1813. Nach den Quellen dargestellt, hg. von Theodor Ilgen, Düsseldorf 1888. Weitere ältere Literatur: *Arthur Kleinschmidt*, Geschichte des Königreichs Westfalen, Gotha 1893; *Friedrich Thimme*, Die inneren Zustände des Kurfürstentums Hannover unter der französisch-westfälischen Herrschaft 1806-1813, 2 Bde., Hannover-Leipzig 1895. Quellen u.a.: *Georg Hassel – Karl Murhard* (Hg.), Westphalen unter Hieronymus Napoleon I. Eine Monatsschrift, 10 Bde., Braunschweig 1812; *Karl Heinrich Ludwig Pölitz*, Handbuch der Geschichte der souverainen Staaten des Rheinbundes, Bd. 1: Die Königreiche Bayern, Wirtemberg, Sachsen und Westphalen, Leipzig 1811, 461-479.

3 *Treitschke*, wie Fn 1, 353. Eingehend zur Rezeptionsgeschichte: *Armin Owzar*, Fremde Herrschaft – fremdes Recht? Deutungen der napoleonischen Verfassungspolitik in Westfalen im 19. und 20. Jahrhundert, in: Westfälische Forschungen 51 (2001), 75-105, hier insb. 75 f. Die Sichtweise unter dem Blickwinkel der „Fremdherrschaft" wirkte noch bis Ende der 1970er Jahre nach. Vgl. *Kurt von Raumer*, Deutschland um

Seit Beginn der 1970er Jahre setzte sich demgegenüber eine gründliche Revision des Urteils durch. Mit den Forschungen von Helmut Berding, Elisabeth Fehrenbach und Eberhard Weis begann eine Renaissance der Rheinbundepoche, deren Errungenschaften nunmehr gleichrangig neben die lange Zeit prädominanten preußischen Reformen gestellt wurden[4]. Das sich wandelnde Urteil der Historiker, das von einer stärkeren Berücksichtigung sozialgeschichtlicher Fragestellungen inspiriert war, betraf zunächst vor allem die Einschätzung der Staats- und Gesellschaftsreformen. Die „defensive Modernisierung" der Rheinbundstaaten wird seitdem als eine wichtige Reformvariante in der napoleonischen Ära eingestuft[5].

Gegenüber der Sozialgeschichte wurde die verfassungsgeschichtliche Forschung im engeren Sinne vernachlässigt, die sich vergleichend den Verfassungstexten und der Verfassungswirklichkeit in den Einzelstaaten widmet[6]. So herrscht bis heute zum Teil Unklarheit darüber, wieweit die Verfassungsurkunde des Königreichs Westphalen tatsächlich Modellcharakter besaß. Zudem ist umstritten, ob sie – zumal bei längerer Dauer – ein scheinkonstitutionelles, womöglich spätabsolutistisches oder eher ein frühliberales, vielleicht protoparlamentarisches Regierungssystem zu etablieren vermocht hätte. Den Fragen der Entstehung, der Wirkung und den Folgen der westphälischen Verfassungs- und Reformpolitik wird nachfolgend nachgegangen. Dabei soll vor allem die zentrale Frage nach

---

1800: Krise und Neugestaltung. Von 1789 bis 1815, in: *ders.* – *Manfred Botzenhart*, Deutsche Geschichte im 19. Jahrhundert, Wiesbaden 1980, 316, 320.

4 *Helmut Berding*, Napoleonische Herrschafts- und Gesellschaftspolitik im Königreich Westfalen 1807-1813, Göttingen 1973; *Elisabeth Fehrenbach*, Traditionale Gesellschaft und revolutionäres Recht. Die Einführung des Code Napoléon in den Rheinbundstaaten, Göttingen 1974; *Eberhard Weis* (Hg.), Reformen im rheinbündischen Deutschland, München 1984.

5 So ausdrücklich bei *Hans-Ulrich Wehler*, Deutsche Gesellschaftsgeschichte. Bd. 1: Vom Feudalismus des Alten Reiches bis zur Defensiven Modernisierung der Reformära 1700-1815, München 1989, 343-485, wo rheinbündische und preußische Reformen einander gegenübergestellt werden. Neueste Zusammenfassung: *Michael Hecker*, Napoleonischer Konstitutionalismus in Deutschland, Berlin 2005.

6 *Bettina Severin*, Modellstaatspolitik im rheinbündischen Deutschland. Berg, Westfalen und Frankfurt im Vergleich, in: Francia 24/2 (1997), 181-203, untersucht vergleichend die Reformpolitik, allerdings nicht die Verfassungstexte selbst. Ähnlich *Martin Kirsch*, Monarch und Parlament im 19. Jahrhundert. Der monarchische Konstitutionalismus als europäischer Verfassungstyp – Frankreich im Vergleich, Göttingen 1999, 231-242, 270-275 und 288-298, sowie zuletzt *Bettina Severin-Barboutie*, Verfassung und Verwaltung im Umbruch. Das rheinbündische Deutschland im Vergleich, in: Zeitschrift für Neuere Rechtsgeschichte 28 (2006), 338-363.

dem Charakter des Königreichs Westphalen als Modell- bzw. Satellitenstaat[7] beantwortet und geklärt werden, ob es sich bei der Verfassungsurkunde um ein Modell oder um einen Mythos handelte.

Die Entstehungsgeschichte der westphälischen Verfassung ist im Vergleich mit der strittigen Gesamtdeutung recht unkompliziert[8]. Nach der vernichtenden Niederlage der preußischen Armee bei Jena und Auerstedt hatten gegen Ende des Jahres 1806 französische Truppen das Gebiet bis zur Elbe und damit das Territorium des späteren Königreichs Westphalen besetzt. Anfang Juli 1807 schloss Frankreich mit Preußen und Russland den Frieden zu Tilsit. Im Artikel acht des Vertrages mit Preußen wurde die Gründung des Königreichs Westphalen angekündigt, das „sich zusammensetzt aus den Provinzen, die Seine Majestät der König von Preußen abgetreten hat, und aus anderen Staaten, welche im Besitz Seiner Majestät des Kaisers Napoleon sind“[9]. Zugleich erklärte der preußische König im Artikel sechs die Anerkennung des kaiserlichen Bruders Jérôme als König von Westphalen[10].

Schon beim Friedensschluss hatte Napoleon dem designierten Staatsoberhaupt gegenüber angekündigt, man werde sich in Kürze in Dresden „über die Organisation Ihres Königreiches verständigen“: „Ich habe übrigens die Absicht, wenn ich Sie in Ihrem Königreiche einsetze, Ihnen eine reguläre Konstitution zu geben, die bei allen Klassen Ihrer Untertanen diese nichtigen und lächerlichen Standesunterschiede beseitigt“[11]. Während in Dresden dem sächsischen König

---

7 Die Einschätzungen spiegeln sich bereits in den Titeln einschlägiger Studien: *Helmut Berding*, Le Royaume de Westphalie, Etat-Modèle, in: Francia 10 (1982), 345-358; *Owen Connelly*, Napoleon's Satellite Kingdoms: Managing Conquered People, New York 1965; *Rainer Wohlfeil*, Napoleonische Modellstaaten, in: *Wolfgang von Groote* (Hg.), Napoleon I. und die Staatenwelt seiner Zeit, Freiburg 1969, 33-53.

8 *Rüdiger Ham*, Die Constitution für das Königreich Westphalen von 1807. Zur Funktion und Funktionsweise der ersten modernen Verfassung in Deutschland, in: Zeitschrift für Neuere Rechtsgeschichte 26 (2004), 227-245, hier 228 ff.; *Hecker*, wie Fn 5, 49-53.

9 *Peter Hersche* (Hg.), Napoleonische Friedensverträge, Bern 1973, 57 (9. Juli 1807: „sera composé de provinces cédées par S.M. le roi de Prusse, et d'autres Etats actuellement possédés par S.M. l'empereur Napoléon“). Dem entsprach etwa der Artikel 19 des Vertrages mit Russland vom 7. Juli 1807, auf den sich die Präambel der westphälischen Verfassung bezog (*ebda*, 49).

10 Zu Jérôme liegt bis heute keine modernen wissenschaftlichen Ansprüchen genügende Biographie vor. In älteren Werken wird er als Witzfigur und Lebemann dargestellt; *Owzar*, wie Fn 3, 77 f.

11 *Correspondance de Napoléon Ier*, publiée par ordre de l'Empereur Napoléon III, Bd. 15, Paris 1864, 395 (7. Juli 1807): „nous nous concerterons là [à Drede, E.G.] pour l'organisation à donner à votre royaume. (...) Mon intention, d'ailleurs, en vous

Friedrich August in Personalunion das Herzogtum Warschau übertragen und am 22. Juli 1807 die Verfassung dieses neuen Staates erlassen wurde, erfolgte nur rund einen Monat später, am 18. August, mit der Einsetzung einer vorübergehenden Regentschaft die Konstituierung Westphalens. Dieses Gremium sollte die Regierungsgeschäfte bis zur Ankunft Jérômes in der neuen Hauptstadt Kassel leiten und dabei den Prozess der inneren Staatsbildung als Vollzugsorgan der französischen Militärmacht vorbereiten[12]. Das Königreich wurde als Kunststaat gebildet aus den ehemaligen Territorien des Kurfürstentums Hessen, des Herzogtums Braunschweig, Teilen des Königreichs Hannover und den westlich der Elbe gelegenen Gebieten Preußens.

Die Kasseler Regentschaft, zusammengesetzt aus vier bewährten französischen Verwaltungs-, Finanz- und Militärexperten, nahm zunächst die Begleichung der Kriegsschulden von dreißig Millionen Francs in Angriff und brachte erste Reformvorhaben auf den Weg. Währenddessen beauftragte Napoleon die drei Juristen Christoph Wilhelm Koch, Jean Jacques Régis Cambacérès und Michel Louis Etienne Regnaud de Saint-Jean d'Angély mit der Ausarbeitung einer Verfassungsurkunde[13]. Die Wichtigkeit des Projekts wird dadurch signalisiert, dass es sich bei Cambacérès und Regnaud immerhin um zwei der engsten Berater des Kaisers handelte. Am 25. August 1807 lag bereits ein erster Entwurf vor, der, abgesehen von geringen inhaltlichen Änderungen, in Umfang und Wortlaut sehr weitgehend mit der später veröffentlichten Konstitution übereinstimmte[14].

établissant dans votre royaume, est de vous donner une constitution régulière qui efface dans toutes les classes de vos peuples ces vaines et ridicules distinctions".

12 *Helmut Berding*, Napoleonische Herrschaft zwischen Okkupation und Staatsneubildung. Die Regentschaft in Kassel, in: *Winfried Speitkamp* (Hg.), Staat, Gesellschaft, Wissenschaft. Beiträge zur modernen hessischen Geschichte, Marburg 1994, 7-21; *Jean Tulard*, Siméon et l'Organisation du Royaume de Westphalie (1807-1813), in: Francia 1 (1973), 557-568; *Correspondance de Napoléon Ier*, wie Fn 11, Bd. 15, 508 (18. August 1807).

13 *Klaus Rob* (Bearb.), Regierungsakten des Königreichs Westphalen 1807-1813, München 1992, 4; *Franz-Ludwig Knemeyer*, Regierungs- und Verwaltungsreformen in Deutschland zu Beginn des 19. Jahrhunderts, Köln 1970, 61. Die Autorschaft der westphälischen Verfassung ist in der Literatur umstritten. Bisweilen werden Talleyrand oder Siméon als Verfasser oder eine Redaktion Napoleons vermutet. Vgl. auch *Kirsch*, wie Fn 6, 237, Anm. 56. Kurzbiographien, allerdings ohne Erwähnung ihrer Mitwirkung an der Verfassung, in: *Jean Tulard* (Hg.), Dictionnaire Napoléon, o. O. [Paris] 1989, 333-336 (Cambacérès), 1006 (Koch), 1449 (Regnaud). Zu Koch: *Jürgen Voss*, Christophe Guillaume Koch (1737-1813). Homme politique et historiographe contemporain de la Révolution, in: History of European Ideas 13 (1991), 531-543.

14 Druck des Entwurfs bei *Georg Friedrich Carl Robert*, Urkundliche Beiträge zur Staatengeschichte Deutschland's in der napoleonischen Zeit, Teil 1, Kiel 1852, Anlage 3,

Nach Paris abgesandte ständische Deputationen aus den westphälischen Landesteilen vermochten keine Änderungen des Verfassungsentwurfs zu erwirken, zumal die Vorschläge der adligen Teilnehmer vor allem auf einen im grundherrlichen Sinne defensiven Rückschritt und damit eine den französischen Ambitionen widersprechende Konzeption hinausliefen. Auch Einwände der Kasseler Regentschaft wurden weitgehend zurückgewiesen[15]. Anfang November paraphierte Napoleon die Verfassungsvorlage und erließ sie am 15. November 1807 in Fontainebleau als Konstitution des Königreichs Westphalen[16]. Der Ablauf der Verfassungsverhandlungen – Ausarbeitung durch französische Juristen, wenige Änderungsmöglichkeiten durch regionale Gremien, Oktroi durch den Kaiser – wies dabei große Ähnlichkeit zu den entsprechenden Vorgängen in Italien in den Jahren 1801/02 und 1805 auf[17].

In einem den Verfassungstext begleitenden Schreiben an seinen Bruder legte der Kaiser der Franzosen die Ziele seiner Politik und der Verfassung sowie Anweisungen zur Regierungsführung nieder. „Ihr werdet die Verfassung treu befolgen. (...) Was die Völker Deutschlands mit Ungeduld erwarten, ist: die Personen, die nicht adelig sind, sollen ein gleiches Recht zur Berücksichtigung durch Sie und zu den Stellungen haben, d.h. jede Art von Knechtschaft und alle zwischen dem Souverän und der letzten Klasse des Volks bestehenden intermediären Bindungen sollen gänzlich aufgehoben sein. Die Wohltaten des Code Napoléon, die Öffentlichkeit der Prozesse, die Einrichtung der Geschworenengerichte werden charakteristische Merkmale Ihrer Monarchie sein. (...) (S)o zähle ich noch mehr

---

19-27. Die Änderungen deuten darauf hin, dass der Termin der Verkündigung früher geplant war. Abgesehen davon wurden die Funktionen des Staatsrats, die Richterernennung, die Militärwerbung, die Höhe des Kronschatzes und der Grundsteuer ergänzt bzw. modifiziert (Art. 9, 16, 21, 50, 53). *August Friederich Wilhelm Crome – Karl Jaup* (Hg.), Konstitution des Königreichs Westphalen, französisch und deutsch, mit den Abweichungen des Projekts, und mit einer erläuternden Nachschrift, in: Germanien, eine Zeitschrift für Staats-Recht, Politik und Statistik von Deutschland 1 (1808), 115-174.

15 Die Verhandlungsprotokolle der Deputationen in: *Robert*, wie Fn 14. Vgl. *Helene Wegener*, Die Relationen Napoléons I. zum Königreich Westfalen, im besonderen durch die Mission des kaiserl. Gesandten, Grafen Reinhards am Kasseler Hof. 1807-1813. Teil 1, Breslau 1905, 10, 13; *Hans-Joachim Behr*, Erinnerungen Georgs von Schele an den Westphälischen Hof 1807-08, in: Westfälische Zeitschrift 138 (1988), 103-147, hier 104-117. Vgl. auch *Armin Owzar*, Wider den „patriarchalischen Schlendrian". Napoleonische Verfassungspolitik in Westfalen, in: *Gisela Weiß – Gerd Dethlefs* (Hg.), „Zerbrochen sind die Fesseln des Schlendrians". Westfalens Aufbruch in die Moderne, Münster 2002, 299-315, hier 308, der die Deputation als Inszenierung einstuft.

16 *Correspondance de Napoléon Ier*, wie Fn 11, Bd. 16, 167-173.

17 *Kirsch*, wie Fn 6, 231-242.

auf ihre Wirkungen in der Ausdehnung und Kräftigung Ihrer Monarchie als auf das Ergebnis großer Siege. (...) (D)iese liberale Regierung muß so oder so die heilsamsten Wirkungen im System der Konföderation und für die Macht Ihrer Monarchie hervorbringen. Diese Art zu regieren wird eine mächtigere Barriere, die sie von Preußen trennt, als die Elbe sein, mächtiger als befestigte Plätze und der Schutz Frankreichs. Welches Volk würde unter das despotische preußische Regime zurückkehren wollen, wenn es einmal die Wohltaten einer weisen und liberalen Regierung gekostet hat? (...) Seien Sie konstitutioneller König"[18].

Das Dokument ist zu Recht als klassisch für Napoleons Zielvorstellungen, seinen Regierungsstil und seine Herrschaftsmethoden eingestuft worden. Es zeigt deutlich die Politik der „moralischen Eroberungen", mit welcher der Kaiser Deutschland und insbesondere das Königreich Westphalen in seinen Machtbereich zu integrieren und die Überlegenheit des französischen Systems zu demonstrieren gedachte. Indem er zugleich bemerkte, dass der neue Staat zwischen Rhein und Elbe einen Baustein im europäischen Herrschaftsgefüge bilden sollte, bekannte er sich unverhüllt zu der Absicht, das Königreich nicht allein als Modell-, sondern auch als Satellitenstaat zu behandeln. Der ambivalente Charakter und der daraus resultierende unvermeidliche Zielkonflikt der napoleonischen Herrschaft in den Rheinbundstaaten offenbarte sich somit bereits in der Verfassungsurkunde des Königreichs Westphalen.

Die Konstitution, die Jérôme wenige Tage vor seiner Ankunft in Kassel, am 7. Dezember 1807, zweisprachig im „Gesetz-Bülletin" des Königreichs proklamierte, normierte in dreizehn Titeln und 55 Artikeln den Aufbau, die Organisation sowie die grundlegenden rechts- und sozialpolitischen Leitlinien des neuen

18 Zitat nach *Heinz Heitzer*, Insurrectionen zwischen Weser und Elbe. Volksbewegungen gegen die französische Fremdherrschaft im Königreich Westfalen (1806-1813), Berlin 1959, 84. Vgl. *Correspondance de Napoleon Ier*, wie Fn 11, Bd. 16, 196 f.: „Vous devez la [la constitution, E.G.] suivre fidèlement. (...) Ce que désirent avec impatience les peuples d'Allemagne, c'est que les individus qui ne sont point nobles et qui ont des talents aient un égal droit à votre considération et aux emplois; c'est que toute espèce de servage et de liens intermédiaires entre le souverain et la dernière classe du peuple soit entièrement abolie. Les bienfaits du code Napoléon, la publicité des procédures, l'établissement des jurys, seront autant de caractères distinctifs de votre monarchie. (...) je compte plus sur leurs effets, pour l'extension et l'affermissement de votre monarchie, que sur le résultat des plus grandes victoires. (...) et que ce gouvernement libéral produise, d'une manière ou d'autre, les changements les plus salutaires au système de la Confédération et à la puissance de votre monarchie. Cette manière de gouverner sera une barrière plus puissante, pour vous séparer de la Prusse, que l'Elbe, que les places fortes et que la protection de la France. Quel peuple voudra retourner sous le gouvernement arbitraire prussien, quand il aura goûté les bienfaits d'une administration sage et libérale? (...) Soyez roi constitutionnel".

Staatsgebildes[19]. Formal gesehen war sie, unterzeichnet von Napoleon und verkündet von Jérôme, in doppeltem Sinne ein Verfassungsoktroi. Dem entsprach die Form des königlichen Dekrets vom 7. Dezember ebenso wie die Präambel der Konstitution, welche als kaiserliche Verordnung mit einer Intitulatio Napoleons als „von Gottes Gnaden und durch die Konstitution Kaiser der Franzosen, König von Italien und Beschützer des Rheinischen Bundes“ begann. Es gehe, so die konstitutionelle Vorrede weiter, um die Vollziehung des Tilsiter Friedens und die Inkraftsetzung einer „Grundverfassung“, welche „das Glück seiner Völker sichere“ und dem neuen „Souverain, als Mitgliede des Rheinischen Bundes, die Mittel gewähre, an der gemeinschaftlichen Sicherheit und Wohlfahrt mitzuwirken“[20].

Die ersten drei Titel der Verfassung thematisierten die aus der Stellung Westphalens im Koordinatensystem des napoleonischen Europa resultierenden völkerrechtlichen Pflichten und staatsrechtlichen Maßgaben. Es begann mit einer Umschreibung des Staatsgebietes unter Zuhilfenahme geographischer Begriffe und bisheriger territorialer Zugehörigkeiten, die das Königreich auf rund 38.000 Quadratkilometern mit knapp zwei Millionen Einwohnern eingrenzten. Es folgten sodann die Vorschriften über die Abtretung der Hälfte der Allodialdomänen zugunsten Napoleons, die Kriegsschulden sowie die Übernahme der Regierung zum 1. Dezember des Jahres. Der zweite Titel deklarierte Westphalen zum Bestandteil des Rheinbundes und definierte mit 25.000 Soldaten die Größe seines militärischen Kontingents innerhalb dieses Bündnisses, wobei je die Hälfte von Frankreich und von Westphalen gestellt, beide Teile jedoch vom westphälischen König besoldet werden sollten. Der dritte Titel erklärte zum einen das Königreich als Erbmonarchie der Familie Jérômes, zum anderen diese Familie und ihr Oberhaupt als Teil der Dynastie Bonapartes mit Unterwerfung unter die Familienstatuten und entsprechenden Thronfolgeregelungen im Falle des Aussterbens.

Nach den ersten drei Abschnitten der Konstitution, die mit erheblichen völker- und staatsrechtlichen sowie verfassungspolitischen Konsequenzen verbun-

---

19 *Bulletin des lois du Royaume de Westphalie* – Gesetz-Bülletin des Königreichs Westphalen. 3 Bde., Kassel 1808, Nr. 1, 1-31 (zweisprachig). Moderne Drucke in: *Rob*, wie Fn 13, 41-57 (zweisprachig, aber versehentlich unvollständig), und in: *Eckhart G. Franz – Karl Murk* (Hg.), Verfassungen in Hessen 1807-1946. Verfassungstexte der Staaten des 19. Jahrhunderts, des Volksstaates und des heutigen Bundeslandes Hessen, Darmstadt 1998, 21-31 (deutsch mit Erläuterungen); *Hans Boldt* (Hg.), Reich und Länder. Texte zur deutschen Verfassungsgeschichte im 19. und 20. Jahrhundert, München 1987, 77-89 (deutsch).

20 *Bulletin*, wie Fn 19, „par la grâce de Dieu et les constitutions, Empereurs des Français, Roi d'Italie et Protecteur de la Confédération du Rhin. (...) des constitutions fondamentales qui garantissent le bonheur des peuples et qui (...) assurent au souverain les moyens de concourir, en qualité de membre de la Confédération du Rhin, à la sûreté et à la prospérité communes“.

den waren, regelten die nachfolgenden zehn Titel die inneren Angelegenheiten der Staatsorganisation. Die Artikel 10-18 statuierten einige Grundrechte wie die Rechtsgleichheit und Religionsfreiheit der Untertanen sowie die Aufhebung der alten Landstände und zahlreicher Privilegien bisher bevorrechteter Gesellschaftsgruppen. Die Leibeigenschaft sollte abgeschafft und der Adel die Steuerfreiheit sowie den privilegierten Zugang zu öffentlichen Ämtern verlieren. Ein neues Steuer-, Münz- und Maßsystem wurde angekündigt.

Die Titel fünf bis sieben bestimmten die Organisation von Legislative, Exekutive und Judikative. Es wurde eine vierköpfige Ministerialregierung mit ansatzweiser Ministerverantwortlichkeit errichtet. Justiz und Inneres waren dabei in einem gemeinsamen Ressort vereinigt. Einem Staatsrat aus 16 bis 25 Mitgliedern oblag die Gesetzesvorlage und -beratung sowie die Funktion als Kassationsgericht. Die Stände des Reiches als Repräsentationskörperschaft wurden von hundert Abgeordneten gebildet, siebzig Grundeigentümern, 15 Kaufleuten und 15 Gelehrten oder anderweitig verdienten Bürgern. Sie wurden gewählt durch vom König ernannte Departementskollegien, wirkten an der Beratung und Verabschiedung der Gesetze mit und sollten in dreijähriger Rotation erneuert werden. Einberufung und Auflösung standen dem König zu, eine Periodizität war nicht ausdrücklich angesprochen, ergab sich allerdings indirekt – zumindest formal gesehen – aus der Zustimmung zum „jährliche[n] Finanz-Gesetz“[21].

Der zentralistisch-hierarchisch ausgerichteten Verwaltungsstruktur waren die Titel acht bis zehn der Verfassung gewidmet. Das gesamte Staatsgebiet sollte stufenförmig in Departements, Distrikte, Kantone und Munizipalitäten eingeteilt werden. Den territorialen Einheiten standen Präfekten, Unterpräfekten und Maires vor, welchen jeweils Räte als Verwaltungsgremien zugeordnet waren.

Titel elf der Konstitution regelte die Gerichtsverfassung. Die Einführung des französischen Zivilgesetzbuches, des Code Napoléon, wurde zum 1. Januar 1808 dekretiert. Ebenso war die Öffentlichkeit des Verfahrens und die Errichtung von Geschworenengerichten in Strafprozessen vorgesehen. Die Justizstruktur entsprach dem hierarchischen Verwaltungsaufbau mit Friedensgerichten in den Kantonen und einem Appellationsgerichtshof auf gesamtstaatlicher Ebene. Die Richter wurden vom König ernannt, waren aber unabhängig in der Rechtsprechung und vor willkürlicher Absetzung geschützt.

Im zwölften Titel wurde das Konskriptionssystem beim Militär eingeführt. Gemäß dem dreizehnten und letzten Titel sollten Ausführungsverordnungen die Konstitution ergänzen und ebenso wie sie im Gesetzblatt veröffentlicht werden.

Mit der Verfassung des Königreichs Westphalen erhielt nicht zufällig ein ganz unhistorisch zusammengesetzter und insofern künstlich gebildeter Staat als

---

21 Art. 33: „Les comptes imprimés des ministres leur sont remis chaque année“.

erster auf deutschem Boden eine geschriebene Verfassungsurkunde. Hier ging es vor allem auch darum, ein äußerst heterogenes Staatsgebiet durch ein einheitliches Staatsgrundgesetz und ein neues Privatrecht als Rechtsverband zu integrieren[22]. Da man zudem weder auf eine traditionsreiche Dynastie noch auf eine an einem Stammland hängende Bevölkerung Rücksicht nehmen musste, war es leichter als in anderen Staaten im Machtbereich Napoleons, die Souveränität zugunsten des französischen „Mutterlandes“ einzuschränken[23]. Ausschlaggebend war dabei weniger die Einbindung in den von Napoleon politisch abhängigen Rheinbund, dessen Mitgliedschaft in der Verfassung verankert wurde. Auch die Übernahme einer kaiserlichen Verordnung als Konstitution erscheint eher als ein formaler, gleichwohl aber bezeichnender Hinweis. Vor allem aber müssen die Unterwerfung des Königs unter das napoleonische Familienstatut und die Regelungen über die Thronfolge, die hälftige Abtretung der Domänen sowie die Bildung der westphälischen Armee zur Hälfte aus französischen Truppen genannt werden, die den Charakter Westphalens als napoleonischen Vasallenstaat mehr als deutlich machten. Die Vorrangstellung Napoleons in Europa und seine Dominanz über die deutsche Staatenwelt nach Tilsit wirkten sich somit auf die formellen Verfassungsregelungen Westphalens unmittelbar aus. Die Verfassung konstituierte den neuen Staat als Filialkönigreich und als teilsouveränes Territorium und trug dazu bei, dass aus Sicht der Zeitgenossen Westphalen in seiner Gesamtheit als „Dotation“ Napoleons an seinen Bruder galt[24].

Eine derartig massive und verfassungsmäßig festgeschriebene Abhängigkeit der bedeutendsten Staatsschöpfung Napoleons diente vor allem der Herrschaftsstabilisierung im Sinne hegemonialer Machtinteressen des Kaisers. Das Königreich sollte als westlicher Vorposten des Empire die französische Einflusssphäre in Deutschland festigen und einen Pufferstaat gegenüber Rest-Preußen bilden, vor allem aber dem Willen Napoleons jederzeit verfügbar sein. Die Abhängigkeit von den französischen Vorgaben im Hinblick auf die Staatsstruktur diente dem Zweck, ein möglichst einheitliches Staatsmodell innerhalb des Grand Empire zu verwirklichen, welches die Stabilität und Integrationsfähigkeit der angeschlossenen Staaten erhöhen sollte. Westphalen erschien als der napoleonische Satellitenstaat par excellence.

---

22 *Armin Owzar*, Frankreich in Westfalen. Konstitutionalisierung und Parlamentarisierung unter Napoleon (1806-1813), in: Westfalen 79 (2001), 97-117, hier 100. Dieser Aspekt wird vor allem bei den süddeutschen Verfassungen stets angeführt, während er hier eher selten auftaucht.

23 So auch *Helmut Berding*, Das Königreich Westfalen als Modellstaat, in: Lippische Mitteilungen aus Geschichte und Landeskunde 54 (1985), 181-193, hier 187.

24 Zitat nach *Berding*, wie Fn 4, 26.

Dem stand als Kehrseite die Funktion Westphalens als Musterstaat im Rheinbund gegenüber. Die „innerstaatlichen“ Regelungen der westphälischen Konstitution wurden von aufklärerischem Gedankengut inspiriert und entsprachen einem modernen Staatswesen. Es handelte sich weitgehend um eine Mischung von staatsabsolutistischen Gedanken mit den „Ideen von 1789“. Erstmals wurde in Deutschland ein Monarch durch eine schriftliche Verfassung in seinen Rechten gebunden, selbst wenn die Kronrechte äußerst umfassend umschrieben wurden. Alle wichtigen Posten in Exekutive und Judikative wurden vom König besetzt, er ernannte den Staatsrat, berief und entließ die Reichsstände, dekretierte die Gesetze. Allein das Gesetzesinitiativrecht war ihm nicht ausdrücklich zugestanden[25]. Ob dies ein Indiz für eine etwas flüchtige Ausarbeitung der Verfassung ist, muss dahingestellt bleiben.

Im Hinblick auf die überkommenen Verfassungsstrukturen im alten Reich und den deutschen Territorien, deren Kennzeichen um 1800 Heterogenität und Ineffektivität waren, wirkte der vereinheitlichende und liberalisierende Anspruch der neuen Verfassungsurkunde geradezu revolutionär. Zwar enthielt die westphälische Verfassung keinen separaten Grundrechtskatalog, und einige wichtige Rechte, wie dasjenige der Pressefreiheit, fehlten ganz[26]. Aber die in der Konstitution verbürgten Freiheiten sollten die Sozialstruktur dennoch einschneidend verändern[27]. Judenemanzipation[28] und Gewerbefreiheit[29] hießen die positiv rechtsgewährenden Stichworte einer Freisetzung der Gesellschaft und einzelner ihrer Gruppen aus feudalen und religiös-sozialen Beschränkungen. Abschaffung der Leibeigenschaft und der Adelsvorrechte im Steuersystem und im Ämterzugang lauteten ihre negativ befreienden Pendants. Die Beseitigung der altständischen

---

25 Er übte es allerdings gemeinsam mit dem von ihm ernannten Staatsrat aus. *Kirsch*, wie Fn 6, 271.

26 Zu den Grundrechten: *Hecker*, wie Fn 5, 82-129; zur Bücheraufsicht und Zensurpraxis: *Rüdiger Busch*, Die Aufsicht über das Bücher- und Pressewesen in den Rheinbundstaaten Berg, Westfalen und Frankfurt. Ein Beitrag zur Geschichte der Bücher- und Pressezensur, Karlsruhe 1970, 53-62.

27 Näheres zum Artikel 10, der Rechtsgleichheit und Religionsfreiheit verbürgte: *Ham*, wie Fn 8, 233-236.

28 Im Artikel zehn war die religiöse Freizügigkeit allgemein zugestanden, auf deren Grundlage am 27. Januar 1808 ein Emanzipationsedikt in Kraft trat. *Helmut Berding*, Die Emanzipation der Juden im Königreich Westfalen (1807-1813), in: Archiv für Sozialgeschichte 23 (1983), 23-50. Zu den Problemen: *Armin Owzar*, Das Königreich Westphalen und das Großherzogtum Berg. Quellen – Forschungen – Deutungen, in: Westfälische Forschungen 54 (2004), 401-414, hier 408; *Arno Herzig*, Judentum und Emanzipation in Westfalen, Münster 1973, 12 ff.

29 *Owzar*, wie Fn 3, 412.

Korporationen schließlich bereitete das Feld für die neue politische Repräsentation in Gestalt der Reichsstände.

Die Proklamation von Freiheiten bedeutete eine rechtliche Gleichstellung und verhieß eine soziale Zusammenführung der Untertanen, welche durch die Einführung eines neuen bürgerlichen Gesetzbuches weiter voranzutreiben war. Dies sollte zusammen mit dem einheitlichen Steuer-, Münz- und Maßsystem für das neue Staatsgebilde erhebliche einheitsstiftende Effekte auslösen. Integration und darauf fußende innere Staatsgründung bildeten das Ziel solcher Maßnahmen. Rationalität, Effektivität und Homogenität waren die Maßstäbe für den Aufbau des Königreichs Westphalen, das administrativ und rechtlich an die französischen Verhältnisse angeglichen werden sollte. Die Kehrseite der Aufhebung partikularer Gewalten und Rechtssphären war eine außerordentliche Monopolisierung der Macht beim Staat. Mit dem Aufkommen des Konstitutionalismus fasste zugleich ein etatistisches Denken in Deutschland Fuß.

Eine ähnliche Stringenz und formale Durchgestaltung wie bei den Freiheitsrechten wies auch die Regierungsstruktur des Königreichs Westphalen auf[30]. Vier, ab 1809 fünf vom König berufene und ihm gegenüber verantwortliche Minister mit eigenen Ressorts bildeten die exekutive Staatsspitze unterhalb des Monarchen[31]. Der gleichfalls vom König eingesetzte Staatsrat fungierte als ein kombiniertes Exekutiv- und Judikativorgan[32]. Die Mischung der Gewalten ist ebenso auffällig wie das bis Ende 1808 auf Ministerialebene nicht getrennte Innen- und Justizressort. Zusammen mit den Reichsständen übte der Staatsrat die Legislative aus, wobei er die Gesetze entwarf und beriet. Ständische Kommissionen diskutierten gemeinsam mit dem Staatsrat die Gesetzesvorlagen, das reichsständische Plenum hingegen agierte lediglich als „stummes" Organ, dem keine Diskussion, sondern allein die Billigung der Gesetze zustand. Die Abstimmung erfolgte nach Köpfen, nicht nach Ständen und wich damit deutlich von dem herkömmlichen altständischen Verfahren in Deutschland ab.

Die Wahl und die Zusammensetzung der Stände sowie die fehlenden Gesetzesinitiativ- und Gesetzesänderungsrechte der Reichsstände haben in der Forschungsdiskussion den Vorwurf des nur „scheinkonstitutionellen" Charakters der

30 Detaillierter zum folgenden: *Rob*, wie Fn 13, 7-20.

31 *Christian Hattenhauer*, Das Königreich Westphalen (1807-1813), in: *Bernhard Großfeld* u.a. (Hg.), Westfälische Jurisprudenz. Beiträge zur deutschen und europäischen Rechtskultur, Münster u.a. 2000, 67-92, hier 74 f.

32 Näheres dazu bei *Meent W. Francksen*, Die Institution des Staatsrats in den Deutschen Staaten des 19. Jahrhunderts, in: Zeitschrift für Neuere Rechtsgeschichte 7 (1985), 19-53, hier 21-25.

Verfassung provoziert[33]. Dem ist jedoch mit einem gewissen Recht das Auftreten der Reichsstände entgegengehalten worden, welches zum Teil protoparlamentarische Züge aufwies. Ansätze von Kommissionsarbeit und Fraktionsbildung sind ebenso bemerkenswert, wie die Ablehnung ganzer Gesetzentwürfe eine nicht völlig bedeutungslose Position der Reichsstände zeigt. Und auch im Hinblick auf Verfahren, Zeremoniell und die Verwirklichung des Repräsentativgedankens zeigten sich die Reichsstände erstaunlich modern[34]. Der eigens vorgenommene Umbau Kasseler Gebäude für die Deputiertenversammlung weist zudem auf einen nach außen demonstrierten gewichtigen Status des parlamentarischen Gremiums hin[35].

Der stärkste Einfluss französischer Vorgaben und der höchste Assimilationsdruck wirkte bei der Gestaltung der Verwaltungs- und Rechtsstruktur. Das überkommene Kollegialsystem wurde vom Bürosystem abgelöst. Gleichförmigkeit der Verwaltung und Einheitlichkeit des Rechtswesens galten als Leitlinien der Reform, die eine zügige Integration der heterogenen Landesteile ermöglichen sollte. Es entstand eine kegelförmige hierarchisch-zentralistische Behördenstruktur nach dem Vorbild des französischen Präfektursystems, die sämtliche intermediären Gewalten beseitigte und bis hinunter auf die Gemeindeebene die vormals patrimoniale Verwaltung verstaatlichte. Jedem Leiter einer Unterbehörde wurde ein Beratungsgremium zugeordnet. Auf Departementsebene waren als „Urwähler" der Reichsstände die vorwiegend aus den Höchstbesteuerten ernannten De-

---

33 Zeitgenössisch bereits *Ludwig Freiherr Vincke*, zit. nach *Heinrich Kochendörffer*, Die Denkschrift Vinckes über die Bildung einer Volksvertretung vom Jahre 1808, in: Westfalen 16 (1931), 111-117, hier 117 („eitle Possenspiele"). Nach *Huber*, wie Fn 1, und *Raumer*, wie Fn 3, auch *Berding*, wie Fn 23, 190; *Elisabeth Fehrenbach*, Verfassungs- und sozialpolitische Reformen und Reformprojekte in Deutschland unter dem Einfluß des napoleonischen Frankreich, in: Historische Zeitschrift 228 (1979), 288-316, hier 296. Dagegen zuletzt *Hans-Peter Ullmann*, Finanzreformen im Königreich Westfalen 1807-1813, in: *ders.* – *Winfried Speitkamp* (Hg.), Konflikt und Reform. Festschrift für Helmut Berding, Göttingen 1995, 118-135, hier 125.

34 *Herbert Obenaus*, Die Reichsstände des Königreichs Westfalen, in: Francia 9 (1981), 299-329; *Jochen Lengemann*, Parlamente in Hessen 1808-1813. Biographisches Handbuch der Reichsstände des Königreichs Westphalen und der Ständeversammlung des Großherzogtums Frankfurt, Frankfurt a. M. 1991; *Owzar*, wie Fn 22, 103 f., 108 f.; *Stefan Brakensiek*, Die Reichsstände des Königreichs Westphalen, in: Westfälische Forschungen 53 (2003), 215-240; *Hecker*, wie Fn 5, 130-165.

35 *Lengemann*, wie Fn 34, 24; *Brakensiek*, wie Fn 34, 227 ff. Die Pläne sind abgebildet und erläutert bei Owzar, wie Fn 22, 105-108. Zur symbolischen Politik generell *Brakensiek*, wie Fn 34, passim, sowie 404 ff.

partementskollegien vorgesehen. Zudem sollten sie dem König Kandidaten für Verwaltungsposten und Friedensrichterstellen vorschlagen[36].

Das Gerichtswesen war gleichfalls hierarchisch aufgebaut und wurde durch die Einführung von öffentlichen Verfahren und Schwurgerichten revolutioniert und französisiert. Auch die Unabhängigkeit der Justiz und die erschwerte Absetzbarkeit der Richter bildeten wesentliche modernisierende Elemente der Gerichtsverfassung. Das Rechtssystem selbst fußte auf dem Code Napoléon. Eingeführt wurden zudem eine Strafprozess-, eine Hypotheken- und eine Notariatsordnung nach französischem Modell. Bei der Inkorporation des französischen Zivilgesetzbuches in das westphälische Recht handelte es sich um weit mehr als nur um eine bloße Orientierung oder eine variierende Übernahme von Vorgaben älterer französischer Verfassungen[37].

Generell ist hinsichtlich der Konstitution des Königreichs Westphalen immer wieder von einer Nachahmung französischer Institutionen und Verfassungssätze gesprochen worden[38]. Im Grundsatz ist dies richtig, zumal bereits die französische Verwaltung gefordert hatte, dass „ein neugeschaffener deutscher Staat (...) in seinen äußeren Formen das verjüngte Bild des französischen seyn“ solle[39]. Und sicherlich ist die Grundausrichtung ohne die konkreten Einflüsse von aufklärerischen Vorstellungen und Französischer Revolution nicht denkbar. Dennoch erweisen sich bei genauerer Prüfung die französischen Verfassungen der Jahre 1799, 1802 und 1804, die italienischen von 1802 und 1805 sowie die Konstitution für das Herzogtum Warschau vom Juli 1807[40], die im allgemeinen als Vorbil-

36 *Knemeyer*, wie Fn 13, 61-74; *Rob*, wie Fn 13, 20-25; [*Anonym*], Vergleichende Schilderung der Organisation der französischen Staatsverwaltung in Beziehung auf das Königreich Westphalen und andere teutsche Staaten, o. O. 1808.

37 Zum französischen Recht in Westphalen generell: *Werner Schubert*, Französisches Recht in Deutschland zu Beginn des 19. Jahrhunderts. Zivilrecht, Gerichtsverfassungsrecht und Zivilprozeßrecht, Köln-Wien 1977, 98-112, 373-376, 506 f., 531 ff., 560 f., 577-582. Siehe auch *Heinz Mohnhaupt*, Die Gerichtspraxis zum Code civil im Königreich Westphalen zwischen Transplantation und Restauration (1807-1813), in: *ders. – Barbara Dölemeyer – Alessandro Somma* (Hg.), Richterliche Anwendung des Code civil in seinen europäischen Geltungsbereichen außerhalb Frankreichs, Frankfurt a. M. 2006, 37-60; *Fehrenbach*, wie Fn 4, *Hattenhauer*, wie Fn 31, 77-86.

38 So bereits *Kurt Usée*, Der Einfluß der französischen Verfassungen auf die deutschen Verfassungsurkunden der Jahre 1806-1820, Greifswald 1910, 14-20. Noch in der neueren Literatur ist sehr undifferenziert vom Modell der Warschauer Verfassung für Westphalen die Rede. *Stuart Woolf*, Napoleon's Integration of Europe, London-New York 1991, 126; *Raumer*, wie Fn 3, 315.

39 Zitat nach *Ludwig Doeberl*, Maximilian von Montgelas und das Prinzip der Staatssouveränität, München 1925, 29.

40 Französische und deutsche Textausgaben bei *Michael Erbe* (Hg.), Vom Konsulat zum Empire libéral. Ausgewählte Texte zur französischen Verfassungsgeschichte 1799-

der für Westphalen angeführt werden, nur in Teilen als beispielgebend. Am unmittelbarsten spürbar sind die Übernahmen aus diesen Verfassungen in den Abschnitten über Administration und Justiz. Die Verwaltungseinteilung und -organisation des Landes ebenso wie die Struktur des Gerichtswesens stehen dem französischen Vorbild sehr nahe. Die genannten Verfassungen konstituieren indes ein Zweikammersystem, wohingegen die westphälische Konstitution nur eine einzige Repräsentativversammlung vorsieht. Ein Staatsrat zur Gesetzesvorlage und -beratung findet sich ähnlich konstruiert in allen Verfassungen[41]. Auch die in der Staatsorganisation deutlich begrenzte Gewaltenteilung lässt auf Anlehnungen vor allem an die napoleonischen Konstitutionen schließen. Alles in allem aber gehen die Parallelen jedoch keineswegs soweit, dass man von unmittelbaren Vorbildern, einer Nachahmung oder einem getreuen Abbild sprechen dürfte. Vielmehr zeichnet sich die Konstitution des Königreichs Westphalen dadurch aus, dass sie eine Mischung von napoleonischen Gesellschaftsvorstellungen und Machtansprüchen einerseits und landesspezifischen Regelungen andererseits darstellt. Letzteres wirkte sich vor allem in der Warschauer Verfassung aus[42], während die westphälische Konstitution viel deutlicher einen eigenständigen Typus bildet, dem zurecht Modellcharakter für die Rheinbundstaaten zugemessen wird.

Eine bald kopierte Innovation im deutschen Militärwesen stellte das Konskriptionssystem dar. Die Einführung einer allgemeinen Wehrpflicht läutete ein neues Zeitalter in der deutschen Militärgeschichte ein, selbst wenn man in Rechnung stellt, dass die Stellvertretung weiterhin erlaubt blieb. Hier wie an vielen anderen Stellen der Konstitution bestand zusätzlicher rechtlicher Regelungsbedarf. Dies deuten einige bereits im Verfassungstext angekündigte „organische" Gesetzesvorhaben und Verordnungen an.

Bei der Umsetzung der legislativen Vorhaben, die vor allem in den ersten zwei Jahren nach der Staatsgründung erfolgte, zeigten sich in formaler wie inhaltlicher Hinsicht die vielfältigen Probleme einer umfassend projektierten Staats- und Sozialreform. Formal war zu bemängeln, dass, entgegen der verfassungsgemäß vorgesehenen Mitwirkung der Stände, nicht wenige Dekrete ohne deren Beratung und Beschluss in Kraft gesetzt wurden. Die Stände traten 1808 und 1810 lediglich zweimal zu recht kurzen Sessionen zusammen. Obwohl Steuerangelegenheiten traditionell zum Bereich ständischer Mitwirkung gehörten und später

---

1870, Darmstadt 1985, 14-109. Die Warschauer Konstitution ist auf deutsch gedruckt in: *Karl Heinrich Ludwig Pölitz*, Die europäischen Verfassungen seit dem Jahre 1789 bis auf die neueste Zeit, 3 Bde., Leipzig 1832/33, hier Bd. 3, 17-22. Die italienischen Verfassungen: *ebda*, Bd. 2, 377-394.

41 *Francksen*, wie Fn 32.

42 *Monika Senkowska-Gluck*, Das Herzogtum Warschau, in: *Heinz-Otto Sieburg* (Hg.), Napoleon und Europa, Köln-Berlin 1971, 221-230, hier 225.

den Kern des parlamentarischen Budgetrechts bildeten, konnte nicht einmal das Finanzgesetz jährlich beraten werden, wie dies Artikel 33 vorsah. Nach 1810 regierte Jérôme nur noch mittels des Verordnungsrechts[43]. Auch der Staatsrat hatte nur beschränkte Möglichkeiten und zeigte demgemäß nur eine geringe Reforminitiative. Nach 1809 wirkte er fast ausschließlich als Kassationshof[44].

Inhaltlich setzten einige Regelungen der Verfassung vor allem grundrechtlicher Art eine viel weiter entwickelte bürgerliche Eigentümergesellschaft voraus. Zumal der Code Napoléon war an einer von feudalen Bindungen freigesetzten, besitzbürgerlich dominierten Gesellschaft orientiert, die in Frankreich und allenfalls im linksrheinischen französisch besetzten Deutschland vorzufinden war[45]. So mussten in Westphalen nicht wenige Regelungen des französischen Rechts modifiziert und moderiert in Kraft gesetzt werden[46]. Trotz vielfältiger Einbußen an rechtlichen Befugnissen blieb die politische und gesellschaftliche Stellung des westphälischen Adels als dominierende Schicht im wesentlichen erhalten. Die Ablösungsgesetzgebung scheiterte beinahe vollständig an den fehlenden Finanzierungsmöglichkeiten der abhängigen Bauern[47]. Auch die Judenemanzipation traf bei ihrer Umsetzung auf vielerlei Widerstände[48].

Die Hauptverantwortung für die bald einsetzende permanente Staatskrise des Königreichs Westphalen trug allerdings weniger die Problematik der Sozialreform, sondern vielmehr die napoleonische Politik der direkten Intervention. Der Kaiser der Franzosen nutzte die in der Verfassung festgelegten Eingriffsmöglichkeiten. So vergab er die nach Artikel zwei abzutretenden Domänen, die den enormen Wert von sieben Millionen Francs besaßen, an den neuen französischen Militär- und Verdienstadel[49]. Außerdem wurden nicht wenige Spitzenpositionen, wie z.B. die Ministerien, von französischen Fachleuten besetzt. Die militärischen Verpflichtungen Westphalens im Rheinbund kosteten mehreren zehntausend

43 Vgl. *Obenaus*, wie Fn 34, 307-310; *Owzar*, wie Fn 22, 102 f.

44 *Rob*, wie Fn 13, 18.

45 *Winfried Speitkamp*, Restauration als Transformation, Untersuchungen zur kurhessischen Verfassungsgeschichte 1813-1830, Darmstadt-Marburg 1986, 35.

46 Siehe vor allem *Mohnhaupt*, wie Fn 37; *Hattenhauer*, wie Fn 31, 77-86; im einzelnen: *Schubert*, wie Fn 37, 98-112, 373-376, 506 f., 531 ff., 560 f., 577-582.

47 *Klaus Rob*, Napoleonische Bauernbefreiung. Staatskunst im Großherzogtum Berg, Staatsversagen im Königreich Westphalen, in: *Burkhard Dietz* (Hg.), Das Großherzogtum Berg als napoleonischer Modellstaat. Eine regionalhistorische Zwischenbilanz, Köln 1995, 66-78, hier 66-72; *Ham*, wie Fn 8, 237-240.

48 *Speitkamp*, wie Fn 45, 32-35; *Berding*, wie Fn 28.

49 *Klaus Rob*, Das Königreich Westphalen und die politisch-gesellschaftliche Modernisierung im rheinbündischen Deutschland, in: *Harm Klueting* (Hg.), 200 Jahre Reichsdeputationshauptschluss. Säkularisation, Mediatisierung und Modernisierung zwischen Altem Reich und neuer Staatlichkeit, Münster 2005, 239-251, hier 241 ff.

westphälischen Soldaten in den napoleonischen Feldzügen das Leben. Zudem mischte sich Napoleon durch willkürliche Maßnahmen, die sich nicht auf die Verfassung stützten, in innerwestphälische Belange ein, wenn dies seinen politischen Zielen der Herrschaftskonsolidierung und Machterweiterung diente. So verfügte der Kaiser 1810 den Anschluss größerer Gebiete Hannovers an Westphalen, von denen der nördliche Teil noch im selben Jahr wieder an Frankreich abgetreten werden musste[50]. Die Einrichtung einer Geheimpolizei konterkarierte geradezu die Fortschritte im Rechtswesen[51].

Westphalen hatte in den sechs Jahren seiner staatlichen Existenz unter seinem Charakter als Satellitenstaat zu leiden. Die anfängliche Begeisterung von Teilen der Bevölkerung über die Ablösung der Preußen durch die Franzosen wich allmählich einer um sich greifenden Ernüchterung und schließlich zu vereinzeltem Widerstand[52]. Einzelne spektakuläre Aufstandsversuche, wie vor allem derjenige des Obersten Wilhelm von Dörnberg, sind dabei aus der Sicht der nationalen Geschichtsschreibung hervorgehoben worden[53].

Unzufriedenheit in breiten Bevölkerungskreisen erregte aber insbesondere die permanente Steuer- und Finanzmisere des Staates. Fehlende Staatseinnahmen durch den Verlust der Domänen, der hohe Finanzbedarf der Hofhaltung und des Militärs, Steuerausfälle durch die Wirkungen der Kontinentalsperre sowie Finanzierungslücken durch Kapitalabfluss infolge der Kriegsschuldenbegleichung ergänzten einander, führten schnell zu einer äußerst prekären Finanzlage, einem drastisch steigenden Defizit und am Ende zu einem förmlichen Staatsbankrott[54]. In der Verfassung selbst waren derartige Belastungen teilweise angelegt, in dem sie den Charakter als Satellitenstaat ausdrücklich erkennen ließ.

In der Gesamtschau der Konstitution überwiegen gleichwohl die angesprochenen Modellstaatszüge. Aus ihnen erklärt sich die Anfangseuphorie einiger Zeitgenossen und die Hoffnung auf eine positive gesellschaftliche Entwicklung, die in wohlwollenden Stellungnahmen zur Verfassung ihren Niederschlag fand. Doch längst nicht bei allen Beobachtern besaßen die westphälische Konstitution und ihre Anhänger einen guten Leumund. So beschimpfte der Publizist Friedrich

---

50 *Knemeyer*, wie Fn 13, 69, Anm. 58.

51 Zusammenfassend zu den Problemen u.a.: *Berding*, wie Fn 22, 190-193. Zur Geheimpolizei: *Severin*, wie Fn 6, 194.

52 Zur Begeisterung: *Owzar*, wie Fn 22, 112; zum Widerstand vgl. insb. *Heitzer,* wie Fn 18.

53 Dagegen abgewogen: *Hellmut Seier*, Das Kurfürstentum Hessen 1803-1866, in: *Walter Heinemeyer* (Hg.), Handbuch der hessischen Geschichte, Bd. 4, 2: Hessen im Deutschen Bund und im neuen Deutschen Reich (1806) 1815 bis 1945. Die hessischen Staaten bis 1945, Marburg 1998, 1-183, hier 29-32.

54 *Ullmann,* wie Fn 33.

von Gentz den westphälischen Minister Johannes von Müller als „lorbeerreiche[n] Herold helvetischer und germanischer Freiheit", der die deutsche Nation verraten habe[55]. Überhaupt traten nicht selten Loyalitätskonflikte bei denjenigen Staatsdienern auf, die 1807 in westphälische Dienste ein- und nach 1813 austraten[56].

Von den positiven Bestandteilen der Verfassung ging, auch ohne den Druck direkter napoleonischer Machtpolitik, Vorbildwirkung auf nachfolgende Verfassungsgeber aus[57]. Am deutlichsten spürbar ist dies bei der Verfassung des Großherzogtums Frankfurt von 1810, die wie eine regionale Variante der westphälischen Konstitution wirkt[58]. Staatsorganisation, Regierungs- und Verwaltungsaufbau sowie die ständische Vertretung stehen dem westphälischen Original nahe und sind ihm offensichtlich mit kleinen Abweichungen nachempfunden. Auch bei der bayerischen Verfassung von 1808 lässt sich, allerdings nicht annähernd so deutlich wie bei der Frankfurter, der Einfluss der Vorgängerin nachweisen, weshalb bisweilen von einer westphälischen „Tochterverfassung" gesprochen worden ist[59].

Doch auch über die vergleichsweise kurze Rheinbundzeit hinaus haben Idee und Wirklichkeit des Königreichs Westphalen im allgemeinen und seiner Verfassung im besonderen fortgewirkt: als Schreckgespenst der „Fremdherrschaft" und radikaler Gesellschaftsreform für die restaurativ Gesonnenen, als Leitbild der konstitutionellen Reformen für reformkonservative oder liberale Zeitgenossen.

---

55 *Gustav Schlesier* (Hg.), Briefwechsel zwischen Gentz und Johannes v. Müller. Mit einem Anhang vermischter Briefe, Mannheim 1840, 269-274, insb. 271 (Brief vom 27. Februar 1807). Zu Müller: *Helmut Berding*, Das Königreich Westfalen und Johannes von Müller, in: *Christoph Jamme – Otto Pöggeler* (Hg.), Johannes von Müller – Geschichtsschreiber der Goethezeit, Schaffhausen 1986, 189-211.

56 *Helmut Berding*, Loyalitätskonflikte unter napoleonischer Herrschaft. Die Situation der Staatsdiener im Königreich Westfalen, in: *Dieter Albrecht – Karl Otmar Freiherr von Aretin – Winfried Schulze* (Hg.), Europa im Umbruch 1750-1850, München 1995, 241-256.

57 Sehr pauschal behauptet dies *Dieter Grimm*, Deutsche Verfassungsgeschichte 1776-1866. Vom Beginn des modernen Verfassungsstaats bis zur Auflösung des Deutschen Bundes, Frankfurt a. M. 1988, 61 f. Ihm folgend *Owzar*, wie Fn 22, 114.

58 Druck bei *Franz – Murk*, wie Fn 19, 34-43.

59 *Fritz Zimmermann*, Bayerische Verfassungsgeschichte vom Ausgang der Landschaft bis zur Verfassungsurkunde von 1818. Ein Beitrag zur Auseinandersetzung Deutschlands mit den Ideen der Französischen Revolution und Restauration, Teil 1: Vorgeschichte und Entstehung der Konstitution von 1808, München 1940, 141; *Eberhard Weis*, Die Begründung des modernen bayerischen Staates unter König Max I. (1799-1825), in: *Alois Schmid* (Hg.), Handbuch der bayerischen Geschichte, Bd. 4,1, München 2003, 3-126, hier 64-67. Verfassungsvergleichend: *ders.*, Montgelas, Bd. 2: Der Architekt des modernen bayerischen Staates 1799-1838, München 2005, 377-380.

Die Vorbildfunktion gilt zum einen für die in der westphälischen Administration tätigen Staatsdiener, die von der Umsetzung vieler Verfassungsideen in die rechtliche und soziale Realität geprägt wurden. Sie verstanden sich keinesfalls nur als französische Sachwalter, sondern vermochten, als Anhänger aufklärerischen Reformgeistes, ihre eigenen Vorstellungen und Überzeugungen in ihren Funktionen zur Geltung zu bringen. In den Nachfolgestaaten Westphalens hat dies nach 1813 Auswirkungen gezeitigt, indem Reformideen weiter transportiert wurden[60]. Nicht selten ging hierbei der westeuropäische Konstitutionalismus eine spezifische Mischung mit aufgeklärt-absolutistischen Reformvorstellungen deutscher Provenienz ein. Dies gilt aber zum anderen auch für die Verfassungsurkunde selbst, deren Leitgedanken, den Forderungen der Französischen Revolution verpflichtet, durch sie nunmehr unmittelbar nach Deutschland getragen wurden. Die westphälische Verfassung von 1807 kreierte einen eigenen Typus des napoleonischen Konstitutionalismus (Hecker) der Modellstaaten, der seinerseits zum ersten Beispielfall des Rheinbündischen Konstitutionalismus avancierte.

Eine herausragende Bedeutung gebührt der westphälischen Konstitution also weniger, weil ihr die frühe Verwirklichung eines liberalen oder gar parlamentarischen Regierungssystems zu verdanken gewesen wäre. Dazu waren die parlamentarischen Ansätze zu schwach ausgebildet, agierten die Reichsstände in der Regel weniger als eigenständiges Organ, denn als verlängerter Arm der Administration. Dazu blieb zudem der Staat, den die Verfassung mitbegründet hatte, viel zu abhängig von französischem Einfluss und viel zu fragil in seiner inneren, vor allem finanziellen Ordnung. Immerhin ist die Frage erlaubt, welche Perspektiven Westphalen gehabt hätte, wenn die außenpolitische Entwicklung anders verlaufen wäre[61].

So aber misslang das staatliche Experiment von außen vor der Hand, weil der Kaiser militärisch unterlag. Zudem scheiterte der Kunststaat im Innern am Widerspruch zwischen den politischen und den sozialen Strukturen, am inneren Gegensatz von napoleonischer Modell- und Satellitenstaatskonzeption, der nicht zuletzt in der Verfassung manifest spürbar war[62]. Politisch-rechtlich ein Erfolg, stellt sich die wirtschafts- und gesellschaftspolitische Reform als Desaster dar[63]. Der Zielkonflikt in den Vorgaben aus Frankreich war nicht lösbar; der Staat zer-

---

60 *Speitkamp*, wie Fn 45, passim.

61 Auch hier gilt es, die grundsätzliche Offenheit der Geschichte zu betonen und in diesem Zusammenhang auf den „Prozesscharakter von Parlamentarisierung" und das „Entwicklungspotential" der westphälischen Reichsstände hinzuweisen. *Owzar*, wie Fn 22, 103; *ders.*, wie Fn 24, 301.

62 So bereits *Berding*, wie Fn 21, 109; *Ullmann*, wie Fn 33, 118; zuletzt: *Ham*, wie Fn 8, 240-245, und *Owzar*, wie Fn 28, 409, 414.

63 *Rob*, wie Fn 49, 247. Abgewogene Bilanz *ebda*, 245 ff., 250 f.

brach an der Spannung zwischen Tradition und Revolution[64]. Letztlich erfüllte Westphalen „mehr die ihm programmatisch zugewiesene politisch-ideologische Funktion nach außen als seine integrationspolitische Aufgabe im Innern“[65].

Das Königreich Westphalen versank als Staat mit dem Untergang Napoleons 1813; damit erlosch auch die Wirksamkeit seiner Verfassung. Und die Nachfolgestaaten hatten vielfach nichts Eiligeres zu tun, als die meisten westphälischen Reformen, wie z.B. Judenemanzipation und Gewerbefreiheit, umgehend zu beseitigen und das „alte Recht“ zu restaurieren. Doch trotz ihrer Kurzlebigkeit und schnellen Überlebtheit blieb die Konstitution von 1807 bedeutsam in ihrer Funktion als Vermittlerin der westeuropäischen Vorstellungen von liberalem Rechtsstaat und parlamentarischer Repräsentation. Staatsbürgerliche Freiheiten, Gleichheit vor dem Gesetz, Judenemanzipation, Gewerbefreiheit, Gesetzesberatung in einer Repräsentativkörperschaft, Ministerverantwortlichkeit und Beamtenrechtsschutz waren zentrale Gedanken der westphälischen Zeit. In den folgenden Jahrzehnten diente der auf diesen Prinzipien beruhende Rheinbündische Konstitutionalismus als Maßstab und Muster für diejenigen Forderungen, welche von der liberalen Verfassungsbewegung aufgestellt und sukzessive zunächst in den süd- und mitteldeutschen Konstitutionen des Vormärz, dann in der Paulskirche und zuletzt in den Verfassungen des Norddeutschen Bundes und des Deutschen Reiches verwirklicht wurden. Georg Gottfried Gervinus sprach 1853 davon, dass die napoleonischen Verfassungen „an einen Grad verfassungsmäßiger Freiheit“ gewöhnten und dadurch für Einzelne „eine politische Schule“ wurden[66]. Deutschland hatte einen langen und verschlungenen Weg bis zur Durchsetzung eines liberalen Rechts- und Verfassungsstaates vor sich. Bei allen Mängeln ihrer Konstruktion wurde der erste Schritt in diese Richtung durch die Verfassung des Königreichs Westphalen im Jahr 1807 getan.

Literatur

Berding, Helmut, Napoleonische Herrschafts- und Gesellschaftspolitik im Königreich Westfalen 1807-1813, Göttingen 1973 (= Kritische Studien zur Geschichtswissenschaft, 7).

Berding, Helmut, Das Königreich Westfalen als Modellstaat, in: Lippische Mitteilungen aus Geschichte und Landeskunde 54 (1985), 181-193.

---

64 *Speitkamp*, wie Fn 45, 40.

65 *Severin*, wie Fn 6, 201.

66 *Georg Gottfried Gervinus*, Einleitung in die Geschichte des neunzehnten Jahrhunderts, hg. von *Walter Boehlich*, Frankfurt a. M. 1967 [zuerst 1853], 143.

Berding, Helmut, Das Königreich Westphalen, in: Katharina Schaal (Bearb.), Hessen im Rheinbund. Die napoleonischen Jahre 1806-1813, Darmstadt 2006 (= Ausstellungskataloge des Hessischen Staatsarchivs Darmstadt, 22), 59-76.

Bock, Helmut, Das Königreich Westphalen. Napoleonisches Protektorat und liberalistische Reformen, in: Helmut Bleiber – Wolfgang Küttler (Hg.), Revolution und Reform in Deutschland im 19. und 20. Jahrhundert. Zum 75. Geburtstag von Walter Schmidt, Halb-Bd. 1: Ereignisse und Prozesse, Berlin 2005 (= Abhandlungen der Leibniz-Sozietät, 17), 19-38.

Boudon, Jacques-Olivier, L'exportation du modèle français dans l'Allemagne napoléonienne: l'exemple de la Westphalie, in: Jean-Clément Martin (Hg.), Napoléon et l'Europe, Rennes 2002, 103-114.

Brakensiek, Stefan, Die Reichsstände des Königreichs Westphalen, in: Westfälische Forschungen 53 (2003), 215-240.

Ham, Rüdiger, Die Constitution für das Königreich Westphalen von 1807. Zur Funktion und Funktionsweise der ersten modernen Verfassung in Deutschland, in: Zeitschrift für Neuere Rechtsgeschichte 26 (2004), 227-245.

Ham, Rüdiger – Kandil, Mario, Die napoleonischen Modellstaaten, in: Peter Brandt – Martin Kirsch – Arthur Schlegelmilch (Hg.), Handbuch der europäischen Verfassungsgeschichte im 19. Jahrhundert. Institutionen und Rechtspraxis im gesellschaftlichen Wandel. Bd. 1: Um 1800, Bonn 2006, 684-713.

Hattenhauer, Christian, Das Königreich Westphalen (1807-1813), in: Bernhard Großfeld u.a. (Hg.), Westfälische Jurisprudenz. Beiträge zur deutschen und europäischen Rechtskultur, Münster u.a. 2000, 67-92.

Hecker, Michael, Napoleonischer Konstitutionalismus in Deutschland, Berlin 2005 (= Schriften zur Verfassungsgeschichte, 72).

Kleinschmidt, Arthur, Geschichte des Königreichs Westfalen, Gotha 1893 (= Allgemeine Staatengeschichte, 1; Geschichte der europäischen Staaten, 27).

Obenaus, Herbert, Die Reichsstände des Königreichs Westfalen, in: Francia 9 (1981), 299-329.

Owzar, Armin, Fremde Herrschaft – fremdes Recht? Deutungen der napoleonischen Verfassungspolitik in Westfalen im 19. und 20. Jahrhundert, in: Westfälische Forschungen 51 (2001), 75-105.

Owzar, Armin, Frankreich in Westfalen. Konstitutionalisierung und Parlamentarisierung unter Napoleon (1806-1813), in: Westfalen 79 (2001), 97-117.

Owzar, Armin, Wider den „patriarchalischen Schlendrian". Napoleonische Verfassungspolitik in Westfalen, in: Gisela Weiß – Gerd Dethlefs (Hg.), Zerbrochen sind die Fesseln des Schlendrians. Westfalens Aufbruch in die Moderne, Münster 2002, 299-315.

Rob, Klaus (Bearb.), Regierungsakten des Königreichs Westphalen 1807-1813, München 1992 (= Quellen zu den Reformen in den Rheinbundstaaten, 2).
Rob, Klaus, Das Königreich Westphalen und die politisch-gesellschaftliche Modernisierung im rheinbündischen Deutschland, in: Harm Klueting (Hg.), 200 Jahre Reichsdeputationshauptschluss. Säkularisation, Mediatisierung und Modernisierung zwischen Altem Reich und neuer Staatlichkeit, Münster 2005 (= Schriften der Historischen Kommission für Westfalen, 19), 239-251.

Die Verfassung des Königreichs Bayern von 1808

Hartwig Brandt

Die bayerische Verfassung von 1808 hat ihren historischen Ort zwischen aufgeklärter Monarchie und frühem Konstitutionalismus. Sie ging über die friderizianisch/josephinische Staatsvernunft hinaus, aber sie verblieb doch im Vorhof des konstitutionellen Systems. Sie war ein Stück napoleonischer Herrschaft in Deutschland oder empfing von dieser doch die entscheidenden Impulse. Aber sie war auch das Werk eines dominierenden Ministers, der über fast zwei Jahrzehnte die Politik seines Landes bestimmte.

Das Kurfürstentum Bayern war um 1800, nach Österreich und Preußen, das drittgrößte Territorium des Reiches, aber sein Territorialbestand, zu dem neben den östlichen Kernlanden auch Jülich, Berg, die Kurpfalz und Zweibrücken zählten, war weit gestreut und wurde nicht einheitlich verwaltet[1]. Hinzu traten die Ungewissheiten der Epoche. Von Osten drohte die Mediatisierung des Staates durch österreichische Annexion, vom Westen her die Entmündigung durch den französischen Imperialismus. Im zweiten Koalitionskrieg (1799-1802) stand das Land noch im Lager der antifranzösischen Entente. Es war Durchmarschgebiet und Schauplatz von Schlachten, dazu heimgesucht von schwerster ökonomischer und sozialer Not. Erst der Frieden von Lunéville (1801) und nachfolgend der Reichsdeputationshauptschluss des Jahres 1803 brachten dem Lande Sicherheit und Konsolidierung, danach auch Vermehrung und Festigung des territorialen Bestandes. Die westlichen, namentlich die transrheinischen Besitzungen fielen unter französische Hoheit, aber durch Entschädigungen diesseits des Rheins wurden die Verluste beglichen. 230 geistliche und weltliche Herrschaften kamen in den Folgejahren an das Land.

Bayern profitierte, wie Württemberg und Baden, von der Auflösung des Reichs, aber es gewann auch durch die besondere Beziehung zum napoleonischen Frankreich. 1805 trat es auf die französische Kriegsseite über und wurde zu einem Stützpunkt napoleonischer Politik. Weitere Gewinne kamen hinzu. Der Frieden von Pressburg (1805) brachte dem Land die Königswürde, die Auslöschung des Reiches (1806) die staatliche Souveränität.

---

1 *Eberhard Weis*, Die Begründung des modernen bayerischen Staates unter König Max I. (1799-1825), in: Handbuch der bayerischen Geschichte, Bd. 4, 1, neu hg. von *Alois Schmid*, München 2003, 3-126.

Der Aufstieg Bayerns zum privilegierten französischen Verbündeten in Deutschland hatte nicht zuletzt mit der Führung des Landes zu tun, ihrer aufgeklärt-bürokratischen Zielsetzung, ihrem rationalen Gestus zumal. Ferner: einem Landesherrn – Max I. Joseph –, der sich mit einem fähigen Administrator – Maximilian Joseph von Montgelas – verband. Die politische Liaison der etwa Gleichaltrigen (Max Joseph war 1756, Montgelas 1759 geboren) datierte seit 1796. 1799, mit dem Regierungsantritt des Kurfürsten, wurde die Verbindung staatsoffiziell[2].

Montgelas war Sohn eines aus Savoyen stammenden bayerischen Generals. Er hatte in Nancy, Straßburg und Ingolstadt die Rechte studiert und als Studierender den rationalen Geist der Epoche in sich aufgenommen. Er war in den bayerischen Staatsdienst eingetreten und hatte sich in ihm die Meriten eines Primus erworben. Aber erst, als er auf den künftigen Thronfolger setzte, eröffnete sich die beispiellose Karriere.

Montgelas ist zum Konstrukteur des modernen bayerischen Staates geworden. Schon im September 1796 hatte er eine Denkschrift , das „Ansbacher Mémoire“, verfasst, welche eine zentrale Verwaltung aller bayerischen Landesteile, ein modernes Ressortsystem sowie die Steuergleichheit der Untertanen verlangte. Er selbst sah im Staat ein Gebilde von rationaler Struktur und eigenem institutionellen Gewicht. Dieser Staat sollte uneingeschränkt monarchisch sein, aber der Monarch doch auch als sein Treuhänder fungieren[3].

Seit 1804 wurde in Paris eine Neuorganisation der deutschen Staaten, wurde, jenseits von Österreich und Preußen, ein neuer Rheinbund ins Kalkül gezogen. Das Zusammenspiel von französischer Hegemonialpolitik und regionalem Staatsinteresse hatte die Auflösung des Reiches unabwendbar gemacht, aber auch damit das Problem der Nachfolge gestellt[4]. Indes gab es über Form und Struktur eines solchen Bundes ganz unterschiedliche Vorstellungen und Erwägungen. Napoleon erstrebte ein östliches Vorfeld steuerbarer oder doch ihm dienstbarer Staaten, wobei die Rationalität der Verwaltung das Unterpfand der Kontrolle bilden sollte. Bayern, Württemberg und Baden, die Vormächte des neuen, des „französischen“ Deutschland, kalkulierten hingegen ganz anders. Sie waren darauf bedacht, ihre soeben gewonnene Souveränität zu behaupten.

---

2 *Ludwig Doeberl*, Maximilian von Montgelas und das Prinzip der Staatssouveränität, München 1925.

3 *Eberhard Weis*, Montgelas' innenpolitisches Reformprogramm. Das Ansbacher Mémoire für den Herzog vom 30. September 1796, in: Zeitschrift für bayerische Landesgeschichte 33 (1970), 219-256, hier 219 ff.

4 Hierzu und zum Folgenden *Michael Doeberl*, Rheinbundverfassung und bayerische Konstitution, München 1924; *Weis*, wie Fn 1, 16 ff.

Die Rheinbundverfassung selbst, wie sie 1806 zustande kam, besaß nur ein schwaches bündisches Fundament. Schon der Text deformierte den Staatenbund zum hegemonialen militärischen Bündnis, zum „monarchischen" Protektorat. Artikel 38, der wichtigste von allen, bestimmte, dass die Mitgliedsstaaten dem Imperator feste militärische Kontingente zu stellen hatten. Aber Napoleon erstrebte mehr. Die Souveränität der Südstaaten, Bayerns vorab, sollte durch föderale Organe gefesselt werden. Dies war das Motiv seiner Pläne, die Verfassung des Rheinbundes zu vervollständigen, wenn nicht zu revidieren. Indessen ist es zu einer solchen Revision nicht gekommen. Der Furor seines Imperialismus, das Eingreifen in Spanien (1808) und der dritte Koalitionskrieg (1808/09) haben alle Pläne einer Verfassungsergänzung zunichte gemacht. Indes war es auch der Widerstand Bayerns, hier des Freiherrn von Montgelas, welcher den Ausbau der Verfassung hinausschob und am Ende blockierte.

Im November 1807 verlangte Napoleon bei einem Treffen in Mailand von der bayerischen Staatsführung eine eigene Verfassungsanstrengung für den Rheinbund. Aber es gab auch einen französischen, vom Außenminister Champagny verfassten Konstitutionsentwurf. Die beiden Papiere waren weit voneinander entfernt. Jenes beharrte auf der bayerischen Souveränität, dieses war bemüht, die Einzelstaaten föderal zu disziplinieren. Zum Konflikt zwischen beiden Entwürfen ist es indes nicht gekommen. Napoleons neue militärische Unternehmungen lenkten alle Aufmerksamkeit auf äußere Politik und Krieg.

Aber ein anderer Plan ging aus dem Widerstreit zweier Rheinbund-Pläne hervor: der einer eigenen bayerischen Verfassung. Napoleons Druck auf die Staatsführung in München, sich durch eigene Hand einer projektierten Rheinbundsouveränität zu unterwerfen, provozierte die Gegenwehr. Montgelas machte sich, dem bayerischen Staat die Selbstbestimmung zu retten, an die Ausarbeitung einer bayerischen Separatverfassung. Die Konstitution des Königreichs Westphalen, ein in französischen Augen unverdächtiges Dokument, diente ihm dabei als Vorlage.

Es war um die Jahreswende 1807/08 nicht das erste Mal, dass in Bayern die Kodifizierung eines schriftlich verfassten Staatsrechts, einer Landesverfassung erwogen wurde[5]. Schon zu Beginn des Jahrhunderts, freilich noch ganz im ständischen Kontext, hatte es solche Bestrebungen gegeben. Auch von Frankreich inspirierte Pläne, zumeist „jakobinischer" Denkungsart, waren gehandelt worden. Montgelas zeigte sich indessen nicht als Förderer solcher Politik. Er war erst be-

---

5 *Fritz Zimmermann*, Bayerische Verfassungsgeschichte vom Ausgang der Landschaft bis zur Verfassungsurkunde von 1818. Ein Beitrag zur Auseinandersetzung Deutschlands mit den Ideen der Französischen Revolution und Restauration, Bd. 1: Vorgeschichte und Entstehung der Konstitution von 1808, München 1940, Nachdruck 1973, 49 ff.

reit, sich auf das Experiment einzulassen, als sich die Ansprüche der alten Landstände auf politische Mitwirkung erledigt hatten. Dies war um die Jahresmitte 1807 der Fall. Am 8. Juni dieses Jahres hob ein Edikt die Steuerbewilligungsrechte der Landstände auf. Am 11. Juni wurden die landschaftlichen Kassen aufgelöst und mit ihnen das Steuerverwaltungsrecht der Stände beseitigt. Alle konstitutionellen Neuerungen unterlagen damit der Rechtsform des königlichen Alleinentscheids.

Der Weg der Verfassungsgebung selbst war dieser. Am 20. Januar 1808 entschied der König in der geheimen Staatskonferenz, dem Land eine Konstitution zu geben. Die Entscheidung erstrebe, so das Protokoll, „alle Provinzen des Königreichs“ zu einem „Gesammt-Staat“ zu vereinen. In der Sache, so heißt es weiter, seien „die Grundzüge der vorliegenden Konstitution des Königreichs Westphalen“ zu beachten. Mit den Arbeiten an dem Vorhaben sei ohne Verzug zu beginnen[6].

Nicht einmal einen Monat später, am 13. Februar 1808, unterbreitete Montgelas, als Minister des Innern auch „Verfassungsminister“, der Staatskonferenz das verlangte Papier. Die Eile, mit der das Verfahren vorangetrieben wurde, hatte darin ihren Grund, dass immer noch befürchtet wurde, Napoleon könne eine Ergänzung der Rheinbundakte einfordern und mit ihr eine Schmälerung der Souveränität des Landes. So war es nur wenig, was die Staatskonferenz dem vorgegebenen Text hinzufügte: eine Bestimmung, welche die Leibeigenschaft beseitigte, eine andere, die ein eigenes bürgerliches und peinliches Gesetzbuch annoncierte. Ein in der Debatte erwogener Hinweis auf den Code Napoléon fand indes keinen Eingang in den Text. Am 25. April wurde das Verfassungspapier verabschiedet.

Der Text der Verfassung ist kurz gehalten[7]. Er gliedert sich in Präambel sowie sechs nachfolgende Titel: „Hauptbestimmungen“, „Von dem königlichen Hause“, „Von der Verwaltung des Reiches“, „Von der National-Repräsentation“, „Von der Justiz“, „Von dem Militär-Stande“. Die römisch paginierten Paragraphen, 45 insgesamt, sind innerhalb der Titel durchgezählt. Ein Postscriptum ter-

6 Hierzu und zum Folgenden *Eberhard Weis*, Montgelas, Bd. 2: Der Architekt des modernen bayerischen Staates 1799-1838, München 2005, 374 ff.

7 Gedruckt in: Königlich Baierisches Regierungs-Blatt 1808, 985-1000. Nachdrucke: *Georg Ferdinand Döllinger*, Sammlung der im Gebiete der inneren Staats-Verwaltung des Königreichs Bayern bestehenden Verordnungen. Aus amtlichen Quellen geschöpft und systematisch geordnet, Bd. 1: Staatsgebiet und Staatsverfassung, München 1835, 371-379; *Karl Heinrich Ludwig Pölitz*, Die europäischen Verfassungen seit dem Jahre 1789 bis auf die neueste Zeit, Bd. 1, Abt. 1, Leipzig 1832, 96-100; *Peter Wegelin*, Die bayerische Konstitution von 1808, in: Schweizer Beiträge zur Allgemeinen Geschichte 16 (1958), 142-206, hier 150-153; *Michael Doeberl*, wie Fn 4, 88-92; *Maria Carola Schimke* (Hg.), Regierungsakten des Kurfürstentums und Königreichs Bayern 1799-1815, München 1996, 77-82.

miniert die Einführung auf den 1. Oktober 1808. Drei Minister – Montgelas, Morawitzky und von Hompesch – haben das Dokument gegengezeichnet.

Die Verfassung war als allgemeines Rahmengesetz konzipiert[8]. Zu Recht ist gesagt worden, dass sie mit einer Reihe „organischer Edikte" ein gemeinsames Korpus gebildet, für diese die Rechtsgrundlage geschaffen habe. Dreizehn solcher Edikte sind bis 1810 erlassen worden[9]. Die Präambel der Verfassung huldigt zwei Prinzipien: dem der Einheit des Staates und dem der bürgerlichen Gleichheit. Unerwähnt bleibt das Element der politischen Mitbestimmung, wiewohl es im Titel („Von der National-Repräsentation") eine institutionelle Garantie erfährt. Am Anfang, so der Wortlaut des Textes, stehen die Einheit des Staates und die Gleichförmigkeit des „Sistems". „Ein bloßes Aggregat verschiedener Bestandtheile" reiche nicht hin, dem Gemeinwesen die „volle Gesammtkraft" zu geben. Der Text verweist auf bereits erfolgte Anstrengungen der Regierung, „die Verschiedenheit der Verwaltungsformen in Unserem Reiche (...) zu heben". Die andere Tendenz, welche hervortritt, ist, „unseren gesammten Staaten (!) den Vortheil angemessener gleicher bürgerlicher und peinlicher Gesetze zu verschaffen". Auch in diesem Fall erscheint die „nothwendige Einheit des Ganzen" als der leitende Gesichtspunkt.

Der Titel „Hauptbestimmungen" bietet ein kleines Kompendium von zivilen Rechten, eine Art Grundrechtsteil, mit späteren Begriffen zu reden. Am Anfang steht die Beseitigung feudalen und korporativen Rechts, der Leibeigenschaft (§ III) wie der Vorrechte von Adel und Geistlichkeit (§ V, VI). Am Ende folgen die neuen Verbürgungen individueller Ansprüche gegen die Staatsgewalt: „Sicherheit der Personen und des Eigenthums", „vollkommene Gewissensfreiheit", „Preßfreiheit" nach Maßgabe der Zensurgesetze (§ VII). Der Zugang zum Staatsdienst ist kein Privileg des Adels mehr (§ V), aber das Indigenat bleibt bestehen (§ VII). Das uralte Recht der Auswanderungsfreiheit hingegen, das in Württemberg schon der Tübinger Vertrag von 1514 garantierte, es gilt nur unter dem Vorbehalt der Erlaubnis des Monarchen (§ VIII). Der Rechtsindividualismus findet darin seine Grenze, dass der Adel, wiewohl deprivilegiert, als Stand erhalten bleibt (§ V). Ebenso wird den „Religionstheilen" der „Besiz der Pfarr-, Schul- und Kirchengüter" zugesichert (§ VI). Eröffnet freilich wird der Titel durch den Satz „Das Königreich Baiern bildet einen Theil der rheinischen Föderation", ein

8 Zum Text: *Doeberl*, wie Fn 7, 30 ff.; *Zimmermann*, wie Fn 5, 132 ff.; *Karl Möckl*, Die bayerische Konstitution von 1808, in: *Eberhard Weis* (Hg.), Reformen im rheinbündischen Deutschland, München 1984, 151-616; *Weis*, wie Fn 6, 374 ff.

9 Sie betrafen u.a. die Aufhebung der „landschaftlichen Korporationen", die Beseitigung der Leibeigenschaft, die neue „Territorial-Eintheilung" des Landes, den Adel, das Indigenat, die Bildung des Geheimen Rates, das „Gemeinde-Wesen", die Gerichtsverfassung sowie die Errichtung der „National-Garde".

Verweis darauf, dass dieser Bund aller Institutionen entbehrte. Dessen wahre Natur wird im Titel „Von dem Militär-Stande“ enthüllt: „Zur Vertheidigung des Staates und zur Erfüllung der durch die rheinische Bundes-Akte eingegangenen Verbindlichkeiten, wird eine stehende Armee unterhalten“ (§ I).

Der zweite, der Titel „Von dem königlichen Hause“ bestimmt die Priorität der männlichen Erbfolge (§ I) und sichert den nichtregierenden Mitgliedern der Dynastie finanzielle Rechte zu: eine „jährliche Appanagial-Rente“ für die nachgeborenen Prinzen, das „Witthum“ für die Königin, das „Heurathgut“ für die Prinzessinnen (§ V, VI). Die rechtliche Scheidung von Staats- und Hofgut tritt in der „Unveräußerlichkeit der Staatsgüter“ (§ XI) hervor. Andererseits kennt die funktionalisierte Monarchie noch nicht das Institut des Herrschergehalts, der „Zivilliste“.

Der dritte Teil handelt von der „Verwaltung des Reiches“, vom Ministerium, vom „geheimen Rath“, von den „Kreis-Deputationen“ und von den „Landgerichten“. Das Ministerium ist in fünf Departements untergliedert: das „der auswärtigen Verhältnisse“, das der Justiz, das der Finanzen, das des Inneren und das des „Kriegs-Wesens“ (§ I). Das Montgelassche Bayern war als Verwaltungsstaat schon um 1800 allen anderen deutschen Staaten voraus, und so konnte die Verfassung hier auf bestehendes Recht (die Verordnungen vom 26. Mai 1801 bzw. vom 23. Oktober 1806) zurückgreifen. Der Text der Konstitution bekräftigte eine Entwicklung, die von den traditionalen regionalen weg zu den modernen Sachressorts führte.

Das zweite Element, welches dieser Organisationsform zugehörte, ja gleichsam ihre Rückseite darstellte, war die Verantwortung der Minister. Die Ressortchefs waren rechenschaftspflichtig für alles, was in ihren Departements geschah, und sie entlasteten den König durch das Institut der Gegenzeichnung von aller Verantwortung [„müssen alle königlichen Dekrete von denselben (den Ministern) unterzeichnet werden“] (§ I).

Des Weiteren wurde ein „geheimer Rath“ geschaffen (§ II, III), ein Name, der ein ehrwürdiges Institut der Verwaltungsgeschichte heraufrief. Traditionell war er abwechselnd eine beschließende und beratende Körperschaft gewesen. In der Verfassung von 1808 war die Beschlussfassung indessen getilgt. Das Kollegium bestand aus den Ministern sowie 12 bis 16 vom König zu ernennenden „Gliedern“. Es tagte unter dem Vorsitz des Landesherrn. Seine Aufgaben erstreckten sich auf politische Beratung, voran der Gesetze, aber auch allen Rechts, das Haushalts- und Finanzfragen betraf. Nur bei „Competenz-Streitigkeiten der Gerichtsstellen und Verwaltungen“ (§ II) verfügte er auch über ein entscheidendes Votum.

Der dritte Teil der Verfassung ordnete neben den Verhältnissen der Zentrale auch die der mittleren und der unteren Instanz. In jener amtierte ein „General-

Kommissär“, dem einige „Kreisräthe“ zur Seite standen (§ IV), in dieser die Vorsteher der „Landgerichte“. Sie verfügten über „Polizei-Aktuarien“ als Hilfsorgane.

Das Umstürzende der neuen Verwaltungsordnung lag in der Aufhebung der historischen Provinzen (Bayern, Oberpfalz, Neuburg, Schwaben, Bamberg, Ansbach, Tirol) und deren Aufteilung in fünfzehn Kreise: eine napoleonisch-westphälische Rezeption, die auch in der Benennung der Bezirke mit Flussnamen (Pegnitzkreis, Oberdonaukreis, Isarkreis usw.) offensichtlich wurde.

Neben dem hierarchischen gab der Verfassungsgeber der Organisation der Kreise auch ein kollegialisch-herkömmliches Element: die Deputationen. Es war das Recht des Königs, diese aus den „allgemeinen Versammlungen“ (s.u.) auszuwählen. Ihre Aufgaben bestanden darin, Vorschläge für die Staatsauflagen und deren Verwendung zu machen, aber auch allgemeine Wünsche, die „Verbesserung des Zustands des Kreises“ betreffend zu äußern (§ IV).

Über die „Lokal-Verwaltung“ ließ sich die Verfassung nur mit der lakonischen Bemerkung aus, dass sie „angeordnet“ werde (§ VI). „Anordnung“ hieß Verstaatlichung aller vormals geltenden örtlichen Gerichts-, Polizei- und Verwaltungsrechte, hieß Aufhebung der Selbstverwaltung von Städten und Märkten in ihrer herkömmlich-ständischen Gestalt. Im Gegensatz zu Preußen erwuchs in Bayern aus der Staatsreform keine kommunale Autonomie.

Dagegen wurde das Dienstrecht des Personals von Fürst und Staat ganz modern geordnet. In diesem Belang befand sich die Montgelassche Politik an der Spitze der zeitgenössischen Politik. Eine Verordnung vom 1. Januar 1805, die „Dienstpragmatik“, hatte Gehälter und Pensionen in ein einheitliches System gebracht. Die Staatsdiener waren nunmehr auf Lebenszeit bestellt. Ihre Entlassung aus dem Amt verlangte ein richterliches Urteil. Die Verfassung selbst fügte der Verordnung hinzu, dass Staatsdiener als „wirkliche Staatsbeamte“ anzusehen seien, wenn sie ein Amt ununterbrochen sechs Jahre verwaltet hätten (§ VII).

Der fünfte und sechste Artikel der Verfassung, die wir hier dem vierten („Von der National-Repräsentation“) vorziehen, handeln „Von der Justiz“ und „Von dem Militär-Stande“. Die Rechtsprechung sollte unabhängig werden; einesteils dadurch, dass der Richter nun Beamter wurde, mit allen an diesem Status hängenden Rechten (§ III); andererseits dadurch, dass der König in keinem Rechtsstreit mehr die Untersuchung „hemmen“ dürfe. Sein Anteil an der Justiz beschränke sich auf Gnadenerteilung, Straferlass und Strafminderung (§ IV). Des weiteren förderte die Verfassung Rechtseinheit und eine gleichförmige Verfahrenspraxis. Für das „ganze Reich bestehe fortan eine einzige oberste Justizstelle“ (§ I).

Sodann die Militärverfassung, von der die Konstitution nur das Prinzipielle bestimmte. Das Kantonsreglement vom 1. Januar 1805 hatte die Kriegsdienstpflicht eingeführt, nachdem die Armee bis dahin aus Söldnern und Zwangsrekrutierten bestanden hatte. Diese Neuerung wurde nunmehr verfassungsrechtlich befestigt (§ II). Hinzu trat, zur „Erhaltung der Ruhe in Kriegszeiten", eine „National-Garde", eine Landwehr preußischen Musters. Auch die „Bürger-Miliz" – ein drittes Institut –, ein örtlicher, quasipolizeilicher Sicherheitsdienst, wurde durch die Konstitution bekräftigt (§ V).

Schließlich das Parlament, das Herzstück der Verfassung, jene Einrichtung, um deretwillen die Konstitution überhaupt geschaffen wurde und die von ihr zugleich zu hofieren und zu zähmen war. („Vierter Titel Von der National-Repräsentation") Schon zu Beginn, an herausgehobener Stelle der Verfassung, im § II des Ersten Titels, trat das Bestreben hervor, Parlamentarismus und rationale Staatsreform zusammenzuführen. „Alle besondern Verfassungen, Privilegien, Erbämter und Landschaftliche Korporationen der einzelnen Provinzen sind aufgehoben. Das ganze Königreich wird durch eine National-Repräsentation vertreten, nach gleichen Gesezen gerichtet und nach gleichen Grundsäzen verwaltet". Jede altständische Rückverbindung, jeder landschaftliche Traditionalismus war damit von der Gegenwart abgeschnitten, die Vertretung des Landes zum Teil eines funktional-bürokratischen Staatsaufbaus bestimmt. In der Umdeutung der Stände, eines Instituts von bekannt historischer Tiefe und Schwerkraft, zeigte sich der ahistorische Grundzug des Montgelasschen Systems.

Eine ganz andere Frage war, welches Gewicht der Landesvertretung durch die Verfassung zuerkannt wurde. Schon die Bestellung der Nationalrepräsentanten zeigte, dass die Autoren deren politische Rolle eher bescheiden kalkulierten. Jeder Kreis hatte sieben Abgeordnete in die „Reichs-Versammlung" zu wählen (Vierter Titel, § I). Jedoch war die Bestellung der Wahlkörperschaften in den Kreisen ganz in die Macht des Königs gegeben. Die Verfassung trug ihm auf, „aus denjenigen vierhundert Land-Eigenthümern, Kaufleuten oder Fabrikanten des Bezirks, welche die höchste Grundsteuer zahlen", die Wahlmänner der Kreise auszuwählen. Die Zahl der Bestellten bemaß sich „nach dem Verhältnis 1 zu 1000" der regionalen Einwohnerschaft (Dritter Titel, § IV). Wählbar waren jene „zweihundert Land-Eigenthümer, Kaufleute und Fabrikanten, welche die höchste Grundsteuer bezahl(t)en" (Vierter Titel, § I).

Abweichend von der westphälischen Verfassung, aber konform mit dem Montgelasschen System war, dass die Wahlmänner „atomistisch" bestellt wurden. Ihre Wahl geschah nach dem Vermögen, das heißt nach Steuerschätzung. Freilich korrespondierte mit diesem Atomismus auch ein übermächtiges Mitwirkungsrecht des Königs und seiner Verwaltung. Der Parlamentarismus sollte aller ständischen Qualitäten entbehren. Damit er diese Aufgabe erfüllte, hatte er „bürokratisch" zu sein oder sich doch dem Primat der Bürokratie zu fügen.

Auch die innere Ordnung der parlamentarischen Versammlung war ganz dem Willen der Staatsspitze anheim gegeben – was freilich auch in den späteren konstitutionellen Verfassungen die Regel war. Der König ernannte den Präsidenten und die Sekretäre der Versammlung (§ II), er eröffnete und schloss sie, er konnte sie vertagen und auflösen. Wenigstens einmal im Jahr hatte er die Repräsentanten zusammenzurufen (§ IV).

„Parlamentarisch“ wiederum war die Einrichtung von Kommissionen, von denen solche für bürgerliche und peinliche Gesetzgebung, für „innere Verwaltung“ und die „Tilgung der Staatsschulden“, insbesondere aber für Finanzen verbindlich waren (§ VI). Diese Kollegien, Gremien von drei, höchstens vier Mitgliedern, waren indes ihren Kommittenten, dem Plenum, das sie bestellte, auf eigentümliche Weise entzogen. Sie korrespondierten allein mit den Sektionen des Geheimen Rates, der seinerseits allein befugt war, Gesetzentwürfe und den jährlichen Finanzetat dem parlamentarischen Entscheid zu unterbreiten.

Auch die parlamentarische Debatte war ganz ein Privileg der Mitglieder von Geheimem Rat und Kommissionen. Die Versammlung in ihrer Gänze blieb stumm. Ihr „Königsrecht“ war das „geheime Scrutinium“. Ob die Verhandlungen öffentlich zu führen waren, ließ die Verfassung offen. Es ist indes nicht sehr wahrscheinlich, dass die Autoren einer solchen Regel ihre Zustimmung gegeben hätten.

Schließlich die Befugnisse des Parlaments, die am Ende über das Gewicht der Institution entschieden. Die Verfassung bestimmte in § VII des Vierten Teils, dass alle Gesetze, auch jene über Haushalt und Steuern, die Zustimmung der Ständeversammlung bedürften: in „Geheimem Scrutinium“ und „nach der absoluten Mehrheit der Stimen (!)“. Dieses Mitwirkungsrecht bildete einen auffälligen Kontrast zum „administrativen“ Charakter des Verfassungswerks, der Bestellung der Wahlkörperschaften zumal. In der Literatur wird dieses Recht daher durchweg geleugnet: es füge sich nicht in das System des vorherrschenden Staatsabsolutismus, schon gar nicht in die Philosophie seines Konstrukteurs Montgelas[10].

Andererseits war das parlamentarische Gesetzgebungsrecht auch ein Stück napoleonischer Verfassungspolitik, gerade in seiner institutionellen Trennung von Beratung und Entscheidung. Von der Konsulatsverfassung ging dieses Modell später auf die westphälische über, der einzigen napoleonischen Konstitution in Deutschland, welche auch verfassungspraktisch wurde. Bayern wiederum übernahm das westphälische Modell. Durch den Gang der Politik erscheint dies ebenso plausibel wie durch den Vergleich der Texte.

Eine andere Frage ist, ob eine bayerische Verfassung im Vollzug die frühkonstitutionellen Züge des Textes bewahrt hätte. In Frankreich überlagerte der napo-

---

10 *Zimmermann*, wie Fn 5, 141; *Weis*, wie Fn 1, 66; *ders.*, wie Fn 3, 382.

leonische Cäsarismus die parlamentarischen Rechte der Konsulatsverfassung und nahm ihnen am Ende alle politische Wirkung. Ob der Montgelassche Staatsabsolutismus ein Gleiches getan hätte, entzieht sich der historischen Analyse.

Am 25. April 1808 wurde die bayerische Verfassung durch die Geheime Staatskonferenz, das heißt durch den Willen des Königs in collegio geltendes Recht. Am 1. Mai wurde ihre Einführung auf den 1. Oktober beschlossen. Aber die Probe auf ihre Wirksamkeit blieb aus. Die Nationalrepräsentation ist niemals gewählt worden und somit auch niemals zusammengetreten. Die Zuspitzung der auswärtigen Politik, die Erwartung eines neuen Krieges mit Österreich sowie der Krieg selbst, der schwelende Konflikt Frankreichs mit Russland und schließlich der Feldzug Napoleons gegen das Zarenreich: alles dies hat der Bestellung und Einberufung eines Landtags entgegengestanden – oder doch den Vorwand geliefert, Wahl und Einberufung zu verhindern. Wenn auch der Schlussteil der Verfassung („Völker Unsers Reichs! Die Befestigung Eurer gemeinschaftlichen Wohlfahrt ist unser Ziel") ganz auf die integrativen Wirkungen einer ständischen Vertretung setzte, so war doch der Primat der Verwaltung unzweifelhaft. Insofern kamen sich die äußeren Umstände der Verhinderung und die wahren Motive der Reform entgegen. Denn diese Reform war im Kern administrativ. Die Vielzahl von Edikten, die alle verfassungsergänzenden Charakter hatten und zumeist schon während der Beratungen über die Konstitution entworfen wurden, bieten dafür einen plausiblen Beleg.

Die bayerische Verfassung war in vielem eine Kopie der des Königreichs Westphalen. Aber das politische Ambiente, in dem sie geschaffen wurde, war ein anderes. Dort wurde eine fremde, eben die bonapartistische Herrschaft dem Lande aufoktroyiert. Einem Lande zudem, das ein Kunstprodukt war. Wie die Verfassung hatte es auch das Land zuvor nicht gegeben. In Bayern dagegen war der Verfassungswille ganz eine Kraft des Landes selbst, Teil eines landeseigenen, eines autochthonen Absolutismus. Die westphälische Monarchie war ein Besitztum des bonapartistischen Herrscherhauses, die bayerische war, allen Anpassungsübungen nach außen zum Trotz, souverän aus eigenem Recht.

Und dennoch war die Verfassung keine Attrappe, keine Konstitution des bloßen Scheins. Sie enthielt Grundrechte, die mehr waren als ein Fürstenspiegel, als Zeichen monarchischer Huld. Mit der Proklamation von Rechten und der Konzession einer gesetzgebenden Vertretung war das Terrain des aufgeklärten Vormundsstaates verlassen. Die Einschränkungen, welche folgten, bedeuteten nur eine Retardation. Von der „absolutistischen" Verfassung des Jahres 1808 zur konstitutionellen von 1818 war es nur noch ein Schritt.

Literatur

Doeberl, Ludwig, Maximilian von Montgelas und das Prinzip der Staatssouveränität, München 1925.

Doeberl, Michael, Rheinbundverfassung und bayerische Konstitution, München 1924 (= Sitzungsberichte der Bayerischen Akademie der Wissenschaften, philos.-philolog. u. hist. Kl. 1924, 5).

Kellmann, Axel – Drewes, Patricia, Die süddeutschen Reformstaaten, in: Peter Brandt – Martin Kirsch – Arthur Schlegelmilch (Hg.), Handbuch der europäischen Verfassungsgeschichte im 19. Jahrhundert. Institutionen und Rechtspraxis im gesellschaftlichen Wandel. Bd. 1: Um 1800, Bonn 2006, 714-784.

Möckl, Karl, Die bayerische Konstitution von 1808, in: Eberhard Weis (Hg.), Reformen im rheinbündischen Deutschland, München 1984 (= Schriften des Historischen Kollegs, Kolloquien, 4), 151-166.

Oeschey, Rudolf, Die bayerische Verfassungsurkunde vom 26. Mai 1818 und die Charte Ludwigs XVIII. vom 4. Juni 1814. Ein Beitrag zur Lehre vom monarchischen Prinzip. Unter Berücksichtigung der bayerischen Konstitution vom 1. Mai 1808 und deren Vorbildes, der westfälischen Verfassung vom 15. November 1807, München 1914.

Schimke, Maria Carola (Hg.), Regierungsakten des Kurfürstentums und Königreichs Bayern 1799-1815, München 1996 (= Quellen zu den Reformen in den Rheinbundstaaten, 4).

Wegelin, Peter, Die bayerische Konstitution von 1808, in: Schweizer Beiträge zur Allgemeinen Geschichte 16 (1958), 142-206.

Weis, Eberhard, Die Begründung des modernen bayerischen Staates unter König Max I. (1799-1825), in: Handbuch der bayerischen Geschichte, Bd. 4,1, neu hg. v. Alois Schmid, München 2003, 3-126.

Weis, Eberhard, Montgelas, Bd. 2: Der Architekt des modernen bayerischen Staates 1799-1838, München 2005.

Zimmermann, Fritz, Bayerische Verfassungsgeschichte vom Ausgang der Landschaft bis zur Verfassungsurkunde von 1818. Ein Beitrag zur Auseinandersetzung Deutschlands mit den Ideen der Französischen Revolution und Restauration, Bd. 1: Vorgeschichte und Entstehung der Konstitution von 1808, München 1940, Nachdruck 1973 (= Schriftenreihe zur bayerischen Landesgeschichte, 35).

Die Verfassung des Fürstentums Reuß ältere Linie von 1809

Gerhard Müller

Das Fürstentum Reuß ältere Linie, einer der kleinsten deutschen Staaten, ist in der deutschen Verfassungsgeschichte dafür bekannt, erst nach seinem Beitritt zum Norddeutschen Bund als letzter aller deutschen Staaten eine konstitutionelle Verfassung eingeführt zu haben, das Gesetz, die Verfassung des Fürstentums Reuß ältere Linie betreffend, vom 28. März 1867. Wenig bekannt ist hingegen, dass es auch zu den ersten gehörte, die nach der Auflösung des Alten Reiches die Rechte ihrer Stände in einem Landesgrundgesetz festschrieben.

Die Vorgeschichte dieses verfassungsrechtlichen Gesetzgebungsaktes ist von den Problemen und Auswirkungen einer erst relativ späten Territorialstaatsbildung gekennzeichnet. Nach einer Phase extremer Zersplitterung in eine Vielzahl von Zweigherrschaften waren die Gebiete der älteren Linie seit 1768 wieder in einer Hand vereinigt. Darüber hinaus wurde der regierende Graf Heinrich XI. Reuß am 12. Mai 1778 in den Reichsfürstenstand erhoben. Die lehns- und reichsverfassungsrechtliche Stellung des Hauses änderte sich dadurch jedoch nicht; es blieb Vasall der Krone Böhmen und erhielt keine Virilstimme im Reichsfürstenrat, sondern saß im Reichstag weiterhin auf der Wetterauer Grafenbank. Die Neubelehnung des Hauses Reuß am 31. Juli 1806 war einer der letzten Hoheitsakte des Alten Reiches. Seit 1802 wurde das Fürstentum Reuß ältere Linie von Heinrich XIII. Reuß regiert, der als österreichischer Generalfeldzeugmeister 1792 eine wichtige Rolle im Reichskrieg gegen die Französische Republik gespielt hatte. Gemeinsam mit den anderen reußischen Fürsten und den Schwarzburgern trat Heinrich XIII. Reuß am 18. April 1807 dem Rheinbund bei, entging damit der drohenden Mediatisierung durch Sachsen und sicherte die Existenz seines Fürstentums als souveräner Staat.

Ähnlich wie bei der Konstitution des Herzogtums Sachsen-Weimar-Eisenach vom 20. September 1809 spielten auch bei der Entstehung des reußischen Landesgrundgesetzes vom 15. März 1809 finanzpolitische Gründe eine maßgebliche Rolle. Heinrich XIII. Reuß, der bereits bei seinem Regierungsantritt ein stark verschuldetes Land vorgefunden hatte, vermochte es nicht, die Haus- und Staatsfinanzen zu sanieren, im Gegenteil: fehlgeschlagene Finanzspekulationen, die Kriegskosten des Jahres 1806, ein großer Stadtbrand in der Residenzstadt Greiz und schließlich die militärischen Lasten des Rheinbundes – die reußischen Staaten stellten zusammen ein Kontingent von 450 Mann – ließen die Kammerschulden explodieren. 1808 stellte sich zudem noch heraus, dass die Fürstlich Reußische Bank zu Greiz, deren Aktienmehrheit der Fürst innehatte, zahlungsunfähig geworden war und die ihr von der Kriegskontributionskasse des Landes gewährten Anleihen nicht mehr bedienen konnte. Einer Untersuchungskommission gelang es zwar, den sofortigen Zusammenbruch der Bank abzuwenden sowie die künftige Rückgewährung und Verzinsung der Kapitaleinlagen zu garantieren, doch erwies sich die Liquidation der Bank als unvermeidlich[1]. Die defizitäre Kammerkasse sah sich außerstande, die „Sustentationen", die Geldmittel für den standesgemäßen Unterhalt der Mitglieder des fürstlichen Hauses, aus ihren eigenen Einnahmen bereitzustellen. Darüber hinaus mussten die Heim- und Zinszahlungsgarantien des fürstlichen Privatvermögens für die Einlagen der Reußischen Bank finanzpolitisch abgesichert werden, um das Fürstenhaus dauerhaft vor einem Bankrott zu bewahren.

In dieser Situation erging am 13. Januar 1809 ein fürstliches Dekret, das die Einberufung eines landschaftlichen Deputationstages zum 28. Februar 1809 in die Residenzstadt anordnete. Dem Dekret war ein Zeugnis der Fürstlichen Kammer beigefügt, in dem die Kammerverwaltung erklärte, dass trotz größter Sparsamkeit in der Hofhaltung ein ungedeckter Ausgabenüberschuss in Höhe von 8.537 Reichstalern vorliege, für den eine außerordentliche Beihilfe des Landes erforderlich werde[2]. Zur Vorbereitung dieses Deputationstages trat am 8. Februar 1809 in Zeulenroda eine Konferenz der Stände von Obergreiz, Untergreiz und Burgk zusammen, um die Teilnehmer des Deputationstags zu wählen, ihnen die erforderlichen Vollmachten auszustellen und eine Instruktion zu beschließen. Die 13 Teilnehmer der Ständekonferenz brachten ihre „Verwunderung" darüber zum Ausdruck, dass die fälligen Wechsel über die Anleihe bei der Kontributionskasse des Landes „wider alle Rechtlichkeit und Ordnung" von der Bank noch nicht bezahlt worden seien und erließen ein Schreiben an die fürstliche Landesregierung, in dem sie forderten, dass die Bank zur Sicherung des Landeskredits ungeachtet ihrer augenblicklichen Finanzsituation angewiesen werden sollte, ihre Zahlungsverbindlichkeiten schnellstmöglich zu erfüllen. In einer umfänglichen Debatte über die Finanzlage des Fürsten und deren Ursachen kamen die Stände zu der Feststellung, dass die „Unfälle" des fürstlichen Hauses „gleichsam die Grundfesten der Staatsverfassung erschüttert" hätten. Dadurch sei eine Situation entstanden, die es erfordere, dass „in gewißer Hinsicht neue Formen geschaffen werden müßen, um den Staat vor gleichen Unfällen zu sichern". Obwohl einige Teilneh-

1 Nachricht, die Fürstl. Reußische Bank allhier betreffend, 28. Dezember 1808, Thüringisches Staatsarchiv Greiz [im Folgenden: ThStAGr], Mandate und Verordnungen, Nr. 20, Bl. 23.

2 Dekret über die Einberufung der Landstände, 13. Januar 1809 sowie Zeugnis der Kammer zu Greiz, 13. Januar 1809, ThStAGr, Mandate und Verordnungen, Nr. 10, Bl. 236-241.

mer der Konferenz energisch forderten, einen allgemeinen Landtag einzuberufen und die Vorgänge rückhaltlos offenzulegen, setzte sich schließlich die Meinung durch, dass es für die Erhaltung des landschaftlichen Kredits dienlicher sei, das Problem möglichst rasch und gemäß dem Wunsch des Fürsten „ohne vieles Geräusch" zu bereinigen. Die Verpflichtung der Landschaft, die geforderte Unterstützung zu leisten, stellte keiner der Konferenzteilnehmer in Frage; sie wurde als „höchste Notwendigkeit" betrachtet. Als Soforthilfe bewilligten die Stände eine Anleihe von 3.500 Reichstalern. Die Instruktion für die Teilnehmer des Deputationstages beinhaltete folgende Punkte: l.) Auflage einiger neuer Steuern sowie einer Stempelgebühr für Papier, Karten und Kalender, Steuern auf Luxusartikel, 2.) feste Zweckbindung der bewilligten Finanzmittel, 3.) Einrichtung eines sparsamen Haushaltssystems, 4.) Aufstellung und Einhaltung eines festen Schuldentilgungsplans für alle Landes- und Kammerkassen, 5.) Trennung der Finanzverwaltung von den übrigen Zweigen der Landesadministration, 6.) Zusammenfassung aller Zweige der Kammerverwaltung unter dem bestehenden Kammerkollegium.

Die Detailregelungen zu diesen Punkten sollten den Deputierten überlassen bleiben. Ferner wurden die Deputierten verpflichtet, darauf hinzuwirken, dass „alles Borgen" soweit als möglich beendet und eine gesetzliche Form geschaffen werde, die bei künftigen Veräußerungen von Bestandteilen des Kammervermögens einzuhalten sei und „ohne deren Beobachtung der Regent auf die Landeskassen und Domänen weder neue Anleihen machen noch etwas verkaufen kann, wenn diese Handlungen gültig und nicht als null und nichtig betrachtet werden sollen". Alle Sondersteuern sollten zudem nur temporären Charakter haben[3].

Die Beschlüsse der Zeulenrodaer Tagung der Reuß-Greizer Stände entsprachen noch völlig den traditionellen, für die altständischen Verhältnisse des 17. und 18. Jahrhunderts charakteristischen Formen des finanzpolitischen Krisenmanagements. Wie wenig sie von modernen liberalen Reformideen motiviert waren, zeigt eine aus Anlass dieser Konferenz verfasste Denkschrift eines Vertreters der Greizer Bürgerschaft. Aufgrund berechtigter Zweifel an der finanzpolitischen Ergiebigkeit der beschlossenen Stempel- und Luxussteuern, die lediglich eine Verlagerung des Handels in die Nachbarstaaten zur Folge haben und die Auswanderung verstärken würden, hielt es der Verfasser der Denkschrift für notwendig, die Maßnahmen auf finanz- und steuerpolitischem Gebiet durch polizeiliche Restriktionen wie Uniformierung der Zivilbeamten, Verzollung importierter Textilwaren, Einschränkung der Eheschließungen Vermögensloser, Verbot des Anlernens landesfremder Handwerker und eine Taxe für Gast- und Schankwirte zu ergän-

3 Protokoll der Konferenz der Stände von Obergreiz, Untergreiz und Burgk, 8. Februar 1809, ThStAGr, Landschaft Reuß älterer Linie, Nr. 15, Bl. 13-15v.

zen. Darüber hinaus sollten die Verminderung der Gelegenheiten für Tanz und Spiel, wie z.B. die Abschaffung des traditionellen Brauchs des freien Einfahrens von Brennholz aus den herrschaftlichen Waldungen, die Beschränkung der öffentlichen Lustbarkeiten auf einige „angemessene Volksfeste" sowie die Unterdrückung von Billardeurs und Cafetiers, das Volk wieder zu Sittenstrenge und Sparsamkeit zurückführen[4]. Die Intentionen der Stände waren nicht auf liberal-konstitutionelle Verhältnisse gerichtet, sondern zielten lediglich auf eine Beschränkung absolutistischer Herrschaftspraktiken durch die Kontrolle der Staatsfinanzen.

Mit diesen Instruktionen versehen nahm der Deputationstag am 28. Februar 1809 im Greizer Residenzschloss seine Beratungen auf. In insgesamt 15 Sitzungen setzten die Ständedeputierten bis zum 16. März 1809 die Beschlüsse der Zeulenrodaer Konferenz in Gesetzgebungsmaßnahmen um[5]. Sie bewilligten dem Fürsten einen Betrag von jährlich 8.500 Reichstalern zur Deckung des Kammerdefizits, die durch fünf sogenannte Kammersustentationssteuern aufgebracht und bis 1816 erhoben werden sollten. Hinzu kam die Besteuerung von Stempeln auf Papier, Kalender und Karten sowie von Luxusartikeln, für die ein gesondertes Mandat gemäß den Vorschlägen der Stände erlassen wurde. Sofern diese Sonderabgaben nicht ausreichten, um die bewilligte Summe bereitzustellen, sollte das Fehlende aus dem Fonds der Landeskontributionskasse ergänzt werden. Die Verwendung der bewilligten Summe teilte sich in 4.000 Reichstaler für die Privatschuldentilgungskasse des Fürsten und 4.500 Reichstaler zur Tilgung der Kammerschulden. Das Landesgrundgesetz, das der Deputationstag in seiner zwölfte Sitzung am 13. März 1809 beriet und mit nur geringen Abänderungen billigte, sollte die zweckgebundene Verwendung dieser Mittel sicherstellen und unverzüglich publiziert werden. Ferner setzten die Deputierten durch, dass noch einige bereits beim Regierungsantritt des Fürsten 1802 erhobene Landesgravamina endlich berücksichtigt wurden[6]. Diese im Deputationsabschied vom 16. März 1809 vereinbarten Beschlüsse wurden von Fürst Heinrich XIII. Reuß unter gleichem Datum ratifiziert und durch den einen Tag später ausgestellten traditionellen Reversalienbrief zusätzlich bestätigt[7]. Das bereits unter dem Datum vom

---

4 *B. T. Dölz*, Einige patriotische Wünsche, die am 8ten Febr. 1809 zu Zeulenroda statt-gehabte Ständische Conferenz betr., ThStAGr, Landschaft Reuß älterer Linie, Nr. 15, unpag.

5 Protokolle der 1.-15. Sitzung, 28. Februar – 16. März 1809, *ebda*, Bl. 23-41v und 57-61v.

6 Deputationsabschied, 16. März 1809, *ebda*, Bl. 62-65.

7 Ratifikationsurkunde zum Deputationsabschied, 16. März 1809, sowie Reversalienbrief, 17. März 1809, *ebda*, Bl. 66-67 v.

15. März 1809 vollzogene Landesgrundgesetz wurde damit zum integralen Bestandteil eines Vertrages zwischen Fürst und Ständen.

Die Bestimmungen des Landesgrundgesetzes vom 15. März 1809 umfassten zwanzig Paragraphen und beschäftigten sich mit den Landessteuern, dem Kammervermögen und dem Privatvermögen des fürstlichen Hauses[8]. Der Abschnitt über das Steuerwesen schrieb gleich im ersten Paragraphen das ständische Bewilligungsrecht für alle ordentlichen und außerordentlichen Landessteuern fest und bestimmte, dass die Landesbedürfnisse einschließlich der Landesschulden künftig nicht anders als auf diesem „verfassungsmäßigen Wege" bestritten werden dürften. Ferner regelte dieser Abschnitt Aufbau und Kompetenzen der landschaftlichen Kassen und legte fest, dass notwendig werdende Anleihen sofort durch neue außerordentliche Landessteuern gedeckt werden müssten. Steuerexemtionen sollten künftig nur auf vorheriges Gutachten von Landesregierung und Ständen gewährt und eine Revision des Systems der Steuerveranlagung unter Hinzuziehung der Stände vorbereitet werden.

Der zweite Abschnitt erklärte den gesamten Domänenbesitz mit allen Schlössern und sonstigen Pertinenzien nebst den darauf haftenden Abgaben und Fronen zu einem unveräußerlichen und in seiner Substanz unauflöslichen Sondervermögen, das zur standesgemäßen Subsistenz des Regenten und des fürstlichen Hauses sowie zur Bestreitung des Verwaltungsaufwandes bestimmt sei. Veräußerungen aus diesem Vermögen, das dem Regenten nur „nießbräuchlich" zustehe, wurden durch das Gesetz an strenge, genau bestimmte Voraussetzungen und Formen gebunden. Sie konnten außerdem nur dann Rechtswirksamkeit erlangen, wenn sie von Regierungs- und Standevertretern kontrasigniert waren. Ähnlich war die Aufsicht von Regierung und Ständen über das Kammerschuldenwesen geregelt. Der dritte Abschnitt über das vor allem aus Allodialgütern, einigen wirtschaftlichen Unternehmungen und den Aktien der Reußischen Bank bestehende, stark mit Passiva belastete Schatull- und Privatvermögen des fürstlichen Hauses beschäftigte sich mit den Maßnahmen zu dessen allmählicher Entschuldung, vor allem zur Abtragung der Verbindlichkeiten der Reußischen Bank.

Das Landesgrundgesetz vom 15. März 1809 war kein konstitutioneller Akt im eigentlichen Sinne. Es stellte der Form nach lediglich ein Finanzgesetz dar, das die auf Jahrhunderte altem Herkommen beruhende ständische Steuerbewilligungspraxis sowie einige finanzpolitische Mitwirkungsbefugnisse der Stände in

8 Die offizielle Druckfassung von 1809 ist im Thüringischen Staatsarchiv Greiz mehrfach überliefert. ThStAGr, Mandate und Verordnungen, Nr. 2, Bl. 149-152 v sowie Bl. 242-249 v, Nr. 4, Stück-Nr. 82, Nr. 9, Stück-Nr. 47, Nr. 11, Bl. 97-102 v, Nr. 13, Bi. 262-265 v, Nr. 20, Bl. 24-27 v, Nr. 20a, BI. 66-69 v. Der dem Deputationstag von 1809 vorliegende Entwurf findet sich in den landschaftlichen Akten ThStAGr, Landschaft Reuß älterer Linie, Nr. 15, Bl. 44-57.

die moderne Form geschriebenen, positiven Rechtes kleidete. Damit setzte es jedoch die staatsrechtliche Anerkennung der Stände stillschweigend voraus und definierte sie gleichsam indirekt als integrale, an der Ausübung zentraler staatlicher Hoheitsfunktionen beteiligte Institution der Landesverfassung. Darin liegt der eigentliche verfassungsrechtliche Kern und die geschichtliche Bedeutung des Landesgrundgesetzes. Es unterschied sich damit grundlegend von der Konstitution des Herzogtums Sachsen-Weimar-Eisenach vom 20. September 1809. Diese erhielt nämlich das Prinzip der monarchischen Souveränität formalrechtlich strikt aufrecht, indem sie der Ständevertretung zwar obligatorische Mitwirkungsrechte zugestand, diese aber auf eine beratende und gutachtliche Funktion einschränkte und dem Regenten ungeachtet einer bereits weitgehend konstitutionell-parlamentarischen Praxis grundsätzlich die alleinige Hoheitsgewalt reservierte.

In Reuß ältere Linie besaßen die Stände nach Erlass des Landesgrundgesetzes vom 15. März 1809 einen grundgesetzlich anerkannten Anteil an den Staatsgeschäften, so dass durchaus von einem System des ständischen Konstitutionalismus gesprochen werden kann, obwohl dieses noch recht archaische Züge trug. Dies bestätigten auch die folgenden Jahrzehnte bis zum Erlass des Verfassungsgesetzes von 1867. Der nächstfolgende Deputationstag seit Verabschiedung des Landesgrundgesetzes fand zwar erst wieder 1813 statt, doch pegelte sich seit dem allgemeinen Landtag von 1817 die Praxis ein, alljährliche Landesdeputationstage und in Abständen von mehreren Jahren regelmäßig allgemeine Landtage abzuhalten. Nach der ergebnislos gebliebenen Episode des verfassungsgebenden Landtages von 1849/50 wurde diese Praxis wieder aufgenommen, wobei sich die Häufigkeit der ständischen Zusammenkünfte beträchtlich intensivierte und in manchen Jahren sogar mehrere Land- bzw. Deputationstage stattfanden[9]. Der oft als Kuriosum betrachtete verspätete Verfassungsgebungsakt von 1867 erweist sich vor dem Hintergrund einer bereits seit Jahrzehnten fest verankerten und kontinuierlich praktizierten ständisch-konstitutionellen Tradition als eine eher moderate Anpassung, nicht aber als grundlegender politischer Systemwechsel.

Literatur

Rödel, Rudolf, Die Politik des Fürstentums Reuß ä. L. von der Auflösung des deutschen Reiches bis zum Ende des Wiener Kongresses, in: Jahresberichte und Mitteilungen des Vereins für Greizer Geschichte 13 (1929), 1-103.

Schlotter, Paul, Das Staats- und Verwaltungsrecht der Fürstentümer Reuß älterer und jüngerer Linie, Hannover 1909 (= Bibliothek des öffentlichen Rechts, 8).

9 ThStAGr, Landschaft Reuß älterer Linie, Nr. 19-97.

Seela, Reyk, Landtage und Gebietsvertretungen in den reußischen Staaten 1848/67-1923. Biographisches Handbuch, Jena u.a. 1996 (= Veröffentlichungen der Historischen Kommission für Thüringen, Große Reihe, Bd. 1, Parlamente in Thüringen 1809-1952, 2).

Die Verfassung des Herzogtums Sachsen-Weimar-Eisenach von 1809

Gerhard Müller

Die „Constitution der vereinigten Landschaft der Herzoglich Weimar- und Eisenachischen Lande, mit Einschluss der Jenaischen Landesportion, jedoch mit Ausschluss des Amtes Ilmenau" vom 20. September 1809 war eine Folge der Auflösung des Alten Reichs, der Kriegsereignisse von 1806/07 und des Beitritts des Herzogs Carl August von Sachsen-Weimar-Eisenach zum Rheinbund. Sie sollte die überkommenen landständischen Verhältnisse auf eine neue Rechtsgrundlage stellen, die dem neu gewonnenen Status der staatsrechtlichen Souveränität des Herzogtums entsprach. Gleichzeitig diente sie dem Bestreben, die verschiedenen, bis dahin in ihrer inneren Verwaltung eigenständigen Landesteile zu einer Einheit zusammenzufassen. Die Konstitution zählt zu den frühesten Verfassungsdokumenten des monarchischen Konstitutionalismus auf deutschem Boden.

In der Literatur wurde lange Zeit behauptet, die Konstitution vom 20. September 1809 sei nicht in Kraft gesetzt worden bzw. relativ bedeutungslos gewesen, weil die durch sie geschaffene Repräsentativkörperschaft seit 1812 fast völlig verschwunden sei[1]. Solche Auffassungen resultierten vor allem aus dem verfassungsrechtlich ungewöhnlichen Umstand, dass die Konstitution zwar als Gesetz in Kraft gesetzt, aber niemals veröffentlicht wurde und ihre Bestimmungen deshalb erst Jahrzehnte später allgemein bekannt wurden. Demgegenüber ist jedoch festzustellen, dass die Konstitution am 23. Oktober 1809 mit der Eröffnung des ersten Ordentlichen Deputationstages der Vereinigten Landschaft des Herzogtums in Kraft trat und bis zum 2. Februar 1817, dem Tag der Konstituierung eines neuen, nach dem „Grundgesetz einer Landständischen Verfassung des Großherzogtums Sachsen-Weimar-Eisenach" vom 5. Mai 1816 gewählten Landtages, geltendes Verfassungsrecht blieb. Auch die mit der Konstitution geschaffene Landesrepräsentation hielt ihre alljährlichen Deputationstage bis 1817 regelmäßig ab.

Die Frage nach den Entstehungsgründen der weimarischen Konstitution führt unmittelbar in die Problematik des Übergangs vom frühneuzeitlichen Ständestaat zur modernen Staatlichkeit hinein. Als das Heilige Römische Reich deutscher

---

1 *Karl Heinrich Ludwig Pölitz*, Die Verfassungen des teutschen Staatenbundes seit dem Jahre 1789, 2. Abt., Leipzig 1847, 732-751; *Fritz Hartung*, Das Großherzogtum Sachsen unter der Regierung Carl Augusts 1775-1838, Weimar 1923, 211-224.

Nation im August 1806 aufgelöst wurde und die „territoriale Revolution" der Jahre 1805/06 aus der kleinterritorialen Vielfalt wenige große, zentralistische Staaten entstehen ließ, wurden die vielerorts vorhandenen alten Ständevertretungen zumeist beseitigt. In den meisten Rheinbundstaaten wurde das bürokratisch-absolutistische Modell recht weitgehend umgesetzt. Nur das als „Musterstaat" geschaffene Königreich Westphalen (1807) und das Großherzogtum Frankfurt unter Carl Theodor von Dalberg (1810) erhielten eine Repräsentation nach französischem Vorbild. Bayern verkündete zwar 1808 eine Konstitution, aber die darin vorgesehene Nationalrepräsentation trat niemals zusammen. Auch die Kleinstaaten Mitteldeutschlands, darunter das am Krieg gegen Frankreich beteiligte Herzogtum Sachsen-Weimar-Eisenach, wurden nach der Schlacht bei Jena und Auerstedt 1806 wider Erwarten nicht aufgehoben und sogar in den Rheinbund aufgenommen. Kaiser Napoleon beschränkte sich aber darauf, die französische Hegemonie über die thüringische Region lediglich mit militärischen Machtmitteln zu sichern, indem er die zentral gelegene Festungsstadt Erfurt zu einer direkt von Frankreich verwalteten „Domaine reservée de l'Empereur" erklärte, die territoriale Situation aber unangetastet ließ.

In der so entstandenen politischen Situation – ein weimarischer Minister bezeichnete sie einmal mit dem Begriff der „sächsischen Autonomie" – blieben die inneren Verhältnisse der thüringischen Staaten so, wie sie am Ende des Alten Reichs gewesen waren. Die meisten, nun souverän gewordenen thüringischen Kleinstaatenfürsten betrachteten deshalb den Rheinbund eigentlich nur als Ersatz für die alte Reichsverfassung. Herzog Carl August von Weimar allerdings sah darin auch eine reformpolitische Chance. Er entwarf im April 1808 ein Exposé, in dem er die Grundzüge einer neuen landständischen Verfassung entwickelte[2]. Sein Verfassungsplan beabsichtigte jedoch weder eine Aufhebung der Ständevertretungen noch eine völlig neue, auf dem Reißbrett entworfene Repräsentativkörperschaft wie die Konstitution des Königreichs Westphalen. Statt dessen sollte versucht werden, wie es dann offiziell hieß, „das alte Gute mit dem neuen Zustand der Dinge und mit den Lehren des Zeitlaufs zu vereinbaren"[3]. Wahrscheinlich wurde der Herzog in diesem Vorhaben auch durch die Ideen des preußischen Reformministers Karl Freiherr vom Stein beeinflusst, der sich im September 1807 mehrere Tage als Gast am Weimarer Hof aufhielt. Herzog Carl August zog nämlich aus der Katastrophe von 1806 ähnliche Konsequenzen wie die preußischen Reformer, indem er eine innere Erneuerung des Staates anstrebte. Patrioti-

---

2 *Carl August von Sachsen-Weimar-Eisenach*, Projektentwurf sowie Bemerkungen über Zufälligkeiten, Gedanken etc., April 1808, Thüringisches Hauptstaatsarchiv Weimar [im Folgenden: ThHStAW], HA A XIX, Nr. 153, abschriftlich in: ThHStAW, B 572, Bl. 1-8.

3 Proposition, 9. Januar 1809, ThHStAW, B 138, Bl. 12-19.

scher Gemeingeist, so erläuterte er 1809 den Ständevertretern, die über das Verfassungsprojekt beraten sollten, müsse nunmehr „nach so mancher Weltzerrüttung (...) auch in dem Innern jedes speziellen Vaterlandes ein Ganzes“ zusammenhalten[4]. Die Verfassungsreform sollte vor allem den Weg für Innovationen im Bereich von Verwaltung und Staatsfinanzen frei machen. Die „Neuorganisation der Landstandsschaft“, so hatte Carl August in einem erläuternden Papier seines Verfassungsexposés vom April 1808 bemerkt, werde das Land vergewissern, „dass die Landesangelegenheiten als solche und nicht als Privatabsichten des Landesherrn“, die Landeskassen „nicht wie seine Privatkasse behandelt“ würden. Gleichzeitig sollten die Stände zur politischen Mitverantwortung herangezogen werden. „Eine Klasse Männer wird würdig beschäftigt, die nur zu ofte ihre Tage müßig verlebten und alle Folgen des Müßiggangs beschwerlich fühlen ließen, wenn sie als Landesstände alle etliche Jahre einmal auftraten“[5].

Der Verfassungsplan des Weimarer Herzogs entsprang allerdings keineswegs allein dem Modernisierungswillen eines politisch überragend begabten Fürsten, als den die bisherige Carl-August-Literatur den Herzog schildert. Die Debatte über Notwendigkeit und Wege einer zeitgemäßen Anpassung der altständischen Repräsentativsysteme dauerte auch in den thüringischen Staaten schon seit den 1790er Jahren an. Herzog Carl August selbst hatte bereits im Zusammenhang mit den Bestrebungen zur Bildung eines deutschen Fürstenbundes in den Jahren nach 1785 Vorstellungen für eine Reform der Reichsverfassung entwickelt. Auch war Sachsen-Weimar keineswegs der erste und einzige thüringische Staat, in dem sich am Ende des Alten Reichs Konstitutionalisierungsbestrebungen regten.

Bereits im Jahre 1804 hatte Theodor Konrad von Kretschmann, der „dirigierende Minister“ des Herzogtums Sachsen-Coburg-Saalfeld, eine landständische Verfassung entworfen, um der von ihm angestrebten umfassenden Staatsreform eine Legitimitätsbasis zu verschaffen. In einem jahrelangen Kampf mit den Ständen war er zu der Einsicht gelangt: „Mangel einer vollendeten Constitutionsacte über die Verhältnisse des Regenten zu seinen Landständen ist jedem Lande verderblich. Der kleine Krieg über die vermeintlichen Rechte und Privilegien, das Misstrauen zwischen Fürsten und Landständen, der ewige Kampf und Widerspruch gegen die wohlthätigsten Unternehmungen der Regierung stemmen sich der Landeswohlfahrt täglich fester entgegen“[6]. Sein Entwurf war ein Kompromiss, erzwungen durch den Widerstand der Stände, die den Herzog und seine Regierung beim Reichshofrat verklagt hatten. Aber auch unter den coburgischen

---

4 *Ebda.*

5 *Carl August*, wie Fn 2, ThHStAW, B 153.

6 Beurkundete Darstellung der Staats- und Finanzverwaltung der Sachsen-Coburg-Saalfeldischen Lande unter der Regierung des dermal regierenden Herzogs Franz und unter der Leitung des dirigierenden Ministers von Kretschmann, o. O. 1805, 12.

Ständen bestand eine reformorientierte Strömung, die vor allem durch den Rittergutsbesitzer Franz Josias von Hendrich und den Hofmarschall Karl August von Wangenheim repräsentiert wurde[7]. Diese Stände sahen eine Transformation des ständisch-korporativen Repräsentativsystems in eine konstitutionelle Landesrepräsentation ebenfalls als politisch zweckmäßig an.

Obwohl der Konstitutionsentwurf Kretschmanns von 1804 wie noch zwei weitere Verfassungsprojekte 1807 und 1808 scheiterten, trugen diese Reformversuche dazu bei, die politische Tragfähigkeit der Modelle zur Modernisierung der traditionellen ständischen Verhältnisse auszuloten. Dies galt insbesondere für Kretschmanns Verfassungsentwurf vom Sommer 1807, der als staatsdefinierende Vollverfassung konzipiert war und sich teilweise an das Vorbild der westphälischen Konstitution anlehnte. Er sah vor, die alte Landschaft durch eine aus drei Ständeklassen (Rittergutsbesitzer, Städtebürger, Bauern) bestehende und periodisch neu zu wählende Repräsentativkörperschaft zu ersetzen sowie die ritterschaftlichen Steuerprivilegien abzuschaffen[8].

Kretschmann strebte darüber hinaus auch die Einführung des Code Napoléon an, aber seine Pläne fanden bei der französischen Regierung in Paris, wo er sie im Herbst 1808 vorlegte, keine Unterstützung. Die Hegemonialmacht räumte dem Aspekt imperialer Machtsicherung uneingeschränkte Priorität vor staatlicher und gesellschaftlicher Modernisierung ein und konnte nicht daran interessiert sein, die noch wie im Alten Reich auf dem staats- und verfassungspolitischen Nexus der ernestinischen Gesamthausverfassung beruhende innere Balance dieser Region durch radikale verfassungspolitische Alleingänge einzelner Kleinstaatenregierungen zerstören zu lassen. Das politische Konsensprinzip der sächsischen Herzöge, welches ungeachtet der mit dem Beitritt zum Rheinbund verbundenen staatsrechtlichen Souveränität fortgalt, sowie die enge Verflechtung von Bürokratie und Ständen innerhalb und zwischen ihren Staaten bildeten einen starken Schutzwall für die ständischen Privilegien und Institutionen.

Noch 1811 bestätigten die sächsischen Herzöge einander in einem Briefwechsel ihren Standpunkt, dass die Rheinbundakte nur die durch das Reich begründeten Rechtsverhältnisse aufhebe, die sächsischen Hausverträge aber unberührt lasse: „Es ist (...) höchst wünschenswerth und von unbezweifelter Wichtigkeit für

---

7 Beide sollten nach 1815 als Verfechter eines liberal-konstitutionellen Standpunktes beim Deutschen Bundestag in Erscheinung treten, letzterer sogar als „Verfassungsminister" des Königs von Württemberg.

8 Öffentliche Verfassung der Coburg Saalfeldischen Lande (Abschrift), ThHStAW, D 332, Bl. 77-82; *Karl Bohley,* Die Entwicklung der Verfassungsfrage in Sachsen-Coburg-Saalfeld von 1800 bis 1821, Erlangen 1933; *Klaus Freiherr von Andrian-Werburg,* Der Minister v. Kretschmann. Versuch einer Staatsorganisation in Sachsen-Coburg-Saalfeld, in: Jahrbuch der Coburger Landesstiftung 10 (1963), 27-88.

das gemeinschaftliche Interesse des Herzogl. Sächsischen Gesamthauses, mit vereinten Kräften dahin zu trachten, dass, in einer Zeit allgemeiner Umgestaltung der Dinge, das Band, welches aus den einzelnen Herzogl. Sächsischen Häusern zusammen genommen, in gewissem Sinn nur einen, durch gemeinsames Interesse innig verbundenen Staat bildet, nicht auch lockerer, sondern vielmehr immer fester und wirksamer werde“[9]. Reformpolitik konnte unter diesen Bedingungen, das zeigte auch Kretschmanns Scheitern unmissverständlich, nur dann erfolgreich sein, wenn sie die Neuordnung der Staats- und Verfassungsverhältnisse aus den alten Strukturen heraus entwickelte.

Noch wichtiger als Motiv für den Konstitutionsplan Carl Augusts waren jedoch die elementaren Zwänge, die von den wachsenden Problemen der Staatsfinanzierung ausgingen. Diesen standen die kleinstaatlichen Regierungen viel hilfloser gegenüber als große Staaten wie Preußen oder Bayern. Die durch die Erbteilung der vorangegangenen Jahrhunderte entstandene territoriale Gemengelage der thüringischen Kleinstaaten, im Verhältnis zur Größe der Territorien extrem lange und fast unkontrollierbare Grenzen sowie die begrenzte Wirtschafts- und Steuerkraft ihrer Länder, schränkten ihre finanzpolitischen Möglichkeiten erheblich ein. Da die großen Banken in Frankfurt und Leipzig kaum bereit waren, den Kleinstaatenfürsten, deren politische Existenz ein bloßer Federstrich Napoleons jederzeit auslöschen konnte, bedeutendere Anleihen zu gewähren, sahen sie sich zur Inanspruchnahme des landschaftlichen Kredits und zur Kooperation mit den Ständen genötigt.

Anders als die Regenten der Nachbarstaaten hatte Herzog Carl August zunächst gezögert, die von den Ständen geforderte Garantie ihrer Rechte und Institutionen zu gewähren. Erst als das Weimarer Landespolizeikollegium ihm berichtete, dass zur Deckung der Kriegskontribution von 2,2 Millionen Francs sowie der Kosten des Truppenkontingents, das für die Rheinbundarmee zu stellen war, unvermeidlich neue Kriegssteuern ausgeschrieben werden müssten, zeigte der Herzog Entgegenkommen. Die Ständedeputierten des Fürstentums Weimar und der Jenaischen Landesportion, die im Februar 1808 zur Bewilligung dieser neuen Steuern zu einem gemeinsamen Deputationstag einberufen wurden, erklärten überdies kategorisch, künftig keine landschaftlichen Obligationen mehr unterzeichnen zu wollen, wenn der anhaltende Kapitalabfluss nicht wie in den Nachbarstaaten durch die schon seit Jahresfrist angemahnte Existenzgarantie für die landschaftlichen Einrichtungen gestoppt werde. Als Bedingungen einer solchen Garantie forderten sie die unveränderte Beibehaltung der bisherigen landschaftlichen Verfassung, auf welcher der landschaftliche Kredit beruhe, die Aufstellung

9 Herzog Carl August von Sachsen-Weimar-Eisenach an Herzog August von Sachsen-Gotha-Altenburg, 4. Januar 1811, ThHStAW, DS Nr. 98b, Bl. 12-13.

und Veröffentlichung detaillierter Amortisationspläne für die zur Deckung der Kriegskosten aufgenommene Landesschuld, die Zusicherung, dass diese Pläne „unverändert und unwiderruflich zur Ausführung gebracht werden sollen“, die Errichtung einer separaten Amortisationskasse unter Verwaltung einer unabhängigen ständischen Deputation und die Zusicherung, dass sämtliche landschaftlichen und Amortisationskassen nach strengen Etats geführt werden und von willkürlichen landesherrlichen Einweisungen „gnädigst verschont bleiben“ sollten[10]. Der Verfassungsplan des Herzogs vom April 1808 erweist sich also als Reaktion auf die Forderungen der Stände in einer finanzpolitischen Krisensituation, in der ein gemeinsamer Weg gefunden werden musste, um die unumgänglichen Reformen durchzuführen.

Herzog Carl Augusts Verfassungsplan bestand aus drei Elementen. Erstens wollte der Herzog die traditionellen ständischen Vertretungskörperschaften der drei Landesteile des Herzogtums – des Fürstentums Weimar, des Fürstentums Eisenach und der Jenaischen Landesportion – zu einer gemeinsamen Repräsentation des gesamten Landes zusammenfassen, zweitens sollten die landschaftlichen Kassen dieser drei Landesteile, die bis dahin von den Ständen verwaltet wurden, zu einer einheitlichen Landessteuer- und Schuldenkasse verschmolzen werden und den Status landesherrlicher Behörden erhalten, und drittens war beabsichtigt, mit der Einführung von Landräten ein neues, volkstümlicheres Bindeglied zwischen kommunaler bzw. patrimonialer und landesbehördlicher Verwaltungsebene zu schaffen. Die wichtigste politische Leitidee des Herzogs bestand also darin, die vorhandenen partikularen, in hohem Maße von ständischen Eigenberechtigungen geprägten Verhältnisse der frühneuzeitlichen Landesherrschaft zu einem zentralistisch geleiteten Einheitsstaat umzuformen. Der Senat der Universität Jena erfasste dieses Motiv völlig zutreffend, als er in einem Promemoria vom 8. Januar 1809 feststellte: „Wir sehen in der nun entworfenen landständischen Anstalt (...), wie sämtliche Untertanen nicht bloß durch ihren durchlauchtigsten Regenten, sondern auch durch mehrere ihrer ausgezeichnetesten Mitbürger für den Zweck des allgemeinen Wohls (...) sollen vertreten und repräsentirt werden, und haben nunmehr anderen Staaten ihre künstlicheren Repräsentativ-Systeme nicht zu beneiden“[11]. Einen radikalen Umbruch zum berufsständischen Vertretungsmodell französischer oder westphälischer Prägung strebte der Weimarer Herzog jedoch keineswegs an. Ihm ging es vielmehr darum, die Reform gemeinsam mit den Ständen seines Landes durchzuführen und sie durch deren Zustimmung zu

10 Gutachten der versammelten Deputierten der Weimarischen und Jenaischen Landschaften über die Amortisation der französischen Kontribution und Finanzierung der Kriegskosten durch neue Abgaben, 14. Februar 1808, ThHStAW, B 137, Bl. 18-41.

11 Promemoria des Senats der Universität Jena, 8. Januar 1809, ThHStAW, B 138, Bl. 27-30v.

legitimieren. Aus diesem Grunde legte er das Konstitutionsprojekt im Verlaufe der folgenden Monate zunächst den führenden Persönlichkeiten der weimarischen und jenaischen Stände sowie danach auch den wichtigsten Eisenacher Ständevertretern vor und hielt mit ihnen persönliche Beratungen ab, um sie für seinen Plan zu gewinnen. Erst nachdem diese Vorberatungen im Dezember 1808 abgeschlossen waren, wurde das Projekt den Ständedeputierten der drei Landesteile als landesherrliche Proposition unterbreitet.

Vom 9. Januar bis zum 5. März 1809 fand in Weimar ein gemeinschaftlicher Deputationstag der drei Landschaften statt, um über den Verfassungsplan zu beraten[12]. Grundsätzliche Bedenken, die sich bei einigen ritterschaftlichen Deputierten der weimarischen Landschaft anfänglich dagegen regten, wurden rasch überwunden. Die Mehrheit der Ständevertreter begrüßte das Verfassungsprojekt und verwies darauf, welche Einflussmöglichkeiten ihnen damit im Unterschied zu den Ständen in Bayern und Württemberg, an deren politisches Schicksal sie warnend erinnerten, eingeräumt werden sollten. Vor diesem Hintergrund konnten die Verfassungsberatungen unter Leitung des zum Direktor der gemeinsamen Plenarsitzungen der drei Ständedeputationen ernannten Ritterschaftsdeputierten der Jenaischen Landesportion, des gothaischen Ministers und Hofrichters am gemeinschaftlichen Hofgericht der sächsischen Herzogtümer in Jena, August Friedrich Karl Freiherr von Ziegesar, relativ rasch zu einem Ergebnis geführt werden. Am 25. Februar 1809 überreichten die Beauftragten des Deputationstags dem dienstältesten Mitglied des Geheimen Conseils, dem Geheimen Rat Johann Wolfgang von Goethe, die ständische Erklärungsschrift zur Proposition vom 9. Januar. Sie seien sich bewusst, so erklärten die Ständevertreter darin, keinen Beschluss gefasst zu haben, der „mit dem Geiste der neuen, so trefflichen Konstitution und dem System der Simplifizierung und Konzentration nicht in vollkommener Harmonie stünde." Ihr Bestreben sei es lediglich gewesen, „dass der Umriß der neuen Form der Landes-Verfassung, wo möglich, noch etwas bestimmter angedeutet, die Anwendbarkeit der künftigen Konstitution auf alle Teile der Herzoglichen Lande erleichtert, die Dauer derselben für die folgende Zeit mehr gesichert und die (...) preiswürdige höchste Intention: den Gliedern der ganzen Landschaft mehr Gelegenheit zur Kenntnis und Wirkung in das Innere der Landesverbesserung und zu mehrerer Teilnahme an der Übersicht und Verwaltung, nicht nur der Haupt-Landes-Kassen, sondern auch derjenigen bedeutenden Departements, wozu die Fonds ganz oder zum größten Teile aus den Landes-Kassen herfließen, zu verschaffen, nicht minder auch den getreuen Ständen mehr Raum als sonst, für

12 Erklärungsschrift, 9. Januar 1809, ThHStAW, B 138, Bl. 12-19v.

das Landesbeste zu sorgen, zu gestatten, ohne Eingriffe in die uns heiligen Rechte des Regenten, vollständiger erreicht werden möge"[13].

Ein vorerst nicht auszuräumender Dissens bestand allerdings noch immer in einer für das Verfassungsprojekt zentralen Frage, der Vereinigung des landschaftlichen Kassenwesens der drei Landesteile. Während die Vertreter der Eisenacher Landschaft, die eine erheblich höhere Schuldenlast in die projektierte Kassenvereinigung einbrachte als die Landschaftskassen von Weimar und Jena, vehement für eine völlige Verschmelzung der landschaftlichen Kassen eintraten und sich dabei auf das Vorbild anderer Rheinbundstaaten beriefen, waren die Vertreter des Weimarer und Jenaer Landesteils lediglich bereit, einen ihrer eigenen Verschuldung entsprechenden, verhältnismäßigen Anteil der Eisenacher Passiva in die künftige gemeinsame Landesschuld zu übernehmen. Um das Konstitutionsprojekt nicht scheitern zu lassen, hatte man sich nach langwierigen Debatten darauf geeinigt, die definitive Verschmelzung der Eisenacher Landschaftskasse mit dem gemeinsamen Kassenwesen vorerst auszusetzen. Mit dieser Einschränkung, die in einem Nachtrag zu den Paragraphen 35 und 41 der Konstitution enthalten war, konnte der Deputationstag seine Beratungen abschließen.

Völlig von der neuen Konstitution ausgeschlossen blieb indes von vornherein das Amt Ilmenau, das im 17. Jahrhundert aus dem Hennebergischen Erbe zu Sachsen-Weimar gekommen war, im Unterschied zu den übrigen Landesteilen dem fränkischen Reichskreis angehört hatte und eine völlig eigenständige Steuerverfassung besaß. Das Amt sollte angesichts seiner „schockierenden Schuldenmasse" erst dann in die gemeinschaftliche Finanz- und Steuerverwaltung einbezogen werden, wenn die Finanzen des mit dem Ende des Alten Reichs aufgelösten fränkischen Kreises abgewickelt sein würden. Zum Abschluss seiner Beratungen präsentierte der Deputationstag noch die Landräte sowie seinen Direktor Ziegesar zum Generallandschaftsdirektor der künftigen vereinigten Landschaft, die der Herzog umgehend bestätigte.

Zu den Modifikationen des Verfassungsplans, die der Deputationstag durchsetzen konnte, gehörte auch die Einführung eines eigenen Mandats für die Universität Jena, das an den Status des akademischen Prälaturdeputierten in den bisherigen Ständevertretungen des Weimarer und Jenaer Landesteils anknüpfte. Der Senat der Universität hatte sein Verlangen nach Erhaltung der privilegierten Stellung der Universität als landständischer Korporation nicht nur mit dem Verweis auf alte Gerechtsame begründet, sondern sich auch auf das erklärte Modernisierungsanliegen des Konstitutionsplans bezogen. So seien die Stände in mehreren Staaten, z.B. in Westphalen sowie in Italien, Neapel und Spanien „aus den drei Klassen der Untertanen, nämlich teils aus den Grundbesitzern, teils aus den Kauf-

13 Erklärungsschrift, 25. Februar 1809, ThHStAW, B 138, Bl. 99-107.

leuten, teils aus den Gelehrten und Künstlern genommen worden." In diesem Sinne müssten auch die Vertreter der Landesakademie, gerade in einem Lande, das für seine Kunst- und Wissenschaftspflege in ganz Europa bekannt sei, fernerhin auf eine „immerwährende Deputiertenstelle" neben den Grundeigentümern, Kaufleuten und Handwerkern hoffen dürfen[14]. Diesen Standpunkt hatte der Deputationstag einmütig unterstützt. In seinen ersten Konstitutionsideen vom April 1808 hatte der Herzog noch gewünscht, „der Acad[emie] zu Jena quasi Prälatur das Direct[orium] abzunehmen" und sie „in die Classe der Guthsbesitzer zu bringen", wodurch auch ihr Kuriatvotum „einschlafen" würde[15]. Der Deputationsbeschluss hingegen, den der Herzog in diesem Punkt akzeptierte, sicherte der nunmehr als gemeinschaftliche Anstalt des gesamten Landes definierten Universität auch weiterhin eine eigenständige Vertretung.

Obwohl der Herzog und sein Geheimer Conseil die Beschlüsse des Deputationstages mit nur wenigen Abänderungen genehmigten und zusicherten, dass der förmliche Entwurf der Konstitution „gemäß der bisherigen Verhandlung der Stände" abgefasst werden würde, stand es zu diesem Zeitpunkt noch keineswegs fest, dass die neue Konstitution auch wirklich in dieser Form eingeführt werden würde. Noch im August 1809 erwog der Geheime Conseil den Gedanken, „vielleicht nur das Allgemeine und Unveränderliche der Grundsätze selbst (...) als Constitution beizubehalten, das Persönliche, Zufällige und künftigen Abänderungen Unterworfene aber nebst demjenigen, was die zu beobachtende Verfahrens-Art betreffe, als nur eine Instruktion für das Landschafts-Collegium abzufassen" bzw. den „ganzen Entwurf" als Instruktion anzusehen und „nur das Generelle und Wesentliche der neuen Einrichtung zu einer öffentlichen Constitution" zusammenzufassen. In jedem Fall entschied man sich dafür, die Constitution nicht öffentlich bekannt zu machen, da die neue Einrichtung wegen der provisorischen Ausnahmebestimmung über den Sonderstatus der Eisenacher Kreiskasse noch nicht vollendet und das Gesetz überhaupt nicht für das „große Publikum", sondern nur „für die Stände und das landschaftliche Collegium zur Instruktion" abgefasst worden sei[16]. Einem solchen Interpretationsversuch der Beschlüsse des Deputationstages widersetzte sich jedoch der Generallandschaftsdirektor Ziegesar energisch. Nach Verhandlungen, die der Geheime Rat Christian Gottlob von Voigt am 27. August 1809 mit Ziegesar führte, wurde schließlich ein verfassungsgeschichtlich wohl einmaliger Kompromiss geschlossen. Die Stände akzeptierten, dass die Konstitution unveröffentlicht bleiben sollte, während sich der

14 Promemoria des Senats der Universität Jena, 8. Januar 1809, ThHStAW, B 138, Bl. 27-30v.

15 *Carl August*, wie Fn 2.

16 Protokoll des Geheimen Conseils, 13. August 1809, ThHStAW, B 138, Bl. 201-203v.

Herzog verpflichtete, sie eigenhändig zu vollziehen und der Landschaft zu übergeben[17]. Daraufhin wurde die Konstitution am 20. September 1809 in Kraft gesetzt, aber nicht als Gesetz publiziert. Die Verfassungsurkunde wurde niemals gedruckt, sondern im Landschaftsarchiv deponiert, nachdem sie zuvor den Ständen in einem Zirkular zur Kenntnisnahme mitgeteilt worden war. Beglaubigte Abschriften der Konstitution, um die einzelne Stände ersuchten, wurden nicht gefertigt[18]. Daran änderte sich auch nichts, als die beiden Nachträge zu den Paragraphen 35 und 41 der Konstitution, die sich auf den provisorischen Sonderstatus der Eisenacher Kreiskasse bezogen, nach der endgültigen Vereinigung des landschaftlichen Kassenwesens der drei Kreise mit dem 1. Januar 1812 wegfielen.

Die Konstitution von 1809 war im Unterschied zum westphälischen Grundgesetz und auch zu dem oben erwähnten coburgischen Verfassungsentwurf von 1807 kein staatsbegründendes, sondern lediglich ein herrschaftsmodifizierendes Verfassungsgesetz[19]. Sie beschäftigte sich nur mit den landschaftlichen Einrichtungen – der ständischen Repräsentationskörperschaft, der landschaftlichen Finanzverwaltungsbehörde und den Landräten. Aus den Landschaften des Fürstentums Eisenach, des Fürstentums Weimar und der Jenaischen Landesportion, die bis dahin privilegierte „privatrechtliche Streitgenossenschaften" (Herbert Obenaus) ihres Landesteils gewesen waren, wurde eine Landesrepräsentation, die „Deputation der vereinigten Landschaft des Herzogtums Sachsen-Weimar-Eisenach". Diese wurde mit Mitwirkungs- und Kontrollrechten ausgestattet, die sowohl die Landesgesetzgebung als auch Steuern und Abgaben, Schuldenwesen und Staatshaushalt betrafen. Seit 1809 arbeiteten alle Landesbehörden nach Jahresetats, die von der Landschaftsdeputation beraten und beschlossen worden waren. Alle Landesgesetze lagen der Deputation zur Beratung vor, und viele arbeitete sie sogar selbst aus. Die Konstitution räumte der Landschaftsdeputation ganz im Sinne des Prinzips der monarchischen Souveränität kein positives Bewilligungsrecht (Dezisivvotum) ein, sondern nur ein Recht, in den genannten Bereichen gutachtlich gehört zu werden. Darauf hatte der Herzog von Anfang an besonderes Gewicht gelegt und seinen diesbezüglichen Standpunkt schon in den ersten Vorgesprächen, die er im Mai 1808 mit Ziegesar darüber geführt hatte, ob den Ständen in der neuen Konstitution ein ausdrückliches Bewilligungsrecht zugestanden werden solle, kategorisch formuliert: „das wort verwilligung, u. dass

17 Protokollnotiz Voigts, 27. August 1809, *ebda*, Bl. 205-205v.

18 Dekret an den Generallandschaftsdirektor Ziegesar, 20. September 1809, sowie die Zirkulare an die Stände von Weimar und Jena, ThHStAW, Vereinigte Landschaft, IV 4.

19 Konstitution der vereinigten Landschaft der Herzoglich Weimar- und Eisenachischen Lande, mit Einschluß der Jenaischen Landesportion, jedoch mit Ausschluß des Amtes Ilmenau, 20. September 1809, *ebda*, Bl. 5-51.

daraus entspringende veto kann wohl nicht von seiten des Gouv[ernements] bewilligt werden, denn sonsten träte die alte Verfaßung wieder ein, die abgeschaft werden soll. Herr u. diener treten in dem zu errichtenden landschaftl. Collegio zusammen um die bedürfniße des landes mit einander zu berathen u. die Mittel zu deren Befriedigungen aufzusuchen, sind diese gefunden, so giebt der Herr den Ausschlag u. promulgirt sie“[20].

Als Garantie gewährte die Konstitution lediglich eine strikte Selbstbindung des Regenten an die von ihm und der Landschaftsdeputation gemeinsam verabschiedeten Beschlüsse (z.B. die Etats). Dennoch zeigt die konstitutionelle Praxis seit 1809, dass landschaftliche Voten nur in wirklichen Ausnahmefällen ignoriert wurden. Der schwerwiegendste Fall dieser Art war die Einführung des Konskriptionsregulativs gegen den erklärten Willen der Landschaftsdeputation im Jahre 1811. Dabei handelte es sich aber um die gesetzgeberische Umsetzung von Verpflichtungen, die das Herzogtum bereits vor Einführung der Konstitution mit dem Beitritt zur Rheinbundakte eingegangen war. Der neuen Militärgesetzgebung, die von der französischen Hegemonialmacht zur Auffüllung der sich durch Desertionen und Kriegsverluste immer wieder dezimierenden Truppenkontingente nachdrücklich gefordert wurde, konnte sich ein machtloser Kleinstaat wie Sachsen-Weimar-Eisenach kaum entziehen.

Gerade das Konskriptionsregulativ jedoch hatte nach dem Willen des Herzogs Carl August einen der vordringlichsten Beratungsgegenstände für die Deputation bilden sollen. Bereits in seinem Verfassungsexposé vom April 1808 hatte er die Militärpflicht als Fron bezeichnet, die für die Untertanen drückender als jede andere sei und daher einer besonders qualifizierten Handhabung bedürfe. Der Entwurf des Konskriptionsregulativs war auch eines der ersten Gesetzgebungsprojekte, die der neu geschaffenen Landschaftsdeputation zur Beratung überwiesen wurden. Es ist kennzeichnend für die Vorstellung des Herzogs von der Rolle der Landschaftsdeputation im konstitutionellen System des Herzogtums, dass er diesen Entwurf in einer Fassung an die Deputation sandte, die mit Randbemerkungen versehen war, in denen einzelne Bestimmungen des Entwurfs in Frage gestellt oder auf mögliche Alternativen hingewiesen wurde. Auf die verwunderte Anfrage des Generallandschaftsdirektors August Friedrich Karl Freiherr von Ziegesar, worin nun eigentlich die herzogliche Willensmeinung bestehe, ließ er erwidern: „Die Randbemerkungen sind in der Absicht beigefügt worden, um denen Dep. Ständen anzuzeigen, dass alles diese Motive betr. recht geprüft u. überlegt werden mögte u. frey votiret werden sollte, damit irgend eine Einrich-

20 Eigenhändige Notizen zum Promemoria Ziegesars über das Verfassungsexposé des Herzogs, 12. Mai 1808, ThHStAW, B 572, Bl. 22.

tung zu Stande käme, welche von Herrn u. Lande für zweckmäßig, gerecht u. leidlich angesehen würde"[21].

Bereits weitgehend einem modernen Parlamentsverständnis entsprachen die Geschäftsordnungsautonomie sowie die Art und Weise, in der die Landschaftsdeputation ihre Verhandlungen führte. Während die westphälischen Reichsstände nach französischem Vorbild eine „Versammlung der Stummen" mit vorwiegend informellen Formen der Willensbildung waren[22], herrschte in der weimarischen Landschaftsdeputation das Prinzip der „ausführlichen und umständlichen Deliberation", der allseitigen Erörterung in freier Debatte, völlig uneingeschränkt. Im Zeitraum von 1809 bis 1817 hielt die Landschaftsdeputation auf zehn ihrer in der Regel sechs bis acht Wochen dauernden, alljährlich stattfindenden Deputations- und Subdeputationstage insgesamt ca. 240 Plenarsitzungen ab[23]. Zu diesen kam noch die Tätigkeit einer Vielzahl von Ausschüssen, die für die Dauer der Sessionen zur Vorberatung einzelner Gegenstände gewählt wurden. Ebenfalls völlig frei waren die Mitglieder der Landschaftsdeputation in ihren Abstimmungen. Die Protokolle belegen, dass man über sämtliche Beratungsgegenstände und Verfahrensfragen votierte und dabei alle Deputierten individuelle und gleiche Stimmen besaßen. Beschlüsse wurden nach einfacher Stimmenmehrheit gefasst. Es gab keine Kuriatstimmen mehr, und die in der Konstitution vorgegebene ständische Mandatskonfiguration (Gutsbesitzer, Städte und der Deputierte für die Universität Jena) besaß keine präjudizierende Bedeutung für das Stimmverhalten. Die in der Konstitution erstmals auftauchende Bezeichnung der drei Landesteile als „Kreise" unterstrich ebenfalls, dass die korporative Eigenständigkeit der früheren Landschaften aufgehört hatte zu existieren. In Einzelfällen sind regelrechte Kampfabstimmungen überliefert, bei denen die Entscheidung jedes einzelnen Deputierten festgehalten wurde. Da sich jedoch in den meisten Fällen bereits in der Debatte ein Konsens oder eine ausreichende Majorität herausstellte, verzichtete man in der Regel auf den formellen Abstimmungsvorgang und nahm gegebenenfalls nur die Minderheitsvoten zu Protokoll. Laut Konstitution besaß die Landschaftsdeputation ein ausdrückliches Vertretungs- und Versammlungsmonopol. Da die Deputierten nicht mehr als Vertreter der sie wählenden Landesteile, sondern als Repräsentanten des ganzen Landes angesehen wurden, waren die

---

21 ThHStAW, Vereinigte Landschaft, I 147, Bl. 17.

22 *Jochen Lengemann*, Parlamente in Hessen 1808-1813. Biographisches Handbuch der Reichsstände des Königreichs Westphalen und der Ständeversammlung des Großherzogtums Frankfurt, Frankfurt a. M. 1991, 20 ff.

23 Die Gesamtzahl der Plenarsitzungen ist nicht exakt festzustellen, da die Protokolle des zweiten Subdeputationstages von 1813 und des Deputationstages von 1815 nicht überliefert sind.

für das alte Ständewesen so charakteristischen Instruktionen der Deputierten durch die sie entsendenden Stände nunmehr ausdrücklich untersagt.

Der Herzog und seine Minister verkehrten zwar wie früher nur in schriftlicher Form mit der Deputation. Es wurde jedoch die einvernehmliche Regelung getroffen, dass die Beschlüsse der Deputationstage nicht mehr wie bei den bisherigen Land- und Landausschusstagen in einer die Beratungen abschließenden Haupterklärungsschrift, sondern für jeden einzelnen Beratungsgegenstand gesondert und bereits unmittelbar nach der Beschlussfassung überreicht werden sollten. Ebenso reagierte die Regierung auf diese Erklärungsschriften in der Regel sofort mit einem Dekret. Dies ermöglichte einen ständigen und flexiblen Dialog zwischen Staatsleitung und Repräsentation, der es beiden Seiten gestattete, den Prozess der Willensbildung zu verfolgen und Kompromisse auszuhandeln. In wichtigen Fällen wurde diese Form der schriftlichen Kommunikation auch bereits durch mündliche Vorträge von Regierungsvertretern in Versammlungen der Landschaftsdeputation durchbrochen. Die in der Konstitution vorgesehene Verfahrensweise, bilaterale Konferenzen aus Vertretern von Landschaftsdeputation und Landesbehörden abzuhalten, eine frühe Form der Vermittlungsausschüsse, fand relativ häufig Anwendung. Noch wichtiger aber war in dieser Hinsicht die Rolle des Generallandschaftsdirektors, der als geschäftsführender Vorsitzender, Versammlungsleiter und permanentes Interimsorgan der Landschaftsdeputation über ständigen persönlichen Kontakt zum Herzog verfügte und wie eine Art ständischer Minister zu wichtigen Beratungsgegenständen, sogar zu den Sitzungen des Geheimen Conseils hinzugezogen wurde. Zweifellos besaßen die in diesem personalen Clearing erzielten Kompromisse einen hohen Autoritätsgrad für die Landschaftsdeputierten, doch ersetzten sie nie deren Deliberation und Beschluss. Der formelle Beschluss eines Deputationstages und das darauf ergehende Genehmigungsdekret des Herzogs als souveräner Rechtsetzungsinstanz gingen, von wenigen, stets mit Protesten der Deputation quittierten Ausnahmen abgesehen, praktisch jedem Gesetzgebungsakt voraus, und die herzoglichen Patente verzichteten nie darauf, sich auch durch die Berufung auf die voraufgegangene Zustimmung der Stände zu legitimieren. Diese Praxis ordnet das politische System des weimarischen Staates bereits dem „ständischen Konstitutionalismus“ der nachnapoleonischen Zeit zu.

Sehr deutlich belegt dies auch der Verlauf eines Verfassungskonfliktes, den die Landschaftsdeputation im Jahre 1812 mit der Weimarer Staatsleitung austrug. Dieser entstand, als der Vizepräsident des Landschaftskollegiums, der nachmalige preußische Generalfeldmarschall und Staatsmann Carl Ferdinand Freiherr von Müffling, dem Deputationstag die Vorlegung der Kassenetats verweigerte. Müffling vertrat den Standpunkt: „ich halte mich nicht an den sogenannten mir nicht bekannten Geist der Konstitution“, und versuchte eine bürokratisch-absolutistische Interpretation der Verfassung durchzusetzen[24], wonach die Deputation lediglich bei neuen Steuern oder Landesschulden, nicht aber zur Wiederbewilligung der regulären Etatpositionen obligatorisch gehört werden müsse. Er beantragte deshalb nur die Mittel, die zur Deckung einiger offener Positionen des Etats zusätzlich erforderlich waren. Die Deputation reagierte mit einer Verfassungsbeschwerde und so brüskierender Obstruktion der nun gemäß der Konstitution abzuhaltenden paritätischen Vermittlungsberatungen, dass Müffling die Fassung verlor und eine Satisfaktionsforderung an den Generallandschaftsdirektor Ziegesar richtete. Der Konflikt wurde schließlich durch persönliche Intervention des Herzogs beigelegt. Trotz seiner stets außerordentlich hohen Wertschätzung für Müffling, der ein ähnlich enges Vertrauensverhältnis zu ihm besessen haben soll wie Goethe, befahl der Herzog, die Etats vorzulegen, und schloss sich damit der Auffassung der Deputierten an: „Administrieren heißt etwas vorhandenes, etwas gegebenes handhaben, keineswegs etwas neues schaffen. (...) Es wäre zu wünschen, dass es bei den gesetzmäßig sehr weise abgefassten Grenzen unabänderlich verbliebe und dass jede Behörde sich in diesen tätig äußere. Das Ineinandergreifen aller Teile der Maschine würde dann nie gestört"[25].

Schon wenige Monate später schien die politische Entwicklung die Richtigkeit dieser Entscheidung zu bekräftigen, als die Kriegsereignisse des Jahres 1813 über das Land hereinbrachen und es zunächst mit den französischen Requisitionen, dann den auch die letzten Reserven erschöpfenden Kriegskassenbeiträgen für das antinapoleonische Bündnis einer ungeheuren finanziellen Belastung aussetzte. Nur dank des intensiven persönlichen Einsatzes der Deputierten für die Mobilisierung aller Kapitalreserven in mehreren Kriegsanleihen konnte der finanzschwache Kleinstaat Weimar dies finanzpolitisch überleben.

Allerdings legte der Verfassungskonflikt von 1812 auch die Schwachstellen des Systems der Konstitution von 1809 bloß. Ohne die Unterstützung des Herzogs hatte die Landschaftsdeputation kaum eine Chance, ihre konstitutionellen Rechte gegen absolutistische Ambitionen der Bürokratie zu behaupten. Die Ursachen dafür lagen neben der begrenzten Rechtsposition, mit der sie durch die Konstitution ausgestattet war, besonders in der extrem schmalen altständischen Rekrutierungsbasis und in der Geheimhaltung ihrer Verhandlungen und Beschlüsse. Obwohl die in der Konstitution festgelegte Mandatsstruktur das traditionelle Übergewicht der Ritterschaft durch ein Gleichgewicht zwischen Rittergutsbesitzern und nicht ritterschaftlichen Deputierten (Städte bzw. Universität)

24 Promemoria Müfflings, o. D. (1810), ThHStAW, B 581, Bl. 28-29; Promemoria Müfflings, 23. März 1812, *ebda*, B 1951, Bl. 69-76v.

25 Gutachtlicher Vortrag der Ersten Sektion der Landschaftsdeputation, 27. November 1812, ThHStAW, Vereinigte Landschaft, I 178, Bl. 283-302.

beseitigt hatte und auch kein Wahlprivileg für den Adel mehr galt, konnte nur wählen und gewählt werden, wer das Recht der Landstandschaft bereits besaß oder neu verliehen bekam. Die Stände konnten zwar nicht mehr als Korporation „eigenen Rechts" handeln, bestanden aber noch als Wahlkörperschaft fort, so dass die personelle Kontinuität der Landschaftsdeputation zu den Ständevertretungen vor 1809 nahezu ungebrochen blieb. Zweifellos war dies eine Konzession, die den Übergang vom Stände- zum Verfassungsstaat überhaupt ermöglicht hatte. Im damaligen Zeitverständnis bildete dieses System allerdings die noch weitgehend intakte Struktur der Gesellschaft als eines patriarchalisch-korporativ organisierten Untertanenverbandes ab: Der wahlberechtigte Landstand (Gutsbesitzer, Stadtrat, Universitätssenat) übte sein Privileg nicht nur für seine Person aus, sondern repräsentierte dabei auch eine Korporation (Patrimonialbezirk, Stadtgemeinde, Universität), und beim Verkauf eines landstandsfähigen Ritterguts ging auch das Wahlrecht auf den neuen Besitzer über. Erste Ansätze einer Partizipationserweiterung in Richtung des neuen Gedankens einer Repräsentation der Staatsbürger waren jedoch bereits vorhanden: Die seit 1809 eingeführten neuen Städteordnungen eröffneten der gesamten Bürgerschaft das Wahlrecht zu den Stadträten, so dass das Vertretungsprivileg der eingesessenen Ratsgeschlechter entfiel. Auch die Neuverleihung der Landstandschaft an Rittergüter, die von Bürgern erworben worden waren, brach zumindest partiell altständische Klientelstrukturen auf. Auf diese Weise veranlasste Herzog Carl August z.B. im Jahre 1808, dass der Eisenacher Textilindustrielle Jacob Eichel in die Landschaftsdeputation gewählt wurde.

Als nach 1813 in Deutschland eine lebhafte Debatte über „landständische Verfassungen" und erste konstitutionelle Entwicklungen in einzelnen Staaten einsetzten, konnte Herzog Carl August mit Genugtuung darauf verweisen, dass er „schon früher, als in der Zeit französischer Grundsätze andere Landesfürsten ihre Stände unterdrückten oder beseitigten, denselben eine bestimmtere Verfassung zu geben für rühmlich erachtet" habe[26]. Ganz in diesem Sinne instruierte er jetzt seinen Bevollmächtigten auf dem Wiener Kongress, den Staatsminister Ernst August Freiherr von Gersdorff, tatkräftig dahin zu wirken, dass landständische Verfassungen in allen deutschen Staaten eingeführt würden.

Aber auch die weimarische Konstitution von 1809 erwies sich zu diesem Zeitpunkt bereits als reformbedürftig. Der Gebietszuwachs, den der weimarische Staat nach seiner Erhebung zum Großherzogtum durch den Wiener Kongress erfuhr, warf die Notwendigkeit auf, Territorien mit ganz unterschiedlicher Verfassungstradition zu integrieren. Vor allem aber genügte eine Repräsentationskör-

---

26 Instruktion für den Bevollmächtigten auf dem Wiener Kongress, Ernst August Freiherr von Gersdorff, 22. September 1814, ThHStAW, C 2244, Bl. 3-6.

perschaft, die nur den exklusiven Kreis der traditionellen Stände einbezog, den Erwartungen einer durch die patriotische Bewegung der Befreiungskriegsjahre politisierten Öffentlichkeit nicht mehr. So gehörte Weimar, das sich in jener Zeit zu einem bedeutenden Konzentrationspunkt der frühliberalen Publizistik entwickelte, bald zu den Vorreitern einer Politik, die auf die Umwandlung der 1809 eingeführten Ständevertretung in ein konstitutionell-parlamentarisches Repräsentativsystem gerichtet war. Schon in den Monaten vor dem Wiener Kongress hatte Gersdorff die Grundgedanken dieser Verfassungsreform formuliert[27]: ein allgemeines Wahlrecht, mit dem das Prinzip der Repräsentation aller steuerzahlenden Staatsbürger, einschließlich der Bauern, verwirklicht wurde, legislative Befugnisse in Form positiver Rechte sowie individuelle staatsbürgerliche Grundrechte. Besonderen Wert legte er auf die Publizität von Verhandlungen und Beschlüssen der Repräsentativkörperschaft.

Seit dem Herbst 1815 begann die weimarische Regierung unter Federführung Gersdorffs die Grundzüge eines neuen Grundgesetzes auszuarbeiten, die einer aus den Mitgliedern der Landschaftsdeputation und Vertretern der 1815 neu hinzugekommenen Landesteile zusammengesetzten Beratungsversammlung vorgelegt wurden. Diese tagte vom 7. April bis zum 10. Mai 1816 und legte am 28. April 1816 den Entwurf eines neuen Grundgesetzes vor, das am 5. Mai 1816 verkündet wurde. Dieses neue Grundgesetz knüpfte bewusst an die Konstitution von 1809 an, ging aber in entscheidenden Punkten über diese hinaus. Dazu gehörten insbesondere die Einführung eines vom Volk gewählten Landtages sowie eines Grundrechtskatalogs, der – für die damalige Zeit besonders spektakulär – die Freiheit der Presse erstmalig verfassungsrechtlich verankerte. Die Konstitution vom 20. September 1809 erwies sich damit als erste Stufe eines politischen Modernisierungsprozesses, der die Verfassungsverhältnisse des Herzogtums Sachsen-Weimar-Eisenach aus dem frühneuzeitlichen Ständewesen in das konstitutionelle System des 19. Jahrhunderts transformierte.

Literatur

Hartung, Fritz, Das Großherzogtum Sachsen unter der Regierung Carl Augusts 1775-1828, Weimar 1923 (= Carl August, 2,2).

27 *Ernst August Freiherr von Gersdorff*, Ideen über ständische Verfassung mit Bezug auf die Zukunft Deutschlands, in: *Michael Hundt* (Hg.), Quellen zur kleinstaatlichen Verfassungspolitik auf dem Wiener Kongreß. Die mindermächtigen deutschen Staaten und die Entstehung des Deutschen Bundes 1813-1815, Hamburg 1996, 263-278.

Klein, Hans H., Die Reorganisation des Herzogtums Sachsen-Weimar und Eisenach durch die Konstitution vom 26. September 1809, Heidelberg 2001 (= Schriftenreihe der Juristischen Studiengesellschaft Karlsruhe, 248).
Müller, Gerhard, Landständische Repräsentation und früher Konstitutionalismus in Sachsen-Weimar-Eisenach. Die Landschaftsdeputation 1809-1817, in: Blätter des Vereins für thüringische Geschichte 4 (1994), 2, 20-35.
Ortloff, Hermann, Die Verfassungsentwickelung im Großherzogtum Sachsen Weimar-Eisenach. Nebst fünf geschichtlichen Anlagen, Jena 1907 (= Zeitschrift des Vereins für Thüringische Geschichte und Altertumskunde, NF, Supplementheft 2).
Tümmler, Hans (Hg.), Politischer Briefwechsel des Herzogs und Großherzogs Carl August von Weimar, Bd. 3, Göttingen 1973 (= Deutsche Geschichtsquellen des 19. und 20. Jahrhunderts, 39).

Die Frankfurter Stadtverfassungen von 1806, 1810 und 1816

Barbara Dölemeyer

Die frühere Reichsstadt Frankfurt am Main wurde nach dem Ende des Alten Reichs 1806 unter dem Fürstprimas Carl Theodor von Dalberg in das napoleonische Staatensystem des Rheinbunds eingegliedert[1]: 1806-1810 war Frankfurt Teil des „Fürstprimatischen Staats“[2], 1810-1813 Teil des „Großherzogtums Frankfurt“[3]. Auf dem Wiener Kongress erlangte es – vor allem dank den Bemühungen des Freiherrn vom Stein – wieder die Selbstständigkeit und den Status einer Freien Stadt[4].

I. Fürstprimatischer Staat (1806-1810)

Carl Theodor von Dalberg (1744-1817) – zuvor Kurfürst und als Erzbischof von Mainz Erzkanzler des Alten Reichs, verlor durch den Reichsdeputationshauptschluss 1803 den Großteil seines Gebiets und behielt nur das Fürstentum Aschaffenburg, das Fürstentum Regensburg und die Reichsstadt Wetzlar, nun Grafschaft Wetzlar[5]. Nach Auflösung des Reichs und Gründung des rheinischen Bundes erhielt er – nunmehr als Primas bzw. Fürstprimas des Rheinbundes[6] – durch Artikel 26 der Rheinbundakte vom 12. Juli 1806 die frühere Reichsstadt Frankfurt samt den Landgemeinden sowie einige weitere mediatisierte Gebiete, wie die rechtsrheinischen Besitzungen des Hauses Löwenstein-Wertheim und die Grafschaft Rieneck. Es entstand der „Primatialstaat“ als souveräner Rheinbundstaat, der in

1 Rheinbundakte, 12. Juli 1806, gedruckt in: *Ernst Rudolf Huber* (Hg.), Dokumente zur deutschen Verfassungsgeschichte, Bd. 1, Stuttgart u.a. [3]1978, 28-34.

2 Organisation der Stadt Frankfurt am Main, 10. Oktober 1806, in: Der Rheinische Bund 1 (1808), 353 ff.

3 Höchstes Organisations-Patent der Verfassung des Großherzogthums Frankfurt, 16. August 1810, in: Großherzoglich frankfurtisches Regierungsblatt [im Folgenden: Gr.Fr.Reg.Bl.] 1 (1810), 10-24.

4 *Rainer Koch*, Ständische Repräsentation oder liberale Repräsentativverfassung. Die Constitutions-Ergänzungs-Acte der freien Stadt Frankfurt als historischer Kompromiß, in: Zeitschrift für historische Forschung 2 (1978), 187-214, insb. 189 ff.

5 *Paul Darmstädter*, Das Großherzogtum Frankfurt. Ein Kulturbild aus der Rheinbundzeit, Frankfurt a. M. 1901.

6 Verordnung, 4. August 1806, Regensburger Regierungs-Intelligenzblatt, 6. August 1806, gedruckt in: Frankfurter Oberpostamts-Zeitung, 11. August 1806.

vier Verwaltungsbezirke: Wetzlar, Regensburg, Aschaffenburg und Frankfurt am Main gegliedert war, mit Frankfurt als Residenzstadt. Zusätzlich wurde Dalberg durch Artikel 11 der Bundesakte mit dem Entwurf für ein Fundamentalgesetz des Rheinbundes betraut. Er legte mehrere Entwürfe einer Rheinbundverfassung vor, die aber nicht realisiert wurden[7].

Am 10. Oktober 1806 erließ Dalberg eine neue Organisation für „die Stadt Frankfurt und deren Gebiet", unter dem Titel „Erklärung und Verordnung Sr. Hoheit wie die Neue Verfassung von Frankfurt seyn soll"[8]. Es handelte sich also nur um eine Modernisierung der Frankfurter Stadtverfassung, nicht um eine Konstitution für den gesamten „Primatialstaat" oder „Fürstprimatischen Staat", wie er genannt wurde. Diese war unter maßgeblicher Beteiligung des Frankfurter Syndikus Carl Friedrich Seeger[9] und des Ministers Freiherrn von Albini erarbeitet worden. In § 1 der Verordnung rekurriert der Fürstprimas auf die Rheinbundakte, deren Inhalt die „Verhältnisse (bestimmt), die zwischen Frankfurt und Uns bestehen"[10]. Dadurch erhielt die Stadt den Status der mediatisierten Fürsten bzw. „Standesherren". Nach außen wurde zwar weitgehend der Status quo beibehalten, es erfolgte aber eine teilweise Rearistokratisierung der Stadtherrschaft.

Die Reformen der Dalberg-Zeit brachten auch für Frankfurt den Übergang zu den Grundlagen moderner Staatsverwaltung. Dies gilt in geringerem Maße für die „Organisation" von 1806, mehr aber für die Verfassung des Großherzogtums Frankfurt von 1810. Bereits 1806 wurde das Stadtregiment reorganisiert und gestrafft. Gegenüber der alten Ratsverfassung wurden einige Veränderungen vorgenommen: An die Stelle des aus den traditionellen drei „Bänken" bestehenden Rats trat als Exekutivorgan der auf 17 Mitglieder (gegenüber 43) verkleinerte Senat. An der Spitze der Verwaltung standen nun der Stadtschultheiß und zwei auf Lebenszeit ernannte Bürgermeister. Stadtschultheiß, Bürgermeister, Senatoren und Beamte wurden vom Fürsten ernannt, wobei die Senatoren, die gleichzeitig die wichtigsten Stadtämter auf Lebenszeit innehatten, aus einem Dreiervorschlag des Senats auszuwählen waren. Den alten Führungsschichten, insbesondere dem Patriziat, blieb dadurch ein maßgeblicher Einfluss auf die Zusammenset-

---

7 *Rainer Wohlfeil*, Untersuchungen zur Geschichte des Rheinbundes, 1806-1813. Das Verhältnis Dalbergs zu Napoleon, in: Zeitschrift für die Geschichte des Oberrheins 108, NF 69 (1960), 85-108.

8 Staatskalender der Fürst-Primatischen Stadt Frankfurt am Main für das Jahr 1807, 58 ff.

9 Vgl. *Barbara Dölemeyer*, Frankfurter Juristen im 17. und 18. Jahrhundert, Frankfurt a. M. 1993, Nr. 593.

10 § 1, zit. nach: Der Rheinische Bund, Bd. 1, 3. Heft, 354; vgl. *Rainer Koch*, Grundlagen bürgerlicher Herrschaft. Verfassungs- und sozialgeschichtliche Studien zur bürgerlichen Gesellschaft in Frankfurt am Main (1612-1866), Wiesbaden 1983, 29 ff.

zung dieses wichtigen Gremiums erhalten. Stadtschultheiß war der der Patriziergesellschaft Alten Limpurg angehörende Friedrich Maximilian von Günderode[11], die Mehrzahl der Ämter kontrollierte der Stadtadel. In den Bürgerkollegien, die in der ersten Hälfte des 18. Jahrhunderts zur Kontrolle des Rats gebildet worden waren, übte die Oberschicht des Wirtschaftsbürgertums bestimmenden Einfluss aus. Zwar wurden 1807 je zwei Deputierte aus den 14 Quartieren, in die die Stadt eingeteilt war, also 28 „wirkliche Repräsentanten der Bürgerschaft" (wie es in einem Reskript von 1807 hieß)[12] gewählt; diese Volksvertreter, die im wesentlichen der Handwerker- und Kleinbürgerschicht angehörten, erlangten jedoch kaum Einfluss. Ihre letzte Sitzung fand am 28. August 1810 statt. Offenbar sollten bestimmte, aus den Ideen der Revolution herrührende „demokratische" Tendenzen nach außen hin herausgestellt werden, doch dies geschah eher „ad pompam vel ad demonstrationem".

Gesetzgebung und Verwaltung lagen beide in Händen des Senats; dieser hatte allerdings die Gesetze nur zu entwerfen und sie dann dem Fürsten vorzulegen, welcher sie bestätigte. An der Gesetzgebung in Justizsachen hatten auch die Mitglieder des Appellationsgerichts beratend mitzuwirken. Den früheren Mitgliedern der Handwerkerbank blieben nur untergeordnete Aufgaben der Polizeiaufsicht und konsultative Stimmen in den sie betreffenden Angelegenheiten des Gewerbes.

Positive Veränderungen brachte der zweite Abschnitt der Verfassung von 1806 für die bislang wegen ihrer Konfession nicht mit Mitwirkungsrechten ausgestatteten Einwohner: Die Mitglieder der drei christlichen Religionen „sind von keinem öffentlichen Amt ausgeschlossen" (§ 5); das bedeutete, dass nun auch Katholiken und Reformierte[13] an der politischen Mitgestaltung Anteil hatten, noch nicht hingegen die Juden, die aber immerhin „gegen Beleidigung und beschimpfende Misshandlung in Schutz genommen" wurden (§ 6).

Wichtige Reformen traten auf dem Gebiet der Justizorganisation (dritter Abschnitt) ein: Die Justiz wurde von der Verwaltung getrennt und ein geregelter Instanzenzug eingeführt. Als erste Instanz fungierte das neu errichtete Stadt- und Landgericht, als zweite sowie in Strafsachen entschied das Schöffenappellationsgericht in Frankfurt, als dritte und oberste Instanz diente das Oberappellationsgericht in Aschaffenburg. Dadurch wurden die zahlreichen Ämter, die seit alters her unterschiedliche Gerichtsfunktionen hatten, ersetzt. Das Bestätigungs- und Begnadigungsrecht behielt sich der Fürstprimas selbst vor.

---

11 *Dölemeyer*, wie Fn 9, Nr. 230.

12 Reskript, 5. Mai 1807, in: Der Rheinische Bund, Bd. 2, 6. Heft, 463 f.; vgl. *Darmstädter*, wie Fn 5, 25 f.

13 Neue Rechte der beiden reformierten Gemeinden in Frankfurt am Main, in: Der Rheinische Bund, Bd. 2, 5. Heft, 304 f.

Die infolge der Verkleinerung und Straffung des Stadtregiments neu formierten beiden Gremien, d.h. Senat und Bürgerrepräsentation, waren eigentlich nur ausführende Organe der von Dalberg ausgeübten Zentralgewalt der Generalkommission. Diese aus drei Mitgliedern gebildete fürstliche Behörde übte die wesentliche Regierungs- und Exekutivgewalt aus und ihre Tätigkeit, die über den Rahmen des Verfassungspatents von 1806 hinausging, bildete bereits den Übergang zu der bürokratisch-zentralistischen Verwaltung des Großherzogtums Frankfurt.

II. Großherzogtum Frankfurt (1810-1813)

Der Primatialstaat wurde durch den Pariser Vertrag vom 16. Februar 1810 – mit Wirkung zum 1. März 1810 – zum Großherzogtum Frankfurt; Dalberg musste allerdings das Fürstentum Regensburg an Bayern abtreten, erhielt aber dafür die Fürstentümer Hanau und Fulda. Der neugebildete Staat umfasste ein Gebiet von etwas über 5.000 Quadratkilometern mit ca. 300.000 Einwohnern.

Nach dem Vorbild der anderen napoleonischen Modellstaaten, des Großherzogtums Berg und des Königreichs Westphalen, wurden auch im Großherzogtum Frankfurt die Grundsätze französischer Verfassungs- und Justizorganisation eingeführt[14]. Die am 16. August 1810 erlassene Verfassung („Höchstes Organisations-Patent der Verfassung des Großherzogthums Frankfurt")[15] proklamierte die „Gleichheit aller Unterthanen vor dem Gesetze", Religionsfreiheit, Aufhebung der Leibeigenschaft etc. Sie sah als Nachfolger Dalbergs Napoleons Stiefsohn Eugène Beauharnais vor, was das Großherzogtum zu einer kaiserlichen Sekundogenitur gemacht hätte; ein Faktum, das die besonders enge Bindung Dalbergs an Frankreich zeigt.

Die Verfassung folgte – in vielen Bestimmungen wörtlich – dem westphälischen Muster. Der Staat wurde in vier Departements eingeteilt (Frankfurt, Aschaffenburg, Hanau, Fulda), diese wiederum in Distrikte und Munizipalitäten.

Die Verfassung postulierte zwar die Beteiligung von „gewählten Volksvertretern" an Gesetzgebung und Budget, doch das Wahlverfahren war alles andere als

14 *Harm Klueting*, Dalbergs Großherzogtum Frankfurt – ein napoleonischer Modellstaat? Zu den rheinbündischen Reformen im Fürstentum Aschaffenburg und im Großherzogtum Frankfurt, in: Aschaffenburger Jahrbuch für Geschichte, Landeskunde und Kunst des Untermaingebietes 11/12 (1988), 359-380.

15 Vgl. den Abdruck in: *Eckhardt G. Franz – Karl Murk* (Hg.), Verfassungen in Hessen 1807-1946. Verfassungstexte der Staaten des 19. Jahrhunderts, des Volksstaats und des heutigen Bundeslandes Hessen, Darmstadt 1998, 34-43; zur Entstehung: *Michael Hecker*, Napoleonischer Konstitutionalismus in Deutschland, Berlin 2005, 53 ff.

demokratisch: In jedem Departement wurde ein Departementskollegium gebildet, dessen Mitglieder vom Großherzog auf Lebenszeit ernannt wurden (aus den Meistbegüterten, reichen Kaufleuten und Fabrikanten sowie Gelehrten und Künstlern). Diese fungierten als Wahlmänner für die Bildung der zwanzig Mitglieder zählenden Ständeversammlung, welche analog das Großbürgertum sowie die „Gelehrten" repräsentierte. Als echte Volksvertretung kann man sie wohl nicht bezeichnen. Anders als in den Landständen des Ancien Régime waren hier keine Adligen repräsentiert, die neue Ständeversammlung stellte vielmehr eine Vertretung der besitzenden, in geringerem Maß der gebildeten Schichten dar (etwa den „Notablen" in Frankreich vergleichbar). Jeweils ein Drittel sollte alle drei Jahre ausgewechselt werden (was allerdings durch das Ende des Großherzogtums 1813 illusorisch wurde). Einberufung und Auflösung der Ständeversammlung waren Sache des Landesherrn. Die Versammlung tagte nur einmal, im Herbst 1810. Analoge Repräsentativorgane wie für den Gesamtstaat waren für die Ebenen der Departements und der Kommunen vorgesehen. Diese jedoch erlangten kaum Wirksamkeit oder Einfluss.

Die Mitwirkung der Ständeversammlung bei der Gesetzgebung war eine rein konsultative. Die Gesetzentwürfe wurden ihr vom Staatsrat vorgelegt. Die Exekutive lag beim Großherzog, unter dessen Vorsitz der Staatsrat tagte, welcher aus drei Ministern und sechs Staatsräten gebildet war. Die Minister waren 1. für Justiz, Polizei und Innere Angelegenheiten, 2. für Finanzen, Domänen und Handel und 3. für auswärtige Angelegenheiten, Kultus und Kriegskasse zuständig. Sie standen gewissermaßen für den Gesamtstaat, während die „Staatsräte" die einzelnen Departements des Großherzogtums (Frankfurt, Hanau, Fulda, Aschaffenburg) repräsentierten.

Die Organisation der Verwaltung[16] war ebenfalls dem westphälischen Muster nachgebildet: Es wurden vier Departements (mit dem Präfekten an der Spitze), Distriktsbehörden (mit dem Distriktsmaire), Munizipalbehörden (mit dem Maire) gebildet. Allerdings blieben die alten Strukturen – unter neuen Benennungen – weitgehend erhalten, da der Großherzog sich nicht dazu entschließen konnte, dem Beispiel Frankreichs folgend, die alten Territorialgrenzen aufzuheben. Was Frankfurt betrifft, so blieben die reichsstädtischen Institutionen in vielen Bereichen erhalten, und auch die personelle Kontinuität unter den Amtsinhabern war bedeutend. So wurde z.B. der frühere Stadtschultheiß Friedrich Maximilian von Günderode, der dem Patriziat angehörte, zum Präfekten für Frankfurt eingesetzt. Diese und andere Kontinuitäten hatten zur Folge, dass nach dem Ende der napo-

16 Verwaltungsordnung für das Großherzogthum Frankfurt, 27. Oktober 1810, in: Gr.Fr.Reg.Bl. Bd. 1, 113 ff.

leonischen Epoche die Rückkehr zum alten Regiment, vor allem in der wiedererrichteten Stadt Frankfurt, besonders vehement reklamiert wurde.

Waren die Bestimmungen über Gesetzgebung und Verwaltung Ausdruck einer konstitutionell bemäntelten, in Realität aber monarchisch-bürokratisch geprägten Ordnung, so enthielt die Verfassungsurkunde andererseits einige wesentliche Grundprinzipien der Französischen Revolution: Aufhebung der Leibeigenschaft, Gleichheit vor dem Gesetz, Abschaffung der Privilegien, Unabhängigkeit der Justiz. Das bedeutete erstmals die volle bürgerliche Gleichberechtigung der Juden sowie die Bestätigung der gleichen Rechte für Reformierte und Katholiken im ganzen Großherzogtum, wie sie bereits das Patent von 1806 für Frankfurt gebracht hatte.

Nachdem die Verfassung die Aufhebung der Adelsvorrechte statuiert hatte (§§ 11 und 12), schaffte das neue Gerichtsverfassungsgesetz vom 7. Oktober 1812 auch den privilegierten Gerichtsstand des Adels ab. Außerdem wurde die bereits durch Reskript vom 25. Juli 1810[17] angeordnete Einführung des Code Napoléon nochmals in der Verfassung (§ 37) festgelegt; schließlich trat das Gesetzbuch zum 1. Januar 1811 tatsächlich in Kraft[18]. Der Zentralisierung der Verwaltung und der Egalisierung der Bürgerschaft entsprach die möglichste Vereinheitlichung des Rechts für das gesamte Staatswesen. Der Code Napoléon wurde zwar rezipiert, allerdings mit nicht unerheblichen Modifikationen, da sich hier – wie in zahlreichen anderen Rheinbundstaaten – die Schwierigkeit zeigte, das für eine gleichberechtigte bürgerliche Eigentümergesellschaft bemessene französische Recht mit den noch bestehenden Gesellschaftsverhältnissen in Einklang zu bringen, die auch durch die Verfassung des Großherzogtums von 1810 keineswegs grundlegend geändert worden waren. Einige ältere Institute blieben neben dem Code Napoléon bestehen und einige Bestimmungen desselben kamen nicht zur Durchführung. Der Code pénal wurde zusammen mit einigen Änderungen in der Strafjustiz eingeführt. „Napoleons peinliches und Polizey-Strafgesetzbuch" wurde auf Grundlage der 1811 erschienenen Übersetzung von Karl Theodor von Hartleben auf die Verhältnisse im Dalbergstaat umgearbeitet und am 19. Februar

---

17 Höchste Verordnung, die Bestimmungen betr., unter welchen die Gesetzeskraft des Code Napoléon in den großherzoglichen Staaten mit dem 1. Januar 1811 ihren Anfang nehmen soll, in: Gr.Fr.Reg.Bl. Bd. 1, 6-10.

18 *Barbara Dölemeyer*, C'est toujours le français qui fait la loi. Die Übersetzungen und Ausgaben des Code civil, in: *dies. – Heinz Mohnhaupt – Alessandro Somma* (Hg.), Richterliche Anwendung des Code civil in seinen europäischen Geltungsbereichen außerhalb Frankreichs, Frankfurt a. M. 2006, 1-35; *dies.*, Das neue Recht: Napoléons Gesetzbuch, in: *Anette Baumann* (Hg.), Altes Reich und neues Recht. Von den Anfängen der bürgerlichen Freiheit, Ausstellungskatalog Reichskammergerichtsmuseum, Wetzlar 2006, 89-102.

1812 in Kraft gesetzt[19]. Damit sollte sowohl den napoleonischen Gesetzübernahme-Forderungen Rechnung getragen als auch der Versuch gemacht werden, die eigenen Ideen einer Humanisierung des Strafens mit der Systematisierung der strafbaren Handlungen zu verbinden. Die aus dem Code pénal folgende Einführung einer dreistufigen Gerichtsverfassung wurde durch eine Kommission vollzogen und mündete 1812 in einer neuen Prozessordnung, die u.a. die Abschaffung der Folter, die Zulassung von Verteidigungsmöglichkeiten brachte, aber – etwa in der Beibehaltung zahlreicher inquisitorischer Momente sowie einer weiten Strafkompetenz von Polizeiorganen – eine gewisse Janusköpfigkeit aufwies. Die Neuordnung der Gerichtsverfassung[20] führte die Reformen fort, die bereits in der fürstprimatischen Zeit in bezug auf Trennung von Justiz und Verwaltung begonnen worden waren.

Die ausgehend von dem „Höchsten Organisations-Patent der Verfassung des Großherzogtums Frankfurt" von 1810 durch Dalberg durchgeführte Reformpolitik hatte immerhin größere Bedeutung im Bereich der Egalisierung der Gesellschaft durch Aufhebung ständischer und konfessioneller Vorrechte sowie durch Abschaffung der Leibeigenschaft[21]. Dies betraf vor allem die Frankfurter Landgemeinden und einige Gebiete in den Departements Aschaffenburg und Hanau und war mit anderen Reformmaßnahmen im Agrarsektor, wie z.B. der Teilbarkeit der bäuerlichen Besitzungen, verbunden. Die Abschaffung der bäuerlichen Dienste und Abgaben blieb jedoch unausgeführt. Ähnlich zögerlich verfuhr man mit Reformen auf wirtschaftlichem Gebiet: Im Unterschied zu anderen Vasallenstaaten Frankreichs behielten für die Gewerbeverhältnisse die beharrenden Tendenzen die Oberhand; die in der Verfassung angekündigte volle Gewerbefreiheit[22] wurde nicht realisiert. Als Vorformen demokratischer Vertretung des Handelsstandes sind jedoch die „Commerziendeputationen" zu nennen, die an der

---

19 Napoleons peinliches und Polizey- Strafgesetzbuch. Nach der Originalausgabe übersetzt, mit einer Einleitung und Bemerkungen über Frankreichs Justiz- und Polizey-Verfassung, die Motive dieser Gesetzgebung und ihre Verhältnisse zu Österreichs und Preußens Gesetzbüchern von *Theodor Hartleben*, Frankfurt a. M. 1811; Höchste Verordnung, die Einführung des napoleonischen Strafgesetzbuches in dem Großherzogtum Frankfurt, und die Anordnung besonderer Gerichte und eines besondern Verfahrens nach Standrecht gegen Vagabunden, Diebs- und Räuberbanden betreffend, 19. Februar 1812, in: Gr.Fr.Reg.Bl. Bd.1 (1812), 645 ff.

20 Höchste Verordnung die künftige Gerichtsverfassung des Großherzogthums Frankfurt betr., 5. Oktober 1812, in: Gr.Fr.Reg.Bl. Bd. 2, 121-169; Höchstes Dekret, die Einführung einer neuen Prozeßordnung betr., 7. Oktober 1812, in: Gr.Fr.Reg.Bl. Bd. 2, 169-454; vgl. *Darmstädter*, wie Fn 5, 148 ff.

21 Höchstes Organisationspatent, wie Fn 3, § 13; *Klaus Rob* (Hg.), Regierungsakten des Primatialstaates und des Großherzogtums Frankfurt 1806-1813, München 1995, 121.

22 Vgl. dazu Staatsratsgutachten 1. Februar 1811, in: *Rob*, wie Fn 21, 150 ff.

Handelsgesetzgebung mitwirken sollten[23]. Eine Maßnahme, die bis heute Bestand hat, die Gründung einer Handelskammer in Frankfurt, datiert aus fürstprimatischer Zeit, wurde aber auch in der Verfassung des Großherzogtums von 1810 verankert[24]. Die diesbezügliche Verfügung Dalbergs datiert vom 27. April 1808[25]; sie beinhaltet auch die bemerkenswerte Feststellung: Da „nach allgemeinen unumstöslich wahren Staatsgrundsätzen keine Stelle in der Welt zugleich legislativ, administrativ und executiv seyn kann" (was die noch reichsstädtisch denkenden Handelsvertreter vorgeschlagen hatten), sollte die Handlungskammer in Kommerzialsachen legislative Befugnisse haben; das städtische Rechneiamt und die Fürstliche Generalkommission sollten weiterhin Verwaltungsaufgaben ausüben. Damit war die gesetzliche Grundlage für die am 12. Mai 1808 installierte Frankfurter Handelskammer geschaffen.

Die Regelung der Wahlen zur „Volksvertretung" kann wohl als pseudodemokratisch bezeichnet werden. Die Charakterisierung des gesamten Verfassungssystems des Großherzogtums als „Scheinkonstitutionalismus"[26] wird in neueren Untersuchungen in Frage gestellt[27]. Immerhin brachte die schon 1806 im Primatialstaat für Frankfurt begonnene Trennung von Justiz und Verwaltung sowie die Straffung der Gerichtsorganisation, die im Großherzogtum weitergeführt wurden, eine Entwicklung zu gewissen Elementen rechtsstaatlicher Ordnung in Gang, die auch in der restaurativen Nach-Dalberg-Zeit nicht mehr ganz rückgängig gemacht werden konnten.

III. Die Constitutions-Ergänzungs-Acte vom 17./18. Juli 1816

Sie ähnelte – nach einer Charakterisierung von Veit Valentin – „einem Janusbilde, dessen altes verwittertes Angesicht in eine graue Vergangenheit, dessen junge noch nicht scharf geprägte Züge in eine noch unbestimmte Zukunft blicken"[28].

Durch die Reformen der Dalberg-Zeit hatte Frankfurt Bekanntschaft mit den Grundlagen moderner Staatsverwaltung gemacht. Das Stadtregiment war gestrafft

---

23 Geschichte der Handelskammer zu Frankfurt a. M. (1707-1908), Beiträge zur Frankfurter Handelsgeschichte, hg. von der Handelskammer zu Frankfurt a. M., Frankfurt a. M. 1908, 117 ff., insb. 127 ff.

24 Höchstes Organisations-Patent, wie Fn 3, hier 21: § 43 (Der Finanzminister führt das Präsidium der Handelskammer).

25 Abgedruckt in: Geschichte der Handelskammer, wie Fn 23, 131-133.

26 *Klueting*, wie Fn 14, 378; *Franz – Murk*, wie Fn 15, 33.

27 *Hecker*, wie Fn 15, 17 f.

28 *Veit Valentin*, Frankfurt am Main und die Revolution von 1848/49, Stuttgart-Berlin 1908, 355.

worden; die Gleichberechtigung der Bürger hatte auch den Juden volle bürgerliche Rechte gebracht; Leibeigenschaft und Frondienste, unter denen die Bewohner der Landgemeinden zu leiden hatten, waren abgeschafft. Die Kehrseite der Medaille waren hohe Militär- und Steuerlasten und vor allem wirtschaftliche Nachteile, die aus der Behinderung des Handels durch die Kontinentalsperre folgten. So nahmen die Frankfurter die Niederlage Napoleons als Befreiung von der Fremdherrschaft mit Erleichterung auf.

Die Stadt wurde nach der Befreiung von französischen Truppen Ende 1813 dem General-Gouvernement unterstellt, das als Organ der unter der Leitung des Freiherrn vom Stein stehenden alliierten Zentralverwaltung eingesetzt worden war. Sogleich strebten ihre Repräsentanten danach, die vorrevolutionäre Verfassung wieder herzustellen. Durch Restitutions-Edikt vom 14. Dezember 1813 ordneten die Alliierten an, dass Frankfurt und sein ehemaliges Gebiet vom Großherzogtum zu trennen seien und genehmigten, dass die Stadt „vorläufig in ihre vormalige Municipalverfassung rücktrete“[29]. Die Stadt hatte damals (nach dem Staatskalender von 1812) 40.485, die Landgemeinden 6.612 Einwohner[30].

Die in den Jahren 1813 bis 1816 in Frankfurt geführten, teilweise sehr heftigen Verfassungskämpfe sind einerseits als Ringen um Machterhalt bzw. Machtbeteiligung innerhalb der städtischen Gruppen und Gremien zu sehen, zum anderen müssen sie vor dem Hintergrund der weitreichenden Diskussion um die Neuordnung Deutschlands betrachtet werden, die auf dem Wiener Kongress im Sinne der Konstituierung des Deutschen Bundes entschieden wurde. Artikel 46 der Wiener Kongressakte vom 9. Juni 1815 gab Frankfurt den Status der Freien Stadt: „La ville de Francfort, avec son territoire, tel qu'il se trouvoit en 1803, est déclarée libre et fera partie de la ligue Germanique“[31]. Als ein Grundprinzip für die Verfassung wurde die Rechtsgleichheit zwischen den verschiedenen christlichen Konfessionen statuiert. Allerdings behielt sich die Deutsche Bundesversammlung vor, die Ausführung dieser Bestimmung bei der Herstellung der Verfassung zu überwachen und eventuelle Streitigkeiten selbst zu entscheiden[32].

In der sich nun entspinnenden Frankfurter Verfassungsdiskussion standen sich die Repräsentanten des alten ständischen Regiments, die zur vorrevolutionären

---

29 Höchste Verordnung, die künftige Verfassung der Stadt Frankfurt betreffend, in: Gr.Fr.Reg.Bl. 3 (1813), 235 ff.

30 *Darmstädter*, wie Fn 5, 405.

31 Acte final du Congrès de Vienne, du 9 juin 1815, in: *Johann Ludwig Klüber* (Hg.), Quellen-Sammlung zu dem Öffentlichen Recht des Teutschen Bundes, Erlangen ^{3}1830, 53.

32 *Ebda*, „Les discussions qui pourront s'élever soit sur l'établissement de la constitution, soit sur son maintien, seront du ressort de la Diète germanique et ne pourront être décidées que par elle".

Machtverteilung zurückkehren wollten, und die Vertreter liberaler Gruppen (wie etwa der Advokaten-Ausschuss) gegenüber. Vor allem die Auslegung der Bestimmungen der Kongressakte hinsichtlich der Rechtsgleichheit und einer Mitwirkung der Bürgerschaft an der politischen Willensbildung war umstritten. Da sich die Deutsche Bundesversammlung die Kontrolle über die zu erarbeitende Verfassung vorbehalten hatte, konnte angesichts des Gewichts der restaurativen Kräfte (insbesondere Österreichs) nicht erwartet werden, dass viel von den liberalen Bestrebungen zu verwirklichen war. Die Verfassung wurde immerhin durch die Kommission der sog. Dreizehner aus drei Ratsmitgliedern, drei Vertretern des Bürgerkollegiums und sieben aus der gesamten Bürgerschaft Gewählten ausgearbeitet, welche in ihrer Zusammensetzung bereits die spätere Legislative widerspiegelte, und am 17. und 18. Juli 1816 durch Virilabstimmung der Bürger beschlossen. Der Bürgereid, der am 18. Oktober 1816 vor dem Römer feierlich geleistet wurde, bekräftigte die neue, alte Stadtverfassung[33].

So stellte sich die Konstitutions-Ergänzungs-Akte schließlich als ein Kompromiss dar. Ganz deutlich wird dies in der Überschrift zu Artikel 1 formuliert: „Wiedereinführung der alten Stadt-Verfassung, mit einigen durch den Artikel 46 der Wiener-Congreß-Acte nöthig gewordenen und von dem Zeitgeiste gebotenen Veränderungen und Zusätze“[34]. Der Anwalt und Abgeordnete Maximilian Reinganum charakterisierte die Frankfurter Staatlichkeit 1838 so: „Es ist eine Demokratie; diese wird aber gar wesentlich temperirt durch den Einfluss der Geldaristokratie und der Familien, durch Zunftprivilegien und Ängstlichkeit. Die Demokratie ist aber auch insofern wiederum nicht vorhanden, als die Vorrechte der politisch privilegirten Bürger dem Mangel aller politischen Rechte bei den anderen Staatseinwohnern entgegenstehen, folglich nicht dem Volke im eigentlichen Sinne die Staatshoheit gehört“[35].

Die meisten der Dalbergschen Reformen wurden rückgängig gemacht, so die Trennung von Justiz und Verwaltung; die französischen Codes wurden aufgehoben und durch die alten Stadtgesetze ersetzt. Die staatsbürgerliche Gleichstellung der Juden wurde revidiert; die Bewohner der Landgemeinden fielen in einen halb feudalen Status zurück; ihre Lage verbesserte sich erst 1824, als die Leibeigen-

---

33 *Richard Schwemer*, Geschichte der Freien Stadt Frankfurt a. M. (1814-1866), 3 Bde., Frankfurt a. M. 1910-1918, hier Bd. 1, 248.

34 Constitutions-Ergänzungs-Acte zu der alten Stadt-Verfassung der freien Stadt Frankfurt angenommen durch die Bürgerschaft den 17. und 18. Juli 1816, Frankfurt 1817, 11; *Wolfgang Klötzer*, Freie Stadt Frankfurt (1815-1866), in: *Thomas Klein* (Bearb.), Grundriß zur deutschen Verwaltungsgeschichte 1815-1945, Reihe A, Bd. 11: Preußen, Hessen-Nassau (einschl. Vorgänger-Staaten), Marburg 1979, 237 ff.

35 *Maximilian Reinganum*, Frankfurt am Main, in: Staats-Lexikon, hg. von *Carl von Rotteck – Carl Welcker*, Bd. 6, Altona 1838, 3 ff., hier 7.

schaft endgültig beseitigt wurde. Immerhin blieben die politischen Mitwirkungsrechte der Katholiken und der Reformierten gewahrt. Das Bürgerrecht war jedoch zusätzlich an einen Vermögensnachweis von 5000 Gulden geknüpft, so dass von vornherein ein größerer Teil der Bevölkerung (Juden, Beisassen, Landbewohner, „Permissionisten“[36]) von der Beteiligung am städtischen politischen Leben ausgeschlossen blieben.

Artikel 8 der Konstitutions-Ergänzungs-Akte erkannte ausdrücklich die Souveränitätsrechte der Stadt der gesamten (christlichen) Bürgerschaft zu und regelte deren Repräsentation, wodurch auch die Organe des Stadtregiments neu formiert wurden: „Die hiesige christliche Bürgerschaft kann die, aus der ihr zustehenden Hoheit fließenden Rechte in ihrer Gesammtheit nicht selbst ausüben. Sie überträgt daher deren Ausübung auf die drei folgenden aus ihrer Mitte und Autorität ausgehenden Behörden“[37]: Die Gesetzgebende Versammlung, auch „Gesetzgebender Körper“ genannt, war zusammengesetzt aus je zwanzig Mitgliedern des Senats und des Bürgerausschusses und 45 von der übrigen (christlichen) Bürgerschaft durch indirekte Wahl bestimmten Personen. In der ersten der drei Klassen wählten die Akademiker, Adligen und Beamten, in der zweiten die Kaufleute und in der dritten die zünftigen Handwerker. Die Gesetzgebende Versammlung hatte gewichtige Kompetenzen[38] – so vor allem die „Gesetzgebung überhaupt“, besonders hinsichtlich der Besteuerung, die Sanktion von Staatsverträgen, die Kontrolle des Staatshaushalts, alle Militärangelegenheiten, Mitwirkung bei der Stellenbesetzung im Senat und der Bürgerrepräsentation und schließlich die „Bewahrung und Erhaltung der Verfassung“.

Der nunmehr wieder aus 42 Mitgliedern bestehende Senat kehrte zur Einteilung des Ancien Régime in drei „Bänke“ zurück; den 14 Schöffen (oder älteren Senatoren) der ersten Bank standen die 14 jüngeren Senatoren der zweiten Bank und die 14 „Rathsverwandten dritter Bank“ (Drittbänker) gegenüber. Die geburtsständischen Elemente der Herrschaft wurden aber dadurch eingegrenzt, dass Artikel 19 die zuvor von den Patriziern reklamierten Vorrechte an der Machtbeteiligung ablehnte: „Die Geburt giebt kein Vorrecht und keinen positiven Anspruch auf Rathsstellen“[39]. Auf die erste Bank gelangten im Nachrückverfahren die dienstältesten Senatoren der zweiten Bank. Die Mitglieder der zweiten Bank wurden durch Wahl und Kugelung bestimmt. Für die Zusammensetzung der dritten Bank (Handwerker und sonstige Bürger) blieben Gesichtspunkte der Repräsentation der einzelnen Zünfte bestimmend. Der Senat hatte die Kontrolle über

36 Vorübergehend ansässige Fremde, z. B. fremde Kaufleute etc.
37 Constitutions-Ergänzungs-Acte, wie Fn 34, 19.
38 *Ebda*, Art. 17, 30 ff.
39 *Ebda*, 34.

die Verwaltung, die Innen- und Außenpolitik der Stadt; auch Polizei und Militär unterlagen seiner Aufsicht. Er blieb das wesentliche Zentrum des Stadtregiments.

Der ständige Bürgerausschuss (Bürgerrepräsentation) trat an die Stelle der früheren Bürgerkollegien der Neuner und der Einundfünfziger, welche in den Verfassungsreformen des frühen 18. Jahrhunderts zur Kontrolle des Rats eingeführt worden waren[40]. Die Mitglieder wurden auf Lebenszeit gewählt. Der Bürgerausschuss bildete ein Karriere-Sprungbrett für höhere Funktionen; aus seiner Mitte gingen auch viele Ratsherren hervor. Die Aufgaben dieses Gremiums waren in der Konstitutions-Ergänzungs-Akte nicht im Einzelnen definiert, sondern es fungierte wie in reichsstädtischer Zeit als Kontrollorgan dem Senat gegenüber, besonders in bezug auf die Haushaltsführung. Hier war sein Einfluss nicht unerheblich.

Die Zusammensetzung der Legislative bedeutete einen Schritt auf dem Wege zu einem Repräsentativsystem – gegenüber der reichsstädtischen Verfassung ein Fortschritt. Ihre demokratische Legitimation war allerdings sehr eingeschränkt durch die starke Vertretung der Exekutive in der Gesetzgebenden Gewalt (je zwanzig der Mitglieder waren durch Senat und Bürgerausschuss bestimmt) und durch die berufsständische Gliederung der Gremien für die Wahl der Bürgervertreter in diese Legislative[41]. Dadurch, dass die zunächst einmal jährlich angesetzte Versammlung allmählich zu einer permanent tagenden wurde, entwickelte sich aber diese Institution zu einer Art Parlament der Freien Stadt. Konflikte zwischen den städtischen Fraktionen wurden nun im wesentlichen innerhalb dieses Gremiums ausgetragen; die Legislationstätigkeit des Gesetzgebenden Körpers war umfangreich. Im Vergleich zu Volkskammern in Ständeversammlungen des Frühkonstitutionalismus hatte jedoch die Frankfurter Gesetzgebende Versammlung eine schwächere Position: Sie hatte nicht das Recht der Gesetzesinitiative, sie wählte ihren Präsidenten aus den Mitgliedern des Senats, es gab kein Petitionsrecht und die Sitzungen erfolgten hinter verschlossenen Türen, so dass auch Presse und Öffentlichkeit kaum davon Kenntnis nahmen[42].

Die entscheidende Konzession aber, welche die Vertreter liberaler Verfassungsvorstellungen den Repräsentanten der altständischen Ordnung machen mussten, war die Rückkehr zu einer Verbindung von Justiz- und Verwaltungsfunktionen. Artikel 28 der Konstitutions-Ergänzungs-Akte lautet: „Der Senat

---

40 *Paul Hohenemser*, Der Frankfurter Verfassungsstreit 1705-1732 und die kaiserlichen Kommissionen, Frankfurt a. M. 1920; *Koch*, wie Fn 10.

41 *Koch*, wie Fn 4, 207 ff.

42 *Matthias Weber*, Verfassung und Reform in Vormärz und Revolutionszeit. Die konstituierende Versammlung des Freistaats Frankfurt 1848-1850, Diss. phil. Frankfurt a. M. 1996, 26.

verwaltet die Gerichtsbarkeit in bürgerlichen und peinlichen Sachen"[43]. Sieben Senatoren der ersten Bank bildeten das oberste Gericht für Frankfurt, „Appellations- und peinliches Gericht" genannt; das erstinstanzliche „Stadtgericht" bestand aus dem Direktor und sieben rechtsgelehrten Senatoren der ersten und zweiten Bank. Als dritte Instanz fungierte das 1820 eingerichtete Oberappellationsgericht für die vier freien Städte in Lübeck[44].

Die Frankfurter Verfassung von 1816 blieb – nach dem kurzen Zwischenspiel des Freistaats Frankfurt mit dem Konstituanten-Entwurf 1848/49 – durch die weitgehende Rückkehr zum vorrevolutionären Zustand bis 1850 wirksam. Sie wurde erst durch das Organische Gesetz von 1856 modifiziert und galt in dieser Form bis zur Eingliederung in den preußischen Staat 1866/67.

Literatur

Darmstädter, Paul, Das Großherzogtum Frankfurt. Ein Kulturbild aus der Rheinbundzeit, Frankfurt am Main 1901.

Klueting, Harm, Dalbergs Großherzogtum Frankfurt – ein napoleonischer Modellstaat? Zu den rheinbündischen Reformen im Fürstentum Aschaffenburg und im Großherzogtum Frankfurt, in: Aschaffenburger Jahrbuch für Geschichte, Landeskunde und Kunst des Untermaingebietes 11/12 (1988), 359-380.

Koch, Rainer, Grundlagen bürgerlicher Herrschaft. Verfassungs- und sozialgeschichtliche Studien zur bürgerlichen Gesellschaft in Frankfurt am Main (1612-1866), Wiesbaden 1983 (= Frankfurter historische Abhandlungen, 27).

Koch, Rainer, Ständische Repräsentation oder liberale Repräsentativverfassung. Die Constitutions-Ergänzungs-Acte der freien Stadt Frankfurt als historischer Kompromiß, in: Zeitschrift für historische Forschung 2 (1978), 187-214.

---

43 Constitutions-Ergänzungs-Acte, wie Fn 34, 44.

44 *Erhard Zimmer*, Die Zivilgerichtsbarkeit in Frankfurt am Main im 19. Jahrhundert, in: Archiv für Frankfurts Geschichte und Kunst 57 (1980), 87 ff.; 62 (1985), 267 ff.; 64 (1987), 167 ff.; *Inge Kaltwasser*, Die Frankfurter Prozeßakten des gemeinschaftlichen Oberappellationsgerichtes der vier freien Städte Deutschlands zu Lübeck (1820-1866), Frankfurt a. M. 1993, Einleitung.

Die Verfassung des Herzogtums Anhalt-Köthen von 1810/11

Edgar Liebmann

Das Herzogtum Anhalt-Köthen nimmt in der Verfassungsentwicklung zu Beginn des 19. Jahrhunderts eine Sonderstellung ein: Lässt man den grundsätzlichen Einwand außer Acht, wonach die „erste Phase“ moderner Verfassungsgebung in Deutschland erst mit der nach-napoleonischen Zeit beginnt – mit der Folge, dass dem Rheinbündischen Konstitutionalismus jegliche Modernität abgesprochen wird[1] – ergeben sich bei genauerer Betrachtung einige Auffälligkeiten. So wird in der wissenschaftlichen Literatur die verfassungsgeschichtliche Entwicklung Anhalt-Köthens durchweg übersehen[2]. Dies dürfte zunächst damit zusammenhängen, dass es an einschlägigen Darstellungen jüngeren Datums fehlt[3]. Hinzu kommt, dass sowohl die Kleinstaatlichkeit des Herzogtums wie die Kurzlebigkeit seiner Verfassung von 1810/11[4] sich deutlich negativ auf die spätere historiographische Wahrnehmung ausgewirkt haben dürften.

Findet die Verfassung überhaupt Erwähnung, so wird sie wenig günstig beschrieben. Im wesentlichen wird sie als Werk eines vermeintlich napoleonbeses-

---

1 So noch jüngst *Werner Frotscher – Bodo Pieroth*, Verfassungsgeschichte, München [4]2003, 135. Die Mehrzahl der (verfassungs-) geschichtlichen Autoren hingegen begreift die Verfassungsschöpfungen der Rheinbundzeit als erste Verfassungswelle: vgl. *Hans Boldt*, Deutsche Verfassungsgeschichte, Bd. 2: Von 1806 bis zur Gegenwart, München 1993, 77 f.; *Dieter Grimm*, Deutsche Verfassungsgeschichte 1776-1866, Frankfurt a. M. 1988, 59-62; zur Diskussion vgl. *Elisabeth Fehrenbach*, Vom Ancien Régime zum Wiener Kongress, München [4]2001, 213-227 sowie zuletzt *Michael Hecker*, Napoleonischer Konstitutionalismus in Deutschland, Berlin 2005.

2 Pars pro toto hier nur *Fehrenbach*, wie Fn 1, 88 f.

3 Die einzige modernere Abhandlung stammt von *Michael Thomas*, Bürgerliche Reformen und feudale Beharrungspolitik. Zur Geschichte Anhalts während der napoleonischen Fremdherrschaft, in: Magdeburger Blätter. Jahresschrift für Heimat- und Kulturgeschichte im Bezirk Magdeburg, 1989, 10-16. Generell immer noch grundlegend *Hermann Wäschke*, Anhaltische Geschichte, Bd. 3: Geschichte Anhalts von der Teilung bis zur Wiedervereinigung, Cöthen 1913, 354 (Deutung des verfassungsgeschichtlichen Umbruchs 1810/11 als „Scheinverfassung“). Ich danke Herrn Dr. Michael Thomas, Magdeburg, für wertvolle Literatur- und Korrekturhinweise.

4 Konkret das „Edict wegen Einführung des Französischen Gesetzbuchs“ vom 28. Dezember 1810, ergänzt bzw. korrigiert durch die Verwaltungsordnungen vom 19. Februar und 22. Februar 1811. Abdruck der Dokumente bei *Michael Kotulla*, Deutsches Verfassungsrecht 1806-1918. Eine Dokumentensammlung nebst Einführungen, Bd. 1: Gesamtdeutschland, Anhaltische Staaten und Baden, Berlin-Heidelberg 2006, 1523-1535.

senen Landesfürsten abqualifiziert, der „beflissen die Institutionen des napoleonischen Konstitutionalismus“[5], vor allem in Form der Verfassung des Königreiches Westphalen, übernommen habe[6]. Schon bald nach seinem Tod Anfang Mai 1812 seien die Verfassungsgesetze angesichts des drohenden Staatsbankrotts und verwaltungsorganisatorischer Unzulänglichkeiten folgerichtig von seinem Nachfolger aufgehoben worden. Vor diesem Hintergrund soll im folgenden die Verfassung des Herzogtums Anhalt-Köthen einer näheren Betrachtung und Bewertung unterzogen werden.

Das etwas mehr als zweiunddreißigtausend Einwohner zählende Fürstentum Anhalt-Köthen stand seit 1789 unter Führung des Fürsten August Christian Friedrich (1769-1812)[7]. Erschwert wurde seine Regentschaft von Beginn an durch den Umstand, dass Anhalt-Köthen von den vier aus der Landesteilung von 1603 hervorgegangenen anhaltischen Fürstentümern[8] seit Mitte des 18. Jahrhunderts mit Abstand die meisten Schulden angehäuft hatte[9]. In der Regierungszeit von Fürst

---

5 *Ernst Rudolf Huber*, Deutsche Verfassungsgeschichte seit 1789, Bd. 1, Stuttgart u.a. ²1967, 91.

6 Deutlich abwertend schon *Fritz Hartung*, Deutsche Verfassungsgeschichte. Vom 15. Jahrhundert bis zur Gegenwart, Stuttgart ⁸1964, 192; mit ähnlicher Tendenz, aber detaillierter *Franz-Ludwig Knemeyer*, Regierungs- und Verwaltungsreformen in Deutschland zu Beginn des 19. Jahrhunderts, Köln-Berlin 1970, 172-174; etwas gemäßigter im Urteil *Kurt von Raumer*, Deutschland um 1800: Krise und Neugestaltung. Von 1789 bis 1815, in: *ders.* – *Manfred Botzenhart*, Deutsche Geschichte im 19. Jahrhundert, Wiesbaden 1980, 1-430, hier 328; die Beschreibung des Fürsten als „Mini-Napoleon“ bei *Volker Press*, Landtage im Alten Reich und im Deutschen Bund, Voraussetzungen ständischer und konstitutioneller Entwicklungen 1750-1830, in: Zeitschrift für württembergische Landesgeschichte 39 (1980), 100-140, hier 115.

7 Die Angaben zu den Einwohnerzahlen für das Jahr 1817 bei *Heinrich Lindner*, Geschichte und Beschreibung des Landes Anhalt, Bd. 4, Dessau 1833, Nachdruck Halle 1991, 522; kurze Charakterisierung des Herzogs bei *Wäschke*, wie Fn 3, 285; *Robert Schulze*, Köthen in Anhalt. Ein Führer durch die Stadt und ihre Geschichte, Köthen 1923, 65 f.; *ebda*, 69, die Bemerkung, dass Napoleon ihn angeblich spöttisch als „Monsieur d'Anhalt“ bezeichnet hätte. Polemisch die Beschreibungen bei *G.(ustav) A.(dolf) H.(arald) Stenzel*, Handbuch der Anhaltischen Geschichte, Dessau 1820, 301 f. Eine kartographische Darstellung der anhaltischen Herzogtümer im Jahr 1812 findet sich unter: http://www.ieg-maps.uni-mainz.de/mapsp/map12anh.htm (11. November 2006).

8 Anhalt-Dessau, Anhalt-Bernburg, Anhalt-Zerbst (seit 1793 erloschen) und Anhalt-Köthen. Allgemein zu den Verfassungsverhältnissen der anhaltischen Staaten vor 1806: *Kotulla*, wie Fn 4, 317 f.

9 Zu den finanzpolitischen Ausgangsbedingungen *Jens Heckl*, Das Geldwesen Anhalts unter Berücksichtigung der Staatsschulden 1690 bis 1875, Regenstauf 1999, 355-360. Nicht haltbar ist somit die Feststellung Stenzels, der mit Blick auf die Finanzen unter Fürst Karl Georg Lebrecht von einem „blühenden Zustand“ spricht, vgl. *Stenzel*, wie Fn 7, 286.

Karl Georg Lebrecht (1755-1789) hatte sich die Staatsschuld vor allem als Folge des Siebenjährigen Krieges und bedingt durch den Bau herrschaftlicher Schloss- und Gartenanlagen mehr als verdreifacht. Zudem hatte die Strategie des Fürsten, durch den ausschließlich kreditfinanzierten Ankauf von Rittergütern und deren anschließende Verpachtung als Staatsdomänen den einheimischen Adel zu schwächen, nur begrenzten politischen Erfolg.

Zwar begünstigte die Konzentration des Landbesitzes in Händen des Fürstenhauses die Entmachtung der vom Adel dominierten Landstände und die Ausbildung eines spätabsolutistischen Regierungssystems[10]. Letztlich wurde dieses Ziel aber teuer erkauft, denn die Schuldentilgung misslang gründlich: Verschärft durch die sich rapide verschlechternden finanziellen Zustände in Frankreich und dadurch ausgelöste Krisen auf dem internationalen Finanzsektor wirkte die Neuaufnahme von Krediten zur Schuldentilgung („revolvierendes Kreditsystem“[11]) als „negativer Hebel“ auf den Staatshaushalt. Die Folge dieser Entwicklung war, dass Anhalt-Köthen gegen Ende des 18. Jahrhunderts mehrfach vor dem Staatsbankrott stand[12].

Zu dieser angespannten finanzpolitischen Situation trat spätestens nach 1795 mit Erosion der Reichsverfassung die zunehmende Unsicherheit der äußeren politischen Verhältnisse. Anhalt-Köthen überstand jedoch die dramatischen Veränderungen im Innern des Alten Reiches, vor allem den Reichsdeputationshauptschluss von 1803, gänzlich unbeschadet. Nachdem Kaiser Franz II. in seiner Eigenschaft als Reichsoberhaupt durch eine seiner letzten Amtshandlungen im April 1806 bereits dem Fürsten von Anhalt-Bernburg (Alexius Friedrich Christian) den Herzogstitel verliehen hatte[13], nahm Fürst August Christian Friedrich diese Rangerhöhung am 22. Juni 1807 im Zuge des Rheinbundbeitrittes an[14].

---

10 Ein Landtag war zuletzt 1698 zusammengetreten, „obgleich die Stände nachher oft und dringend um Haltung desselben angetragen haben“, so *Lindner*, wie Fn 7, Bd. 1, 115; *ebda*, 116, der Hinweis, dass auch die an Stelle der landständischen Landtage (zunächst) getretenen Landrechnungs- (bis 1767) und (später) Ausschuss- bzw. Deputationstage (bis 1793) eingangs des 19. Jahrhunderts keine Rolle mehr spielten. Allgemein als Überblick vgl. *Heinrich Lenz*, Die landständische Verfassung in Anhalt, in: Sachsen und Anhalt 11 (1935), 83-136.

11 Zum Begriff *Heckl*, wie Fn 9, 684-686.

12 *Ebda*, 357, schon mit Blick auf die Finanzsituation 1778. Zu Recht weist Heckl, wie Fn 9, 466 f., darauf hin, dass Anhalt-Köthen mit diesen exorbitanten Schulden keinesfalls ein Einzelfall im ausgehenden Alten Reich war; ähnlich zuletzt, mit Hinweis auf die angespannte finanzielle Lage vieler Reichsstädte: *Walter Demel*, Reformen und sozialer Wandel 1763-1806, Stuttgart 2005, 207 f.

13 *Wäschke*, wie Fn 3, 294 f.

14 Anhalt-Köthen war wie die beiden übrigen anhaltischen Staaten dem napoleonischen Rheinbund beigetreten durch den Akzessionsvertrag zu Warschau vom 18. April 1807, ratifiziert am 30. April 1807. In Ergänzung zu Art. 38 der Rheinbundakte vom

Im Gegensatz zu den Verfassungsverhältnissen in Anhalt-Dessau und Anhalt-Bernburg, die von weitgehender Kontinuität zur vornapoleonischen Zeit gekennzeichnet waren[15], bewirkte die rheinbündische Ära in Anhalt-Köthen eine tiefe verfassungsgeschichtliche Zäsur. Den ersten und wichtigsten Baustein einer neuen Verfassungsordnung bildete dabei die Einführung des Code Napoléon. Zwar hatte der Herzog August Christian Friedrich als die treibende Kraft sämtlicher Reformbemühungen bereits am 30. Juli 1808 dessen Einführung zum 1. Januar 1809 verfügt, musste aber aufgrund von erheblichen Widerständen in Regierung und Verwaltung von diesen Plänen zunächst Abstand nehmen[16]. Eine daraufhin vom Herzog eingesetzte Kommission, welche die Rezeption des Code Napoléon untersuchen und vorbereiten sollte, kam unter Hinweis auf erhebliche rechtssystematische wie -organisatorische Probleme zu einer ebenfalls ungünstigen Einschätzung der Lage, falls der Code Napoléon tatsächlich wie geplant ohne jegliche Berücksichtung landesspezifischer Gegebenheiten eingeführt werden sollte. Dies meinte insbesondere die Abschaffung bestehender adeliger Vorrechte, die Möglichkeit der Ablösung bäuerlicher Dienste auf dem Land, aber auch den vollständigen Umbau des bestehenden Gerichtssystems nach französischem Vorbild.

Herzog August Christian Friedrich setzte sich jedoch über die Bedenken der Kommission hinweg und verfügte ohne Einschränkung oder Modifikation am 28. Dezember 1810 per Edikt die Einführung des Code Napoléon mit Wirkung zum 1. März 1811. Über die Motive des Herzogs kann dabei nur spekuliert werden. Ob (materielle) Versprechungen des französischen Geschäftsträgers beim Rheinbund, Theobald Bacher, letztlich ausschlaggebend waren[17] oder der Herzog, aus Idealismus und innerer Überzeugung, aber möglicherweise auch aus Staatsräson, seinem Vorbild Napoleon folgen wollte[18], ist nicht zu klären. In jedem Fall begünstigte die Ende 1807 in Kraft getretene Verfassung des Königreichs Westphalen die Entscheidung. An zwei Stellen (Art. 2, 11) wird explizit auf sie Bezug genommen, und auch in Aufbau und Struktur erinnert die Verfassung von Anhalt-Köthen stark an das westphälische Vorbild. Die Totalübernahme des Code Napoléon als neues Zivilrecht und des Code de procédure civile

---

12. Juli 1806 hatte Anhalt-Köthen im Kriegsfall 210 Soldaten für die Rheinbundarmee zu stellen.

15 *Thomas*, wie Fn 3, 11 f.

16 *Otto Dobritz*, Über die Einführung der französischen Konstitution in Anhalt-Cöthen, in: Ascania. Wochenblatt für Vaterländische Geschichte, für Länder- und Völkerkunde, Literatur, Technik und Allgemeines Wissen (Gratis-Beilage zur Cöthenschen Zeitung) 11 (1908), Nr. 20 (15. Mai), 1 f.; *Werner Schubert*, Französisches Recht in Deutschland zu Beginn des 19. Jahrhunderts, Köln-Wien 1977, 119 f.

17 *Ebda*, 119 f.; *Dobritz*, wie Fn 16, 2.

18 *Ebda*, Nr. 21 (22. Mai 1908), 1, mit Blick auf die Präambel des Ediktes.

(Zivilprozessordnung) ging einher mit der Schaffung einer neuen Regierungs- und Justizstruktur (Art. 1-7[19]).

Weitere Bestimmungen betrafen die Gleichheit aller Untertanen, somit auch der Juden, vor dem Gesetz (Art. 8, 13), und damit gleichzeitig die Abschaffung der adeligen und sonstigen Privilegien (also insbesondere der Patrimonialgerichtsbarkeit, Art. 9, 10, 14[20]). Analog zum Königreich Westphalen wurde in Anhalt-Köthen die Ablösung der grundherrlichen Lasten ermöglicht (Art. 11), die allgemeine Konskription eingeführt und ein auf den „Grundsätzen der allgemeinen Gleichheit beruhendes Steuersystem" (Art. 16) versprochen.

Grundlegende Neuerungen bedeuteten auch die Art. 17 und 18, mittels derer eine Verwaltungsstruktur nach französischem Vorbild mit Departements und Distrikten (Art. 17) und einem Staatsrat unter Vorsitz des Herzogs (Art. 18) geschaffen werden sollten. Art. 19 schließlich sah die Auflösung der bisherigen, größtenteils adeligen Ritterschaft vor, an deren Stelle neu zu schaffende, aus zwölf Mitgliedern bestehende Landstände agrarisch-bürgerlicher Prägung treten sollten. Von den „neuen" Landständen ausgehende Gefahren für seine Herrschaft schien der Herzog nicht zu fürchten; vielmehr vertrat er die Ansicht, dass „Bauern und Bürger nicht rebellieren würden"[21].

Allerdings regte sich bereits unmittelbar nach Inkrafttreten der neuen Verfassung, die zweifellos tief in die bisherigen Verfassungsverhältnisse eingriff, in der Verwaltung erheblicher Widerstand, insbesondere gegen die überhasteten Justiz- und Verwaltungsstrukturreformen[22]. Schon mit Verordnung vom 19. Februar 1811 gab der Herzog die Schaffung zweier Departements auf, die erst im Rah-

---

19 Konkret bedeutete dies die Einführung von Friedensgerichten, Ziviltribunal (erstinstanzlich), Appellationsgericht (Berufungsinstanz, Sitz: Nienburg) und eines mit dem Staatsrat verbundenen Kassationshofes.

20 Die lehnsvertraglichen Verhältnisse blieben jedoch weiterhin bestehen. Art. 14 (allerdings in seiner Wirkung wiederum begrenzt durch den ein erhebliches Maß an Interpretationsspielraum bietenden Art. 15) konnte darüber hinaus auch Eingriffe in die bestehende zünftische Handwerksordnung ermöglichen; vgl. *Wäschke,* wie Fn 3, 367; *Thomas*, wie Fn 3, 13.

21 *Schubert*, wie Fn 16, 125; *Thomas*, wie Fn 3, 14, spricht mit Blick auf die Zusammensetzung der „neuen" Stände davon, dass das „adlig-bürokratische Element" vorherrschte.

22 Mit Edikt vom 27. Februar 1811 wurde die Einführung der neuen Gerichtsverfassung und Zivilprozessordnung auf den 1. Juli 1811 verschoben, wobei zu diesem Termin auf Anordnung des Herzogs vom 18. April 1811 dann auch die übrigen französischen Gesetzbücher eingeführt wurden, nämlich der Code de commerce, der Code pénal und der Code procédure criminelle; vgl. *Schubert*, wie Fn 16, 121; *Thomas Klein*, Anhalt-Köthen, in: Christof Römer u.a., Grundriß zur deutschen Verwaltungsgeschichte 1815-1945, Reihe B, Bd. 16: Mitteldeutschland, Kleinere Länder, Marburg 1981, 99-108, hier 100.

men erheblich größerer Territorien ihre Funktion hätten entfalten können. Statt dessen sollte das Herzogtum Anhalt-Köthen, verstanden als (nunmehr einziges) Departement, in sechs Distrikte[23] eingeteilt werden, mit Kantonen und Munizipalitäten als verwaltungsorganisatorischen Unterordnungen.

Durch eine nur drei Tage später veröffentlichte Verordnung wurde die neue Verfassungsstruktur Anhalt-Köthens konkretisiert. Dem aus drei Räten mit unterschiedlichen Aufgabenbereichen (Inneres, Finanzen, Äußeres) zusammengesetzten Staatsrat oblag unter herzoglichem Vorsitz die Gesetzgebung, während die neu zu bildenden Landstände lediglich die Möglichkeit hatten, Bemerkungen und Einwände zu formulieren (Art. 14 der Verordnung vom 19. Februar 1811). Wie bei allen wichtigen Personalentscheidungen in Verwaltung und Justiz nahm der Herzog durch sein Ernennungsrecht auf die Zusammensetzung des 18-köpfigen Departementskollegiums, welches ihm die Mitglieder der Landstände vorzuschlagen hatte, erheblichen Einfluss. Zudem traten die Stände erst auf Befehl des Landesherrn zusammen, der ihre Versammlung im übrigen jederzeit wieder beenden konnte.

Alles in allem war die anhalt-köthensche Verfassung, den allgemeinen Tendenzen der Zeit durchaus entsprechend, stark auf den Herzog als das mit Abstand wichtigste Verfassungsorgan zugeschnitten, zumal die nun zumindest verfassungstheoretisch auf ein breiteres gesellschaftliches Fundament gegründeten Landstände ohne jegliche echte politische Mitbestimmung blieben[24]. Diese fehlenden politischen Partizipationschancen für ein nur schwach entwickeltes Bürgertum, das ähnlich wie die überwiegend adelige Führungsschicht nicht bereit war, für die immensen Finanzprobleme des Landes gerade zu stehen, führten zu einem grundlegenden Akzeptanzproblem der neuen Verfassung.

Außerdem blieb der Herzog in der lebenswichtigen Schuldenfrage auf Landstände und Landadel angewiesen. Diese erkannten ihr Druckpotential und zwangen den Landesherrn schon nach wenigen Monaten zu ersten Zugeständnissen[25],

---

23 Köthen, Lindau, Niendorf, Rosslau, Warmsdorf, Wulfen.

24 Vgl. die polemische Deutung *Stenzels*, wie Fn 7, 291: der die Stände beschreibt als „Figuren, ohne Leben und Kraft, abhängig von dem, der sie geschaffen hatte und am Faden hielt. Gewiß die lächerlichste Maske, welche einer Volksvertretung umgehängt wurde."

25 Edikt vom 19. Mai 1811, vgl. *Dobritz*, wie Fn 16, Nr. 21 (22. Mai), 3 und Nr. 22 (28. Mai), 1. Insbesondere Art. 3 des Ediktes verdient Beachtung: „In unsern früheren Konstitutionen hatten wir den neuen Ständen unseres Herzogtums bei den Besteuerungsgesetzen eine bloß beratende Stimme erteilt und waren dazu umsomehr befugt, als wir durch unsern Beitritt zu der Rheinbundkonföderation die völlige Souveränität in unserm Herzogtum erworben hatten und es ganz von uns abhing, ob wir fortan noch überall Stände dulden wollten oder nicht. Um aber unsern lieben, getreuen Untertanen zu beweisen, welches Vertrauen wir in sie setzen und wie sehr wir die Liebe

nachdem sie sich, ähnlich wie die Oberhäupter der beiden anderen anhaltischen Herzogtümer, direkt bei Napoleon über die anhalt-köthensche Verfassung beschwert hatten. Erst auf Vermittlung sächsischer Gesandter hin lenkte Herzog August Christian Friedrich ein, da die Schuldensituation Anhalt-Köthens immer aussichtsloser wurde. Diese resultierte nicht nur aus den seit Jahrzehnten angehäuften Altschulden, sondern auch aus den finanziellen Verpflichtungen während der napoleonischen Kriege[26]. Schließlich drohte als Folge der mit der Verfassungseinführung ausgelösten und zu befürchtenden neuerlichen staatlichen Ausgaben eine weitere Verschärfung der Schuldenlage[27]. Am 23. September 1811 erklärten sich die Landstände zur Übernahme der Staatsschulden bereit, um im Gegenzug die völlige Kontrolle über sämtliche Steuereinkünfte zu erreichen, die in eine von den Ständen verwaltete Landeskreditkasse flossen, aus der die Schuldentilgung und die laufenden Ausgaben bestritten wurden[28]. Selbst die Zivilliste des Herzogs wurde auf ständischen Druck hin massiv gekürzt. Obwohl der Herzog die Revision der Verfassung binnen Jahresfrist zugestehen musste, konnten sich die adlig-bürokratischen Kräfte mit ihrer Forderung nach Rückkehr zu den vornapoleonischen Verfassungsverhältnissen (vorerst) nicht durchsetzen.

Schon mit der Berufung des ehemaligen Hallenser Rechtsprofessors Christoph Christian Dabelow Mitte März 1811, zunächst als Staatsrat für den Bereich Inneres, Polizei und Justiz, hatte sich die innenpolitische Situation etwas entspannt[29]. Dabelow, der sich als Verfassungsjurist intensiv mit dem Code Napoléon beschäftigt hatte und eher zufällig Ende Februar 1811 die Bekanntschaft von Herzog August Christian Friedrich gemacht hatte, gelang es, die vollständige und bedingungslose Umsetzung der geplanten Verwaltungs- und Justizreformen in geordnete Bahnen zu lenken, insbesondere mit Blick auf die schwer angeschlagenen Staatsfinanzen. So bündelte der Herzog im Mai und Juni 1811 bei Dabe-

---

und Zuneigung, mit welchem sie uns von jeher zugetan waren, zu achten wissen, erteilen wir hierdurch den neuen, von uns ernannten Ständen unseres Herzogtums in den für sie gehörigen Geschäften einen vollständigen Repräsentativcharakter in dem Maße, wie er nach der französischen, bei uns eingeführten Verfassung nur immer statt haben mag". Ähnlich auch *Stenzel*, wie Fn 7, 295.

26 *Georg Schanz*, Die Steuern im Herzogtum Anhalt, ihre Entwicklung und neueste Reform, in: Finanz-Archiv. Zeitschrift für das gesamte Finanzwesen 4 (1887), Bd. 2, 393-485, hier 405.

27 Zu einseitig allerdings Heckl, der allein die Verfassungseinführung für den desolaten Zustand der Finanzverwaltung verantwortlich macht; vgl. *Heckl*, wie Fn 9, 363.

28 *Ebda*, 363 f.

29 Zu Dabelow und generell zum Folgenden *Michael Thomas*, Christoph Christian Freiherr von Dabelow (1768-1830), in: *Helmut Reinalter* (Hg.), Biographisches Lexikon zur Geschichte der demokratischen und liberalen Bewegungen in Mitteleuropa, Bd. 2, Tl. 1, Frankfurt a. M. u.a. 2005, 56-59.

low, den er als durchaus kritischen Berater und Kenner des Code Napoléon schätzte, sämtliche Staatsratsfunktionen[30]. Dieser nutzte die Machtfülle, um die neu zu schaffende Gerichtsbarkeit möglichst effizient und kostengünstig aufzubauen[31] sowie weitere Reformmaßnahmen, vor allem im Gesundheits- und Bildungsbereich, umzusetzen[32]. Mit Unterstützung der sächsischen Vermittler konnte er die Verfassungskrise zwischen Herzog und Ständen in der Schuldenfrage zumindest kurzfristig entschärfen[33].

Durch Vereinbarung mit den Ständen trat zudem am 20. Dezember 1811 in Umsetzung von Art. 16 der Verfassung ein neues Steuergesetz in Kraft. Damit verbunden war die weitgehende Abkehr von einem auf Akzise-Einnahmen beruhenden Steuerprinzip hin zu einem systematisch aufgebauten, fortschrittlichen Ertragssteuersystem[34]. Im Frühjahr 1812 schließlich schien es, als könne Dabelow mit seinen Verfassungsplänen, die im wesentlichen die Anpassung des Code Napoléon an die spezifischen anhalt-köthenschen Gegebenheiten beinhalteten, die Reformentwicklung absichern und weiterführen. Mit dem Tod des Herzogs August Christian Friedrich am 6. Mai 1812, wohl auch aus tiefer Depression angesichts vieler enttäuschter Hoffnungen in Verbindung mit dem Verfassungswerk[35], kam es jedoch zum verfassungspolitischen „Roll-Back", und Dabelow verlor nun rapide an politischer Macht und Einfluss[36].

---

30 *Stenzel*, wie Fn 7, 293.

31 Dies beinhaltete u.a. die Vereinigung von Ziviltribunal und Appellationsgericht zum gemeinsamen „Herzoglichen Gerichtshof" mit zwei voneinander getrennten Senaten (17. Juni 1811), die vorübergehende Beibehaltung der bisherigen Zivil- und Strafprozessordnung, und die (provisorische) Auslagerung des ursprünglich beim Staatsrat angesiedelten und nunmehr als Revisionsgericht konzipierten Kassationshofes an die Juristenfakultät Halle (Edikt vom 16. April 1812); vgl. *Schubert*, wie Fn 16, 122-125.

32 So wurde mit der Medizinalordnung vom 10. Juli 1811 das staatliche Gesundheitswesen neu geordnet; vgl. *Klein*, wie Fn 22, 100. Des weiteren gelang Dabelow die Einrichtung einer Hagelversicherung und die Neuordnung des Armenwesens; auch arbeitete er an Plänen zu einer Acker- und Industrieschule; vgl. *Thomas*, wie Fn 29, 57. Außerdem wurde am 12. August 1811 als Aufsichtsbehörde über Landwirtschaft, Handel und Gewerbe das Ackerbau- und Industrieconseil geschaffen; vgl. *Thomas*, wie Fn 3, 14; zu weiteren Reformversuchen im Bildungsbereich weiter unter Fn 49.

33 Im Gegensatz zum Herzog hatte Dabelow frühzeitig – letztlich ohne Erfolg – mögliche von den Ständen ausgehende Widerstände gegen die neue Verfassungsordnung erkannt, und abgelehnt, diese einzuberufen. *Thomas*, wie Fn 29, 57; *Schubert*, wie Fn 16, 125.

34 *Schanz*, wie Fn 26, 409 f.

35 *Schubert*, wie Fn 16, 126.

36 Schon mit der Aufhebung der Verfassung zum 1. November 1812 verlor Dabelow seinen Ministerrang; auf seinen Wunsch hin wurde er, politisch kaltgestellt, schließlich am 20. Juli 1813 entlassen; vgl. zu den Details und zum weiteren Schicksal *Thomas*, wie Fn 29, 57-59; *Dobritz*, wie Fn 16, Nr. 22 (28. Mai 1808), 2 f.

Nachdem der Vormund des noch minderjährigen Thronfolgers Herzog Ludwig August Friedrich Emil[37], Ludwig I. von Hessen-Darmstadt, die Übernahme der anhalt-köthenschen Regentschaft abgelehnt hatte, folgte dem Testament des verstorbenen Herzogs vom 24. Juli 1811[38] entsprechend der älteste der anhaltischen Fürsten, Leopold III. Friedrich Franz, Herzog von Anhalt-Dessau, am 3. Juli 1812 als Landesherr von Anhalt-Köthen nach[39]. Damit war der Weg frei für eine Umgestaltung der Verfassungsverhältnisse im restaurativen Sinne, denn Herzog Franz von Dessau hatte von Beginn an den Verfassungsplänen seines verstorbenen Vetters kritisch gegenüber gestanden. Da Napoleon kein Interesse an einer Einmischung in die inneren Angelegenheiten Anhalt-Köthens hatte und zudem seit Juni 1812 sein Hauptaugenmerk dem Russlandfeldzug widmete, war kein nennenswerter Widerstand bei der Aufhebung der Verfassung zu befürchten[40].

Zwar versuchten sowohl Dabelow als auch der Staats- und Appellationsgerichtsrat Huch unter Hinweis auf die Notwendigkeit von Reformen bzw. Modifikationen der Verfassung deren gänzliche Abschaffung zu verhindern[41]. Begleitet von antifranzösischer Polemik über das misslungene, von vielen deutschen Fürsten genau beobachtete Verfassungsexperiment[42] setzte sich Herzog Franz von Dessau jedoch schließlich durch: Am 24. Oktober 1812 suspendierte er bereits zum 1. November 1812 die Verfassung mittels Publicandum, u.a. mit Hinweis auf die ohnehin anstehende Revision, und führte die alte Staats- und Justizorganisation wieder ein.

Allerdings wurden – mit leichten Änderungen – das neue Steuersystem[43] ebenso wie die Verfassungsbestimmungen zur Abschaffung der Patrimonialgerichtsbarkeit (Art. 3) und zur Gleichstellung der Juden (Art. 4) sowie einige wei-

---

37 Ludwig Emil von Anhalt-Köthen (1802-1818), Neffe des Herzogs August Christian Friedrich.

38 *Schulze,* wie Fn 7, 70.

39 Zu den ursprünglichen Nachfolgeplänen: *Stenzel,* wie Fn 7, 299 f.

40 *Schubert,* wie Fn 16, 126 f.; *ebda,* 44, in einem Schreiben des nassauischen Geschäftsträgers in Darmstadt vom 7. Oktober 1812 die Wiedergabe der unmissverständlichen Haltung Napoleons: „Es sei ihm [d. h. Napoleon, E.L.] jedes Mal leid, wenn man von ihm eine Einmischung in die Angelegenheiten teutscher Fürsten verlange, die ohnehin von seiner Seite große Vorsicht erforderte. So lange er sich nicht um Deutschland kümmern könnte, thäten die deutschen Fürsten wohl, wenn sie es beym Alten ließen; und das auch darum, weil er selbst schon gemerkt zu haben glaube, daß sich die Einrichtungen Frankreichs nicht so ganz für Deutschland schicken".

41 *Schubert,* wie Fn 16, 127-129; *Thomas,* wie Fn 29, 57, mit Hinweis auf ein Gutachten Dabelows vom September 1812.

42 *Schubert,* wie Fn 16, 130 f.; *Dobritz,* wie Fn 16, Nr. 22 (28. Mai 1808), 2 f.

43 *Klein,* wie Fn 22, 100. Im Kern blieb die Steuerverfassung bis zur Reform von 1850 in Kraft; vgl. *Schanz,* wie Fn 26, 410.

tere unbedeutendere Regelungen beibehalten. Die Präambel des „Reorganisations-Patentes“[44] offenbarte unmissverständlich die grundsätzliche Kritik an der bisherigen Verfassung, die ohne Berücksichtigung der landesspezifischen Besonderheiten angesichts der zerrütteten Staatsfinanzen nicht länger beibehalten werden könne.

Anhalt-Köthen vollzog damit nicht nur die Abkehr vom Rheinbündischen Konstitutionalismus, sondern kehrte nun – wieder angekoppelt an die übrigen anhaltischen Herzogtümer – zurück in einen altständisch geprägten Zustand weitgehender verfassungspolitischer Erstarrung[45], der erst im Kontext der Revolution von 1848/49 aufgebrochen wurde[46].

Die Darstellung hat gezeigt, dass die Verfassung Anhalt-Köthens mit Blick auf ihre modernen Elemente in Form von bürgerlicher Gleichheit, der Abschaffung von Privilegien, Judenemanzipation und Zivilrechtskodifikation nicht im Stile der älteren, bis heute wirkungsmächtigen Historiographie ausgeblendet und abqualifiziert werden kann. Vielmehr muss das Verfassungsprojekt als tiefgreifender Einschnitt auf dem Weg von einer (spät-) feudalen zu einer bürgerlichen Gesellschaft begriffen werden.

Dass es dennoch scheiterte, dürfte mehrere Ursachen haben: Zunächst vermochte das Konglomerat von Verfassungsedikt und mehreren binnen kürzester Zeit nachgeschobenen Verordnungen in dem vergleichsweise kurzen Zeitraum seiner Wirksamkeit keine integrativen Wirkungen auf die gesellschaftlichen und politischen Strukturen zu bewirken[47]. Im Gegenteil verschärften sich die Konflikte zwischen reformorientierten Kräften, unter ihnen zweifelsfrei der Herzog selbst, aber auch sein wichtigster Verbündeter, der Staatsrat Dabelow, auf der einen Seite und der adlig-bürokratischen Führungsschicht auf der anderen Seite erheblich. Dabei lieferte die Verschuldung des Landes den Hintergrund für ständi-

---

44 *Kotulla,* wie Fn 4, 1535-1539.

45 *Press,* wie Fn 6, 125.

46 Unter der vormundschaftlichen Regierung 1812-1818 gelang zumindest in Teilen die Konsolidierung der Staatsfinanzen, die sich auf die Schuldensenkung „günstig, aber nicht entscheidend“ auswirkte; so *Heckl*, wie Fn 9, 366; zur weiteren verfassungsgeschichtlichen Entwicklung Anhalt-Köthens im 19. Jahrhundert: *Kotulla,* wie Fn 4, 320 ff. und 1515-1518 sowie *Klein*, wie Fn 22, 100-108. Durch Vertrag vom 4. Februar 1853 wurde Anhalt-Köthen mit Anhalt-Dessau vereinigt, nachdem schon am 23. November 1847 der letzte Herzog von Anhalt-Köthen gestorben war und das Herzogtum vorübergehend der Verwaltung durch Anhalt-Dessau unterstellt worden war.

47 Dabei ließ der Herzog es auch an symbolischen Akten nicht fehlen, indem er z.B. am 15. August 1811 (dem Geburtstag Napoleons) in Erinnerung an die Verfassungseinführung einen Verdienstorden stiftete; vgl. *Stenzel*, wie Fn 7, 297, *Schulze*, wie Fn 7, 70; *Wäschke*, wie Fn 3, 366.

ge Auseinandersetzungen. Einschränkend muss allerdings betont werden, dass die Schuldenkrise durch die Verfassungseinführung allenfalls verschärft, aber keineswegs verursacht wurde, wie schon ein Blick auf die beträchtlichen Schuldenlasten zu Beginn der Regierungszeit August Christian Friedrichs 1789 zeigt.

Neben der Renitenz der Bürokratie gegenüber einer „von oben" verordneten massiven Um- bzw. Neuorganisation von Verwaltungs- und Justizapparat ist aber auf das Problem einer unreflektierten Übernahme der französischen bzw. westphälischen Vorbilder hinzuweisen, die in einem Kleinst-Staat wie Anhalt-Köthen erhebliches Chaos verursachte. Die hastige, keineswegs vollständige Behebung der gröbsten Fehler, etwa bei der Verwaltungs- und Gerichtsorganisation, trug in hohem Maße zur Verunsicherung bei, wobei Dabelows und Huchs letzte Reformpläne vielversprechende Ansätze zeigten zu einer fortschrittlichen Rezeption[48] des Code Napoléon unter Berücksichtigung der landesspezifischen Strukturen.

Der Tod des Herzogs sowie das Desinteresse Napoleons an den Verfassungsstrukturen eines eher unbedeutenden deutschen Territoriums besiegelten dann das Schicksal der Verfassung: Die reformorientierten Kräfte, insbesondere im nur schwach vorhandenen politischen Bürgertum, waren nicht in der Lage, den wiedererstarkten restaurativen Strömungen Paroli zu bieten, so dass Reformversuche, z.B. im Wirtschafts- und Bildungsbereich, gestoppt wurden[49]. Bemerkenswert bleibt allerdings, dass zumindest einige fortschrittliche Verfassungsbestimmungen in die nachnapoleonische Ära hinübergerettet werden konnten, allen voran die Abschaffung der Patrimonialgerichtsbarkeit, die Emanzipation der Juden sowie das vergleichsweise moderne Ertragssteuersystem[50]. Auch sollte die von

48 Dies betrifft beispielsweise den vermutlich Dabelow zuzurechnenden Entwurf eines veränderten, modernen Eherechtes; vgl. *Schubert*, wie Fn 16, 126.

49 *Wäschke*, wie Fn 3, 371. Exemplarisch für den letztlich misslungenen Versuch, das tradierte, von der Kirche getragene Schulsystem in staatliche Kontrolle und Leitung zu überführen: *Wolfgang Grobler*, Die Schul- und Turngeschichte der Stadt Köthen in Anhalt vom ausgehenden 14. Jahrhundert bis zur bürgerlich-demokratischen Revolution 1848/49, Phil. Diss. Halle 1968, 141-236. Begünstigt durch Art. 33 der Verwaltungsordnung vom 19. Februar 1811 war das bisherige geistliche Konsistorium, das u.a. als höchste Schulaufsichtsbehörde fungierte, aufgelöst worden, zu Gunsten eines staatlich kontrollierten Konsistoriums. Die modernisierenden Reformversuche des Mitgliedes der neu geschaffenen „Schul-Direktion", Christian Friedrich Rudolph Vetterlein, stießen jedoch auf den hartnäckigen Widerstand der reaktionären Geistlichkeit. Mit dem Reorganisations-Patent vom 24. Oktober 1812 wurde die staatliche Schulaufsicht wieder in geistliche Hände überführt, Vetterlein entmachtet und schließlich am 7. Mai 1821 von seinem Direktoratsposten entbunden, mit Zwangsversetzung auf eine einfache Lehrerstelle.

50 Schon *Lindner*, wie Fn 7, Bd. 1, 75 und *Schulze*, wie Fn 7, 70 f. weisen auf die Judenemanzipation hin, die jüngst allerdings trotz ihrer rechtlichen Bedeutung in den

der Ablösebestimmung (Art. 11 der Verfassung) ausgehende Signalwirkung für den Agrarsektor nicht unterschätzt werden, selbst wenn sich die Ablösung der bäuerlichen Grundlasten in der Praxis meist sehr schwierig gestaltete[51].

Trotz aller berechtigten Einwände gegen die wenig sorgfältig geplante, unreflektierte Einführung der Konstitution bleibt somit als Ergebnis festzustellen, dass die erste, wenn auch nur kurze Verfassungsära in Anhalt-Köthen bemerkenswerte und nachhaltig wirkende Errungenschaften mit sich brachte.

Literatur

Dobritz, Otto, Über die Einführung der französischen Konstitution in Anhalt-Cöthen, in: Ascania. Wochenblatt für Vaterländische Geschichte, für Länder- und Völkerkunde, Literatur, Technik und Allgemeines Wissen (Gratis-Beilage zur Cöthenschen Zeitung) 11 (1908), Nr. 20 (15.5.), Nr. 21 (22.5.) und Nr. 22 (28.5.).

Heckl, Jens, Das Geldwesen Anhalts unter Berücksichtigung der Staatsschulden 1690 bis 1875, Regenstauf 1999.

Thomas, Michael, Bürgerliche Reformen und feudale Beharrungspolitik. Zur Geschichte Anhalts während der napoleonischen Fremdherrschaft, in: Magdeburger Blätter. Jahresschrift für Heimat- und Kulturgeschichte im Bezirk Magdeburg, 1989, 10-16.

Wäschke, Hermann, Anhaltische Geschichte, Bd. 3: Geschichte Anhalts von der Teilung bis zur Wiedervereinigung, Cöthen 1913.

---

praktischen Konsequenzen kritischer beurteilt wird; vgl. *Viktor Samarkin*, Zur Geschichte der Juden in Köthen zu Beginn des 19. Jahrhunderts, in: *Bernd G. Ulbrich* (Hg.), Anhalt, deine Juden ... Materialien des Dessauer Herbstseminars zur Geschichte der Juden in Deutschland, Dessau 2002, 69-88; *Peter Lemke*, Judenemanzipation und bürgerliche Revolution in Anhalt: Die Stellung der Juden in der sich formierenden Gesellschaft, in: Mitteilungen des Vereins für Anhaltische Landeskunde 7 (1998/99), 28-38, hier 33.

51 *Albert Kraaz*, Bauerngut und Frohndienste in Anhalt vom 16. bis zum 19. Jahrhundert, Jena 1898, 193 f.; *Günther Hoppe*, Domänen, Drescher und Kossaten. Zu den agrarischen Verhältnissen im Köthener Land bis zur Revolution von 1848, Köthen 1983, 16.

Bibliographie

Quellen

[Anonym], Vergleichende Schilderung der Organisation der französischen Staatsverwaltung in Beziehung auf das Königreich Westphalen und andere teutsche Staaten, o. O. 1808.

Behr, Hans-Joachim, Erinnerungen Georgs von Schele an den Westphälischen Hof 1807-08, in: Westfälische Zeitschrift 138 (1988), 103-147.

Behr, Wilhelm Josef, Das teutsche Reich, und der rheinische Bund. Eine publizistisch-politische Parallele, zur Ausmittlung der Vorzüge, welche der rheinische Bund, vor dem teutschen Reiche der teutschen Nation darbiethen wird, in: Der Rheinische Bund 6 (1808), 418-448; 7 (1808), 99-138, 361-408; 8 (1808), 3-62.

Beurkundete Darstellung der Staats- und Finanzverwaltung der Sachsen-Coburg-Saalfeldischen Lande unter der Regierung des dermal regierenden Herzogs Franz und unter der Leitung des dirigierenden Ministers von Kretschmann, o. O. 1805.

Boldt, Hans (Hg.), Reich und Länder. Texte zur deutschen Verfassungsgeschichte im 19. und 20. Jahrhundert, München 1987.

Brandt, Peter – Martin Kirsch – Arthur Schlegelmilch (Hg.), Quellen zur europäischen Verfassungsgeschichte im 19. Jahrhundert. Institutionen und Rechtspraxis im gesellschaftlichen Wandel, Tl. 1: Um 1800, CD-ROM, Bonn 2004.

Bulletin des lois du Royaume de Westphalie – Gesetz-Bülletin des Königreichs Westphalen. 3 Bde., Kassel 1808.

Bussek, Holger – Martin Damken – Thomas Müller – Martin Regenbrecht (Hg.), Deutsche Verfassungen, CD-ROM, Berlin 2004.

Constitutions-Ergänzungs-Acte zu der alten Stadt-Verfassung der freien Stadt Frankfurt angenommen durch die Bürgerschaft den 17. und 18. Juli 1816, Frankfurt 1817.

Correspondance de Napoléon Ier, publiée par ordre de l'Empereur Napoléon III, Bd. 15, Paris 1864.

Crome, August Friederich Wilhelm – Karl Jaup (Hg.), Konstitution des Königreichs Westphalen, französisch und deutsch, mit den Abweichungen des Projekts, und mit einer erläuternden Nachschrift, in: Germanien, eine Zeitschrift für Staats-Recht, Politik und Statistik von Deutschland 1 (1808), 115-174.

Dobritz, Otto, Über die Einführung der französischen Konstitution in Anhalt-Cöthen, in: Ascania. Wochenblatt für Vaterländische Geschichte, für Länder- und Völkerkunde, Literatur, Technik und Allgemeines Wissen (Gratis-Beilage zur Cöthenschen Zeitung) 11 (1908), Nr. 20 (15. Mai), 1 f.

Döllinger, Georg Ferdinand, Sammlung der im Gebiete der inneren Staats-Verwaltung des Königreichs Bayern bestehenden Verordnungen. Aus amtlichen Quellen geschöpft und systematisch geordnet, Bd. 1: Staatsgebiet und Staatsverfassung, München 1835.

Dürig, Günter – Walter Rudolf (Hg.), Texte zur deutschen Verfassungsgeschichte. Vornehmlich für den Studiengebrauch, 3. Aufl. München 1996 (= Rechtshistorische Texte).

Erbe, Michael (Hg.), Vom Konsulat zum Empire libéral. Ausgewählte Texte zur französischen Verfassungsgeschichte 1799-1870, Darmstadt 1985 (= Texte zur Forschung, 50).

Frankfurter Oberpostamts-Zeitung, Jg. 1806.

Franz, Eckhart G. – Karl Murk (Hg.), Verfassungen in Hessen 1807-1946. Verfassungstexte der Staaten des 19. Jahrhunderts, des Volksstaates und des heutigen Bundeslandes Hessen, Darmstadt 1998 (= Arbeiten der Hessischen Historischen Kommission, NF 13).

Gersdorff, Ernst August Freiherr von, Ideen über ständische Verfassung mit Bezug auf die Zukunft Deutschlands, in: Michael Hundt (Hg.), Quellen zur kleinstaatlichen Verfassungspolitik auf dem Wiener Kongreß. Die mindermächtigen deutschen Staaten und die Entstehung des Deutschen Bundes 1813-1815, Hamburg 1996 (= Beiträge zur deutschen und europäischen Geschichte, 15), 263-278.

Großherzoglich frankfurtisches Regierungsblatt 1 (1810).

Hassel, Georg – Karl Murhard (Hg.), Westphalen unter Hieronymus Napoleon I. Eine Monatsschrift, 10 Bde., Braunschweig 1812.

Hersche, Peter (Hg.), Napoleonische Friedensverträge, 2. Aufl. Bern 1973 (= Quellen zur neueren Geschichte, 5).

Heun, Werner (Hg.), German Constitutional Documents 1806-1849. Part 1: National Constitutions/Constitutions of the German States (Anhalt-Bernburg – Baden). Deutsche Verfassungsdokumente 1806-1849. Teil 1: Nationale Verfassungen/Verfassungen der deutschen Staaten (Anhalt-Bernburg – Baden), München 2006 (= Constitutions of the World from the late 18th Century to the Middle of the 19th Century. Sources on the Rise of Modern Constitutionalism. Europe, vol. 3; Verfassungen der Welt vom späten 18. Jahrhundert bis Mitte des 19. Jahrhunderts. Quellen zur Herausbildung des modernen Konstitutionalismus, Europa, Bd. 3).

Hofmann, Hanns Hubert (Hg.), Quellen zum Verfassungsorganismus des Heiligen Römischen Reichs Deutscher Nation 1495-1815, Darmstadt 1976 (= Ausgewählte Quellen zur deutschen Geschichte der Neuzeit, 13).
Huber, Ernst Rudolf (Hg.), Dokumente zur Deutschen Verfassungsgeschichte, Bd. 1: Deutsche Verfassungsdokumente 1803-1850, 3., neubearb. u. verm. Aufl. Stuttgart 1978.
Hufeld, Ulrich (Hg.), Der Reichsdeputationshauptschluss von 1803. Eine Dokumentation zum Untergang des Alten Reiches, Köln-Weimar-Wien 2003.
Hundt, Michael (Hg.), Quellen zur kleinstaatlichen Verfassungspolitik auf dem Wiener Kongreß. Die mindermächtigen deutschen Staaten und die Entstehung des Deutschen Bundes 1813-1815, Hamburg 1996 (= Beiträge zur deutschen und europäischen Geschichte, 15).
Klüber, Johann Ludwig (Hg.), Quellen-Sammlung zu dem Öffentlichen Recht des Teutschen Bundes, 3. Aufl. Erlangen 1830.
Kochendörffer, Heinrich, Die Denkschrift Vinckes über die Bildung einer Volksvertretung vom Jahre 1808, in: Westfalen 16 (1931), 111-117.
Königlich Baierisches Regierungs-Blatt, Jg. 1808.
Kotulla, Michael, Deutsches Verfassungsrecht 1806-1918. Eine Dokumentensammlung nebst Einführungen. Bd. 1: Gesamtdeutschland, Anhaltische Staaten und Baden, Berlin-Heidelberg 2006.
Müller, Rainer A. (Hg.), Deutsche Geschichte in Quellen und Darstellung, Bd. 6: Von der Französischen Revolution bis zum Wiener Kongreß 1789-1815, hg. von Walter Demel und Uwe Puschner, Stuttgart 1995.
Napoleons peinliches und Polizey- Strafgesetzbuch. Nach der Originalausgabe übersetzt, mit einer Einleitung und Bemerkungen über Frankreichs Justiz- und Polizey-Verfassung, die Motive dieser Gesetzgebung und ihre Verhältnisse zu Österreichs und Preußens Gesetzbüchern von Theodor Hartleben, Frankfurt a. M. 1811.
Pölitz, Karl Heinrich Ludwig, Handbuch der Geschichte der souverainen Staaten des Rheinbundes, Bd. 1: Die Königreiche Bayern, Wirtemberg, Sachsen und Westphalen, Leipzig 1811.
Pölitz, Karl Heinrich Ludwig, Die europäischen Verfassungen seit dem Jahre 1789 bis auf die neueste Zeit, 3 Bde., Leipzig 1832/33.
Pölitz, Karl Heinrich Ludwig, Die Verfassungen des teutschen Staatenbundes seit dem Jahre 1789 bis auf die neueste Zeit, 3 Bde., Leipzig 1847.
Regensburger Regierungs-Intelligenzblatt, 1806.
Reinganum, Maximilian, Frankfurt am Main, in: Staats-Lexikon, hg. von Carl von Rotteck – Carl Welcker, Bd. 6, Altona 1838, 3 ff.
Der Rheinische Bund 1 (1808).

Rob, Klaus (Bearb.), Regierungsakten des Großherzogtums Berg 1806-1813, München 1992 (= Quellen zu den Reformen in den Rheinbundstaaten, 1).
Rob, Klaus (Bearb.), Regierungsakten des Königreichs Westphalen 1807-1813, München 1992 (= Quellen zu den Reformen in den Rheinbundstaaten, 2).
Rob, Klaus (Bearb.), Regierungsakten des Primatialstaates und des Großherzogtums Frankfurt 1806-1813, München 1995 (= Quellen zu den Reformen in den Rheinbundstaaten, 3).
Robert, Georg Friedrich Carl, Urkundliche Beiträge zur Staatengeschichte Deutschland's in der napoleonischen Zeit, Teil 1, Kiel 1852.
Sammlung der in dem Herzogthume Anhalt-Cöthen ergangenen Gesetze, Verordnungen und Verfügungen, Jg. 1810.
Schimke, Maria Carola (Hg.), Regierungsakten des Kurfürstentums und Königreichs Bayern 1799-1815, München 1996 (= Quellen zu den Reformen in den Rheinbundstaaten, 4).
Schlesier, Gustav (Hg.), Briefwechsel zwischen Gentz und Johannes v. Müller. Mit einem Anhang vermischter Briefe, Mannheim 1840 (= Schriften von Friedrich Gentz, 4).
Staatskalender der Fürst-Primatischen Stadt Frankfurt am Main für das Jahr 1807.
Tümmler, Hans (Hg.), Politischer Briefwechsel des Herzogs und Großherzogs Carl August von Weimar, Bd. 3, Göttingen 1973 (= Deutsche Geschichtsquellen des 19. und 20. Jahrhunderts, 39).
Walder, Ernst (Bearb.), Das Ende des Alten Reiches. Der Reichsdeputationshauptschluß von 1803 und die Rheinbundakte von 1806 nebst zugehörigen Aktenstücken, 2. Aufl. Bern 1962 (= Quellen zur Neueren Geschichte, 10).
Willoweit, Dietmar – Ulrike Seif (Hg.), Europäische Verfassungsgeschichte, München 2003 (= Rechtshistorische Texte).
Zeumer, Karl (Hg.), Quellensammlung zur Geschichte der Deutschen Reichsverfassung in Mittelalter und Neuzeit, 2 Tle., Tübingen 1904/2. Aufl. 1913 (= Quellensammlung zum Staats-, Verwaltungs- und Völkerrecht, 2).

Literatur

Andrian-Werburg, Klaus Freiherr von, Der Minister v. Kretschmann. Versuch einer Staatsorganisation in Sachsen-Coburg-Saalfeld, in: Jahrbuch der Coburger Landesstiftung 10 (1963), 27-88.
Assmann, Nicola u.a. (Hg.), Das Großherzogtum Berg und das Königreich Westphalen. Quellen, Forschungen und Deutungen [voraussichtlich Münster 2007].

Beck, Karl, Zur Verfassungsgeschichte des Rheinbundes, Mainz 1890.
Berding, Helmut, Napoleonische Herrschafts- und Gesellschaftspolitik im Königreich Westfalen 1807-1813, Göttingen 1973 (= Kritische Studien zur Geschichtswissenschaft, 7).
Berding, Helmut, Le Royaume de Westphalie, Etat-Modèle, in: Francia 10 (1982), 345-358.
Berding, Helmut, Die Emanzipation der Juden im Königreich Westfalen (1807-1813), in: Archiv für Sozialgeschichte 23 (1983), 23-50.
Berding, Helmut, Das Königreich Westfalen als Modellstaat, in: Lippische Mitteilungen aus Geschichte und Landeskunde 54 (1985), 181-193.
Berding, Helmut, Das Königreich Westfalen und Johannes von Müller, in: Christoph Jamme, Otto Pöggeler (Hg.), Johannes von Müller – Geschichtsschreiber der Goethezeit, Schaffhausen 1986, 189-211.
Berding, Helmut, Der Gesellschaftsgedanke Napoleons und seine Auswirkungen im rheinbündischen Deutschland: ein Verrat der Revolution?, in: Roger Dufraisse (Hg.), Revolution und Gegenrevolution 1789-1830. Zur geistigen Auseinandersetzung in Frankreich und Deutschland, München 1991 (= Schriften des Historischen Kollegs, Kolloquien, 19), 107-119.
Berding, Helmut, Napoleonische Herrschaft zwischen Okkupation und Staatsneubildung. Die Regentschaft in Kassel, in: Winfried Speitkamp (Hg.), Staat, Gesellschaft, Wissenschaft. Beiträge zur modernen hessischen Geschichte, Marburg 1994 (= Veröffentlichungen der Historischen Kommission für Hessen, 55), 7-21.
Berding, Helmut, Loyalitätskonflikte unter napoleonischer Herrschaft. Die Situation der Staatsdiener im Königreich Westfalen, in: Dieter Albrecht – Karl Otmar Freiherr von Aretin – Winfried Schulze (Hg.), Europa im Umbruch 1750-1850, München 1995, 241-256.
Berding, Helmut, Das Königreich Westphalen, in: Katharina Schaal (Bearb.), Hessen im Rheinbund. Die napoleonischen Jahre 1806-1813, Darmstadt 2006 (= Ausstellungskataloge des Hessischen Staatsarchivs Darmstadt, 22), 59-76.
Berding, Helmut – Hans-Peter Ullmann (Hg.), Deutschland zwischen Revolution und Restauration, Königstein i. Ts. 1981.
Berg, Ursula, Niklas Vogt (1756-1836). Weltsicht und politische Ordnungsvorstellungen zwischen Aufklärung und Romantik, Stuttgart 1992 (= Beiträge zur Geschichte der Universität Mainz, 16).
Bernath, Mathias, Die auswärtige Politik Nassaus 1805-1812. Ein Beitrag zur Geschichte des Rheinbundes und der politischen Ideen am Mittelrhein zur Zeit Napoleons, in: Nassauische Annalen, NF 63 (1952), 106-192.
Bilz, Wolfram, Die Großherzogtümer Würzburg und Frankfurt. Ein Vergleich. Eine Studie über die Rheinbundzeit, phil. Diss., Würzburg 1968.

Bock, Helmut, Das Königreich Westphalen. Napoleonisches Protektorat und liberalistische Reformen, in: Helmut Bleiber – Wolfgang Küttler (Hg.), Revolution und Reform in Deutschland im 19. und 20. Jahrhundert. Zum 75. Geburtstag von Walter Schmidt, Halb-Bd. 1: Ereignisse und Prozesse, Berlin 2005 (= Abhandlungen der Leibniz-Sozietät, 17), 19-38.

Bohley, Karl, Die Entwicklung der Verfassungsfrage in Sachsen-Coburg-Saalfeld von 1800 bis 1821, Erlangen 1933.

Boldt, Hans, Deutsche Verfassungsgeschichte, Bd. 2: Von 1806 bis zur Gegenwart, 2. Aufl. München 1993.

Boudon, Jacques-Olivier, L'exportation du modèle français dans l'Allemagne napoléonienne: l'exemple de la Westphalie, in: Jean-Clément Martin (Hg.), Napoléon et l'Europe, Rennes 2002, 103-114.

Brakensiek, Stefan, Die Reichsstände des Königreichs Westphalen, in: Westfälische Forschungen 53 (2003), 215-240.

Burg, Peter, Die deutsche Trias in Idee und Wirklichkeit. Vom alten Reich zum Deutschen Zollverein, Stuttgart 1989 (= Veröffentlichungen des Instituts für Europäische Geschichte Mainz. Abt. Universalgeschichte, 136).

Busch, Rüdiger, Die Aufsicht über das Bücher- und Pressewesen in den Rheinbundstaaten Berg, Westfalen und Frankfurt. Ein Beitrag zur Geschichte der Bücher- und Pressezensur, Karlsruhe 1970 (= Studien und Quellen zur Geschichte des deutschen Verfassungsrechts, A, 7).

Connelly, Owen, Napoleon's Satellite Kingdoms: Managing Conquered People, New York 1965.

Darmstädter, Paul, Das Großherzogtum Frankfurt. Ein Kulturbild aus der Rheinbundzeit, Frankfurt a. M. 1901.

Demel, Walter, Vom aufgeklärten Reformstaat zum bürokratischen Staatsabsolutismus, München 1993 (= Enzyklopädie deutscher Geschichte, 23).

Demel, Walter, Reformen und sozialer Wandel 1763-1806, Stuttgart 2005 (= Handbuch der deutschen Geschichte, 12).

Dobritz, Otto, Über die Einführung der französischen Konstitution in Anhalt-Cöthen, in: Ascania. Wochenblatt für Vaterländische Geschichte, für Länder- und Völkerkunde, Literatur, Technik und Allgemeines Wissen (Gratis-Beilage zur Cöthenschen Zeitung) 11 (1908), Nr. 20 (15.5.), Nr. 21 (22.5.) und Nr. 22 (28.5.).

Doeberl, Michael, Rheinbundverfassung und bayerische Konstitution, München 1924 (= Sitzungsberichte der Bayerischen Akademie der Wissenschaften, philos.-philolog. u. hist. Kl. 1924, 5).

Doeberl, Ludwig, Maximilian von Montgelas und das Prinzip der Staatssouveränität, München 1925.

Dölemeyer, Barbara, Frankfurter Juristen im 17. und 18. Jahrhundert, Frankfurt a. M. 1993 (= Studien zur europäischen Rechtsgeschichte, 60).

Dölemeyer, Barbara, „C'est toujours le français qui fait la loi." Die Übersetzungen und Ausgaben des Code civil, in: dies. – Heinz Mohnhaupt – Alessandro Somma (Hg.), Richterliche Anwendung des Code civil in seinen europäischen Geltungsbereichen außerhalb Frankreichs, Frankfurt a. M. 2006 (= Veröffentlichungen des Max-Planck-Instituts für europäische Rechtsgeschichte, 21), 1-35.

Dölemeyer, Barbara, Das neue Recht: Napoléons Gesetzbuch, in: Anette Baumann (Hg.), Altes Reich und neues Recht. Von den Anfängen der bürgerlichen Freiheit, Ausstellungskatalog Reichskammergerichtsmuseum, Wetzlar 2006, 89-102.

Dufraisse, Roger, Napoleon und Bayern, in: Hubert Glaser (Hg.), Krone und Verfassung. König Max I. Joseph und der neue Staat. Beiträge zur Bayerischen Geschichte und Kunst 1799-1825, Sonderausgabe, München 1992, 221-229.

Engelbrecht, Jörg, Das Herzogtum Berg im Zeitalter der Französischen Revolution. Modernisierungsprozesse zwischen bayerischem und französischem Modell, Paderborn u.a. 1996 (= Quellen und Forschungen aus dem Gebiete der Geschichte, NF 20).

Fehrenbach, Elisabeth, Traditionale Gesellschaft und revolutionäres Recht. Die Einführung des Code Napoléon in den Rheinbundstaaten, Göttingen 1974 (= Kritische Studien zur Geschichtswissenschaft, 13).

Fehrenbach, Elisabeth, Der Einfluß des Napoléonischen Frankreich auf das Rechts- und Verwaltungssystem Deutschlands, in: Armgard von Reden-Dohna (Hg.), Deutschland und Italien im Zeitalter Napoleons, Wiesbaden 1979 (= Veröffentlichungen des Instituts für Europäische Geschichte Mainz. Abt. Universalgeschichte, Beiheft, 5), 23-39.

Fehrenbach, Elisabeth, Verfassungs- und sozialpolitische Reformen und Reformprojekte in Deutschland unter dem Einfluß des napoleonischen Frankreich, in: Historische Zeitschrift 228 (1979), 288-316.

Fehrenbach, Elisabeth, Vom Ancien Régime zum Wiener Kongreß, 4. Aufl. München 2001 (= Grundriß der Geschichte, 12).

Francksen, Meent W., Die Institution des Staatsrats in den Deutschen Staaten des 19. Jahrhunderts, in: Zeitschrift für Neuere Rechtsgeschichte 7 (1985), 19-53.

Fratzke-Weiß, Birgit, Europäische und nationale Konzeptionen im Rheinbund. Politische Zeitschriften als Medien der politischen Öffentlichkeit, Frankfurt a. M. 1997 (= Europäische Hochschulschriften, 3, 756).

Frotscher, Werner – Bodo Pieroth, Verfassungsgeschichte, 4. Aufl. München 2003 (= Grundrisse des Rechts).

Gervinus, Georg Gottfried, Einleitung in die Geschichte des neunzehnten Jahrhunderts, hg. von Walter Boehlich, Frankfurt a. M. 1967 [zuerst 1853].

Geschichte der Handelskammer zu Frankfurt a.M. (1707-1908). Beiträge zur Frankfurter Handelsgeschichte, hg. von der Handelskammer zu Frankfurt a. M., Frankfurt a. M. 1908.

Goecke, Rudolf, Das Königreich Westphalen. Sieben Jahre französischer Fremdherrschaft im Herzen Deutschlands 1807-1813. Nach den Quellen dargestellt, hg. von Theodor Ilgen, Düsseldorf 1888.

Grimm, Dieter, Deutsche Verfassungsgeschichte 1776-1866. Vom Beginn des modernen Verfassungsstaats bis zur Auflösung des Deutschen Bundes, Frankfurt a. M. 1988.

Grobler, Wolfgang, Die Schul- und Turngeschichte der Stadt Köthen in Anhalt vom ausgehenden 14. Jahrhundert bis zur bürgerlich-demokratischen Revolution 1848/49, phil. Diss., Halle 1968.

Grothe, Ewald, Model or Myth? The Constitution of Westphalia of 1807 and Early German Constitutionalism, in: German Studies Review 28 (2005), 1-19.

Ham, Rüdiger, Die Constitution für das Königreich Westphalen von 1807. Zur Funktion und Funktionsweise der ersten modernen Verfassung in Deutschland, in: Zeitschrift für Neuere Rechtsgeschichte 26 (2004), 227-245.

Ham, Rüdiger – Mario Kandil, Die napoleonischen Modellstaaten, in: Peter Brandt – Martin Kirsch – Arthur Schlegelmilch (Hg.), Handbuch der europäischen Verfassungsgeschichte im 19. Jahrhundert. Institutionen und Rechtspraxis im gesellschaftlichen Wandel. Bd. 1: Um 1800, Bonn 2006, 684-713.

Hartung, Fritz, Das Großherzogtum Sachsen unter der Regierung Carl Augusts 1775-1828, Weimar 1923 (= Carl August, 2,2).

Hartung, Fritz, Deutsche Verfassungsgeschichte. Vom 15. Jahrhundert bis zur Gegenwart, 8. Aufl. Stuttgart 1964.

Hattenhauer, Christian, Das Königreich Westphalen (1807-1813), in: Bernhard Großfeld u.a. (Hg.), Westfälische Jurisprudenz. Beiträge zur deutschen und europäischen Rechtskultur, Münster u.a. 2000, 67-92.

Hecker, Michael, Napoleonischer Konstitutionalismus in Deutschland, Berlin 2005 (= Schriften zur Verfassungsgeschichte, 72).

Heckl, Jens, Das Geldwesen Anhalts unter Berücksichtigung der Staatsschulden 1690 bis 1875, Regenstauf 1999.

Heitzer, Heinz, Insurrectionen zwischen Weser und Elbe. Volksbewegungen gegen die französische Fremdherrschaft im Königreich Westfalen (1806-1813), Berlin 1959.

Herzig, Arno, Judentum und Emanzipation in Westfalen, Münster 1973 (= Veröffentlichungen des Provinzialinstituts für westfälische Landes- und Volkskunde, 1, 17).

Hohenemser, Paul, Der Frankfurter Verfassungsstreit 1705-1732 und die kaiserlichen Kommissionen, Frankfurt a. M. 1920 (= Veröffentlichungen der Historischen Kommission der Stadt Frankfurt am Main, 8).
Hölzle, Erwin, Das napoleonische Staatssystem in Deutschland, in: Historische Zeitschrift 148 (1933), 277-293.
Hölzle, Erwin, Vom Reichsuntergang zum Deutschen Bund, in: Kontinuität und Tradition. Jahrbuch der Ranke-Gesellschaft 1955, Frankfurt a. M. 1956, 17-36.
Hoppe, Günther, Domänen, Drescher und Kossaten. Zu den agrarischen Verhältnissen im Köthener Land bis zur Revolution von 1848, Köthen 1983.
Huber, Ernst Rudolf, Deutsche Verfassungsgeschichte seit 1789, Bd. 1: Reform und Restauration 1789 bis 1830, 2. Aufl., Stuttgart u.a. 1967.
Kaltwasser, Inge, Die Frankfurter Prozeßakten des gemeinschaftlichen Oberappellationsgerichtes der vier freien Städte Deutschlands zu Lübeck (1820-1866). Frankfurt a. M. 1993.
Kellmann, Axel – Patricia Drewes, Die süddeutschen Reformstaaten, in: Peter Brandt – Martin Kirsch – Arthur Schlegelmilch (Hg.), Handbuch der europäischen Verfassungsgeschichte im 19. Jahrhundert. Institutionen und Rechtspraxis im gesellschaftlichen Wandel. Bd. 1: Um 1800, Bonn 2006, 714-784.
Kirsch, Martin, Monarch und Parlament im 19. Jahrhundert. Der monarchische Konstitutionalismus als europäischer Verfassungstyp – Frankreich im Vergleich, Göttingen 1999 (= Veröffentlichungen des Max-Planck-Instituts für Geschichte, 150).
Klein, Hans H., Die Reorganisation des Herzogtums Sachsen-Weimar und Eisenach durch die Konstitution vom 26. September 1809, Heidelberg 2001 (= Schriftenreihe der Juristischen Studiengesellschaft Karlsruhe, 248).
Klein, Thomas, Anhalt-Köthen, in: Christof Römer u.a., Grundriß zur deutschen Verwaltungsgeschichte 1815-1945, Reihe B, Bd. 16: Mitteldeutschland, Kleinere Länder, Marburg 1981, 99-108.
Kleinschmidt, Arthur, Geschichte des Königreichs Westfalen, Gotha 1893 (= Allgemeine Staatengeschichte, 1; Geschichte der europäischen Staaten, 27).
Klötzer, Wolfgang, Freie Stadt Frankfurt (1815-1866), in: Thomas Klein (Bearb.), Grundriß zur deutschen Verwaltungsgeschichte 1815-1945, Reihe A, Bd. 11: Preußen, Hessen-Nassau (einschl. Vorgänger-Staaten), Marburg 1979, 237 ff.
Klueting, Harm, Dalbergs Großherzogtum Frankfurt – ein napoleonischer Modellstaat? Zu den rheinbündischen Reformen im Fürstentum Aschaffenburg und im Großherzogtum Frankfurt, in: Aschaffenburger Jahrbuch für Ge-

schichte, Landeskunde und Kunst des Untermaingebietes 11/12 (1988), 359-380.

Knemeyer, Franz-Ludwig, Regierungs- und Verwaltungsreformen in Deutschland zu Beginn des 19. Jahrhunderts, Köln 1970.

Koch, Rainer, Ständische Repräsentation oder liberale Repräsentativverfassung. Die Constitutions-Ergänzungs-Acte der freien Stadt Frankfurt als historischer Kompromiß, in: Zeitschrift für historische Forschung 2 (1978), 187-214.

Koch, Rainer, Grundlagen bürgerlicher Herrschaft. Verfassungs- und sozialgeschichtliche Studien zur bürgerlichen Gesellschaft in Frankfurt am Main (1612-1866), Wiesbaden 1983 (= Frankfurter historische Abhandlungen, 27).

Kraaz, Albert, Bauerngut und Frohndienste in Anhalt vom 16. bis zum 19. Jahrhundert, Jena 1898.

Lahrkamp, Monika, Die französische Zeit, in: Wilhelm Kohl (Hg.), Westfälische Geschichte, Bd. 2: Das 19. und das 20. Jahrhundert. Politik und Kultur, Düsseldorf 1983, 1-43.

Lemke, Peter, Judenemanzipation und bürgerliche Revolution in Anhalt: Die Stellung der Juden in der sich formierenden Gesellschaft, in: Mitteilungen des Vereins für Anhaltische Landeskunde 7 (1998/99), 28-38.

Lengemann, Jochen, Parlamente in Hessen 1808-1813. Biographisches Handbuch der Reichsstände des Königreichs Westphalen und der Ständeversammlung des Großherzogtums Frankfurt, Frankfurt a. M. 1991 (= Die Hessen-Bibliothek).

Lenz, Heinrich, Die landständische Verfassung in Anhalt, in: Sachsen und Anhalt 11 (1935), 83-136.

Liebmann, Edgar, Das Alte Reich und der napoleonische Rheinbund, in: Peter Brandt – Martin Kirsch – Arthur Schlegelmilch (Hg.), Handbuch der europäischen Verfassungsgeschichte im 19. Jahrhundert. Institutionen und Rechtspraxis im gesellschaftlichen Wandel. Bd. 1: Um 1800, Bonn 2006, 640-683.

Lindner, Heinrich, Geschichte und Beschreibung des Landes Anhalt, Bd. 4, Dessau 1833, Neudruck Halle 1991.

Luttenberger, Albrecht P., Karl Theodor von Dalberg, das Reich und der Rheinbund, in: Peter Schmid – Klemens Unger (Hg.), 1803. Wende in Europas Mitte. Vom feudalen zum bürgerlichen Zeitalter, Regensburg 2003, 53-79.

Matsumoto, Naoko, Polizeibegriff im Umbruch. Staatszwecklehre und Gewaltenteilungspraxis in der Reichs- und Rheinbundpublizistik, Frankfurt a. M. 1999 (= Studien zur Policey und Policeywissenschaft).

Möckl, Karl, Die bayerische Konstitution von 1808, in: Eberhard Weis (Hg.), Reformen im rheinbündischen Deutschland, München 1984 (= Schriften des Historischen Kollegs, Kolloquien, 4), 151-166.

Mohnhaupt, Heinz, Die Gerichtspraxis zum Code civil im Königreich Westphalen zwischen Transplantation und Restauration (1807-1813), in: ders. – Barbara Dölemeyer – Alessandro Somma (Hg.), Richterliche Anwendung des Code civil in seinen europäischen Geltungsbereichen außerhalb Frankreichs, Frankfurt a.M. 2006 (= Veröffentlichungen des Max-Planck-Instituts für europäische Rechtsgeschichte, 21), 37-60.

Müller, Gerhard, Landständische Repräsentation und früher Konstitutionalismus in Sachsen-Weimar-Eisenach. Die Landschaftsdeputation 1809-1817, in: Blätter des Vereins für thüringische Geschichte 4 (1994), 2, 20-35.

Nedden, Christian zur, Die Strafrechtspflege im Königreich Westphalen (1807 bis 1813). Dargestellt anhand der Praxis westphälischer Gerichte, Frankfurt a. M. 2003 (= Europäische Hochschulschriften, 2, 3609).

Nipperdey, Thomas, Deutsche Geschichte 1800-1866. Bürgerwelt und starker Staat, München 1983.

Nolte, Paul, Staatsbildung als Gesellschaftsreform. Politische Reformen in Preußen und den süddeutschen Staaten 1800-1820, Frankfurt a. M. 1990.

Obenaus, Herbert, Die Reichsstände des Königreichs Westfalen, in: Francia 9 (1981), 299-329.

Oer, Rudolfine Freiin von, Der Friede von Preßburg. Ein Beitrag zur Diplomatiegeschichte des napoleonischen Zeitalters, Münster 1965 (= Neue Münstersche Beiträge zur Geschichtsforschung, 8).

Oeschey, Rudolf, Die bayerische Verfassungsurkunde vom 26. Mai 1818 und die Charte Ludwigs XVIII. vom 4. Juni 1814. Ein Beitrag zur Lehre vom monarchischen Prinzip. Unter Berücksichtigung der bayerischen Konstitution vom 01. Mai 1808 und deren Vorbildes, der westfälischen Verfassung vom 15. November 1807, München 1914.

Ortloff, Hermann, Die Verfassungsentwickelung im Großherzogtum Sachsen Weimar-Eisenach. Nebst fünf geschichtlichen Anlagen, Jena 1907 (= Zeitschrift des Vereins für Thüringische Geschichte und Altertumskunde, NF, Supplementheft 2).

Owzar, Armin, Frankreich in Westfalen. Konstitutionalisierung und Parlamentarisierung unter Napoleon (1806-1813), in: Westfalen 79 (2001), 97-117.

Owzar, Armin, Fremde Herrschaft – fremdes Recht? Deutungen der napoleonischen Verfassungspolitik in Westfalen im 19. und 20. Jahrhundert, in: Westfälische Forschungen 51 (2001), 75-105.

Owzar, Armin, Wider den ‚patriarchalischen Schlendrian'. Napoleonische Verfassungspolitik in Westfalen, in: Gisela Weiß – Gerd Dethlefs (Hg.), Zerbrochen sind die Fesseln des Schlendrians. Westfalens Aufbruch in die Moderne, Münster 2002, 299-315.

Owzar, Armin, Das Königreich Westphalen und das Großherzogtum Berg. Quellen – Forschungen – Deutungen, in: Westfälische Forschungen 54 (2004), 401-414.

Pape, Matthias, Revolution und Reichsverfassung – Die Verfassungsdiskussion zwischen Fürstenbund und Rheinbund, in: Elisabeth Weisser-Lohmann (Hg.), Verfassung und Revolution. Hegels Verfassungskonzeption und die Revolutionen der Neuzeit, Hamburg 2000 (= Hegel-Studien, Beiheft 42), 40-84.

Paye, Claudie, Sprach- und Zensurpolitik im Königreich Westphalen (1807-1813): Das Medium der ‚Russischen Dolmetscher' im Kommunikationsfeld der westphälischen Gesellschaft, in: Wolfgang E. J. Weber (Hg.), Wissenswelten. Perspektiven der neuzeitlichen Informationskultur. Sommerakademie des Graduiertenkollegs Wissensfelder der Neuzeit. Entstehung und Aufbau der europäischen Informationskultur, 2.-6. September 2002, Augsburg 2003 (= Mitteilungen des Instituts für Europäische Kulturgeschichte der Universität Augsburg, Sonderheft), 45-73.

Pfeffer, Rupert, Die Verfassungen der Rheinbundstaaten als Zeugnisse des politischen Denkens in den Anfängen des deutschen Konstitutionalismus, jur. Diss., Erlangen 1960.

Press, Volker, Landtage im Alten Reich und im Deutschen Bund, Voraussetzungen ständischer und konstitutioneller Entwicklungen 1750-1830, in: Zeitschrift für württembergische Landesgeschichte 39 (1980), 100-140.

Puhle, Dorothea, Das Herzogtum Braunschweig-Wolfenbüttel im Königreich Westphalen und seine Restitution 1806-1815, Braunschweig 1989 (= Beihefte zu den Braunschweigischen Jahrbüchern, 5).

Quint, Wolfgang, Souveränitätsbegriff und Souveränitätspolitik in Bayern. Von der Mitte des 17. bis zur ersten Hälfte des 19. Jahrhunderts, Berlin 1971 (= Schriften zur Verfassungsgeschichte, 15).

Raumer, Kurt von, „Préfecture Française". Montgelas und die Beurteilung der napoleonischen Rheinbundpolitik. Ein Bericht des württembergischen Gesandten Graf Taube München, 5. Juli 1806, in: Konrad Repgen – Stephan Skalweit (Hg.), Spiegel der Geschichte. Festgabe für Max Braubach zum 18. April 1964, Münster 1964, 635-661.

Raumer, Kurt von, Deutschland um 1800: Krise und Neugestaltung. Von 1789 bis 1815, in: ders. – Manfred Botzenhart, Deutsche Geschichte im 19. Jahrhundert, Wiesbaden 1980 (= Handbuch der Deutschen Geschichte, 3, 1a), 1-430.

Rob, Klaus, Napoleonische Bauernbefreiung. Staatskunst im Großherzogtum Berg, Staatsversagen im Königreich Westphalen, in: Burkhard Dietz (Hg.), Das Großherzogtum Berg als napoleonischer Modellstaat. Eine regionalhistorische Zwischenbilanz, Köln 1995, 66-78.

Rob, Klaus, Das Königreich Westphalen und die politisch-gesellschaftliche Modernisierung im rheinbündischen Deutschland, in: Harm Klueting (Hg.), 200 Jahre Reichsdeputationshauptschluss. Säkularisation, Mediatisierung und Modernisierung zwischen Altem Reich und neuer Staatlichkeit, Münster 2005 (= Schriften der Historischen Kommission für Westfalen, 19), 239-251.

Rödel, Rudolf, Die Politik des Fürstentums Reuß ä. L. von der Auflösung des deutschen Reiches bis zum Ende des Wiener Kongresses, in: Jahresberichte und Mitteilungen des Vereins für Greizer Geschichte 13 (1929), 1-103.

Samarkin, Viktor, Zur Geschichte der Juden in Köthen zu Beginn des 19. Jahrhunderts, in: Bernd G. Ulbrich (Hg.), Anhalt, deine Juden... Materialien des Dessauer Herbstseminars zur Geschichte der Juden in Deutschland, Dessau 2002, 69-88.

Schanz, Georg, Die Steuern im Herzogtum Anhalt, ihre Entwicklung und neueste Reform, in: Finanz-Archiv. Zeitschrift für das gesamte Finanzwesen 4 (1887), Bd. 2, 393-485.

Schlotter, Paul, Das Staats- und Verwaltungsrecht der Fürstentümer Reuß älterer und jüngerer Linie, Hannover 1909 (= Bibliothek des öffentlichen Rechts, 8).

Schmidt, Charles, Le Grand-Duché de Berg (1806-1813). Étude sur la domination française en Allemagne sous Napoléon I., 1905; dt. übersetzt u.d.T.: Das Großherzogtum Berg 1806-1813. Eine Studie zur französischen Vorherrschaft in Deutschland unter Napoleon I., hg. von Burkhard Dietz und Jörg Engelbrecht, Neustadt/Aisch 1999 (= Bergische Forschungen, 27).

Schmidt, Georg, Der napoleonische Rheinbund – ein erneuertes Altes Reich?, in: Volker Press (Hg.), Alternativen zur Reichsverfassung in der Frühen Neuzeit? München 1995 (= Schriften des Historischen Kollegs. Kolloquien, 23), 227-246.

Schmitt, Hans A., Germany without Prussia: A Closer Look at the Confederation of the Rhine, in: German Studies Review 6 (1983), 9-39.

Schnabel, Franz, Deutsche Geschichte im neunzehnten Jahrhundert, Mit einer Einleitung von Eberhard Weis, Bd. 1: Die Grundlagen, unveränd. photomechan. Nachdruck d. Ausg. Freiburg i. Br. 1929, München 1987.

Schöntag, Wilfried, „... daß die Rheinbunds-Acte das Fürstenhaus größer, mächtiger und reicher – das Land aber unfreier und ärmer gemacht hat ...“. Die Fürstentümer Hohenzollern-Hechingen und Hohenzollern-Sigmaringen im Zeitalter Napoleons, in: Württembergisches Landesmuseum Stuttgart (Hg.), Baden und Württemberg im Zeitalter Napoleons, Bd. 2: Aufsätze, Stuttgart 1987, 81-102.

Schubert, Werner, Französisches Recht in Deutschland zu Beginn des 19. Jahrhunderts. Zivilrecht, Gerichtsverfassungsrecht und Zivilprozeßrecht. Köln-Wien 1977 (= Forschungen zur neueren Privatrechtsgeschichte, 24).

Schuck, Gerhard, Rheinbundpatriotismus und politische Öffentlichkeit zwischen Aufklärung und Frühliberalismus. Kontinuitätsdenken und Diskontinuitätserfahrung in den Staatsrechts- und Verfassungsdebatten der Rheinbundpublizistik, Stuttgart 1994 (= Frankfurter Historische Abhandlungen, 36).

Schulze, Robert, Köthen in Anhalt. Ein Führer durch die Stadt und ihre Geschichte, Köthen 1923.

Schwemer, Richard, Geschichte der Freien Stadt Frankfurt a. M. (1814-1866), 3 Bde., Frankfurt a. M. 1910-1918.

Seela, Reyk, Landtage und Gebietsvertretungen in den reußischen Staaten 1848/67-1923. Biographisches Handbuch, Jena u.a. 1996 (= Veröffentlichungen der Historischen Kommission für Thüringen, Große Reihe, Bd. 1: Parlamente in Thüringen 1809-1952, 2).

Seier, Hellmut, Das Kurfürstentum Hessen 1803-1866, in: Walter Heinemeyer (Hg.), Handbuch der hessischen Geschichte, Bd. 4,2: Hessen im Deutschen Bund und im neuen Deutschen Reich (1806) 1815 bis 1945. Die hessischen Staaten bis 1945, Marburg 1998 (= Veröffentlichungen der Historischen Kommission für Hessen, 63), 1-183.

Senkowska-Gluck, Monika, Das Herzogtum Warschau, in: Heinz-Otto Sieburg (Hg.), Napoleon und Europa, Köln-Berlin 1971 (= Neue Wissenschaftliche Bibliothek: Geschichte, 44), 221-230.

Severin, Bettina, Modellstaatspolitik im rheinbündischen Deutschland. Berg, Westfalen und Frankfurt im Vergleich, in: Francia 24/2 (1997), 181-203.

Severin-Barboutie, Bettina, Verfassung und Verwaltung im Umbruch. Das rheinbündische Deutschland im Vergleich, in: Zeitschrift für Neuere Rechtsgeschichte 28 (2006), 338-363.

Severin-Barboutie, Bettina, Französische Herrschaftspolitik und Modernisierung. Verfassungs- und Verwaltungsreformen im Großherzogtum Berg (1806-1813), [voraussichtlich Bonn 2007].

Sieburg, Heinz-Otto, Die Auswirkungen des napoleonischen Herrschaftssystems auf die Verfassungsentwicklung in Deutschland, in: ders. (Hg.), Napoleon und Europa, Köln-Berlin 1971 (= Neue Wissenschaftliche Bibliothek: Geschichte, 44), 201-220.

Siegmund, Harry, Der französische Einfluss auf die deutsche Verfassungsentwicklung 1789-1815, phil. Diss., Freiburg 1987.

Speitkamp, Winfried, Restauration als Transformation, Untersuchungen zur kurhessischen Verfassungsgeschichte 1813-1830, Darmstadt-Marburg 1986 (= Quellen und Forschungen zur hessischen Geschichte, 67).

Stenzel, G.[ustav] A.[dolf] H.[arald], Handbuch der Anhaltischen Geschichte, Dessau 1820.

Thimme, Friedrich, Die inneren Zustände des Kurfürstentums Hannover unter der französisch-westfälischen Herrschaft 1806-1813, 2 Bde., Hannover-Leipzig 1895.
Thomas, Michael, Bürgerliche Reformen und feudale Beharrungspolitik. Zur Geschichte Anhalts während der napoleonischen Fremdherrschaft, in: Magdeburger Blätter. Jahresschrift für Heimat- und Kulturgeschichte im Bezirk Magdeburg, 1989, 10-16.
Thomas, Michael, Christoph Christian Freiherr von Dabelow (1768-1830), in: Helmut Reinalter (Hg.), Biographisches Lexikon zur Geschichte der demokratischen und liberalen Bewegungen in Mitteleuropa, Bd. 2, Tl. 1, Frankfurt a. M. u.a. 2005, 56-59.
Treitschke, Heinrich von, Deutsche Geschichte im Neunzehnten Jahrhundert, Bd. 1: Bis zum zweiten Pariser Frieden, Leipzig 1928 [zuerst 1879].
Tulard, Jean (Hg.), Dictionnaire Napoléon, o.O. [Paris] 1989.
Tulard, Jean, Siméon et l'Organisation du Royaume de Westphalie (1807-1813), in: Francia 1 (1973), 557-568.
Ullmann, Hans-Peter, Finanzreformen im Königreich Westfalen 1807-1813, in: Winfried Speitkamp – Hans-Peter Ullmann (Hg.), Konflikt und Reform. Festschrift für Helmut Berding, Göttingen 1995, 118-135.
Usée, Kurt, Der Einfluß der französischen Verfassungen auf die deutschen Verfassungsurkunden der Jahre 1806-1820, Greifswald 1910.
Valentin, Veit, Frankfurt am Main und die Revolution von 1848/49, Stuttgart-Berlin 1908.
Voss, Jürgen, Christophe Guillaume Koch (1737-1813). Homme politique et historiographe contemporain de la Révolution, in: History of European Ideas 13 (1991), 531-543.
Walter, Gero, Der Zusammenbruch des Heiligen Römischen Reichs deutscher Nation und die Problematik seiner Restauration in den Jahren 1814/15, Heidelberg 1980 (= Studien und Quellen zur Geschichte des deutschen Verfassungsrechts, 12).
Wäschke, Hermann, Anhaltische Geschichte, Bd. 3: Geschichte Anhalts von der Teilung bis zur Wiedervereinigung, Cöthen 1913.
Weber, Matthias, Verfassung und Reform in Vormärz und Revolutionszeit. Die konstituierende Versammlung des Freistaats Frankfurt 1848-1850, phil. Diss., Frankfurt a. M. 1996.
Wegelin, Peter, Die bayerische Konstitution von 1808, in: Schweizer Beiträge zur Allgemeinen Geschichte 16 (1958), 142-206.
Wegener, Helene, Die Relationen Napoléons I. zum Königreich Westfalen, im besonderen durch die Mission des kaiserlch. Gesandten, Grafen Reinhards am Kasseler Hof. 1807-1813. Tl. 1, Breslau 1905.

Wehler, Hans-Ulrich, Deutsche Gesellschaftsgeschichte. Bd. 1: Vom Feudalismus des Alten Reiches bis zur Defensiven Modernisierung der Reformära 1700-1815, München 1989.

Weidemann, Johannes, Neubau eines Staates. Staats- und verwaltungsrechtliche Untersuchung des Königreichs Westphalen, Leipzig 1936 (= Schriften der Akademie für Deutsches Recht, 2).

Weis, Eberhard, Montgelas' innenpolitisches Reformprogramm. Das Ansbacher Mémoire für den Herzog vom 30.9.1796, in: Zeitschrift für bayerische Landesgeschichte 33 (1970), 219-256.

Weis, Eberhard, Der Einfluß der Französischen Revolution und des Empire auf die Reformen in den süddeutschen Staaten, in: Francia 1 (1973), 569-583.

Weis, Eberhard (Hg.), Reformen im rheinbündischen Deutschland, München 1984 (= Schriften des Historischen Kollegs, Kolloquien, 4).

Weis, Eberhard, Napoleon und der Rheinbund, in: ders., Deutschland und Frankreich um 1800. Aufklärung – Revolution – Reform, hg. von Walter Demel und Bernd Roeck, München 1990, 186-217.

Weis, Eberhard, Bayern und Frankreich in der Zeit des Konsulats und des ersten Empire (1799-1815), in: ders., Deutschland und Frankreich um 1800. Aufklärung – Revolution – Reform, hg. von Walter Demel und Bernd Roeck, München 1990, 152-185.

Weis, Eberhard, Die Begründung des modernen bayerischen Staates unter König Max I. (1799-1825), in: Alois Schmid (Hg.), Handbuch der bayerischen Geschichte, Bd. 4,1, 2. Aufl., München 2003, 3-126.

Weis, Eberhard, Montgelas. Bd. 2: Der Architekt des modernen bayerischen Staates 1799-1838, München 2005.

Westerburg, Jörg, „ ... Geburt zu einem neuen Leben." Die Brüder Murhard und der Reformstaat Westfalen, in: ders. – Axel Halle – Karl-Hermann Wegner (Hg.), Die Brüder Murhard. Leben für Menschenrechte und Bürgerfreiheit. Katalog zur Ausstellung im Stadtmuseum Kassel in Zusammenarbeit mit der Universitätsbibliothek Kassel 30. November 2003 bis 18. April 2004, Kassel 2003, 79-110.

Wierichs, Marion, Napoleon und das „Dritte Deutschland" 1805/1806. Die Entstehung der Großherzogtümer Baden, Berg und Hessen, Frankfurt a. M. 1978 (= Europäische Hochschulschriften, 3, 99).

Willoweit, Dietmar, Deutsche Verfassungsgeschichte. Vom Frankenreich bis zur Teilung Deutschlands. Ein Studienbuch, 3. Auflage München 1997 (= Juristische Kurz-Lehrbücher).

Wohlfeil, Rainer, Napoleonische Modellstaaten, in: Wolfgang von Groote (Hg.), Napoleon I. und die Staatenwelt seiner Zeit, Freiburg 1969, 33-53.

Wohlfeil, Rainer, Untersuchungen zur Geschichte des Rheinbundes 1806-1813. Das Verhältnis Dalbergs zu Napoleon, in: Zeitschrift für die Geschichte des Oberrheins 108, NF 69 (1960), 85-108.
Woolf, Stuart, Napoleon's Integration of Europe, London-New York 1991.
Wrobel, Kathrin, Von Tribunalen, Friedensrichtern und Maires. Gerichtsverfassung, Rechtsprechung und Verwaltungsorganisation des Königreichs Westphalen unter besonderer Berücksichtigung Osnabrücks, Göttingen 2004 (= Osnabrücker Schriften zur Rechtsgeschichte, 11).
Zimmer, Erhard, Die Zivilgerichtsbarkeit in Frankfurt am Main im 19. Jahrhundert, in: Archiv für Frankfurts Geschichte und Kunst 57 (1980), 87 ff.; 62 (1985), 267 ff.; 64 (1987), 167 ff.
Zimmermann, Fritz, Bayerische Verfassungsgeschichte vom Ausgang der Landschaft bis zur Verfassungsurkunde von 1818. Ein Beitrag zur Auseinandersetzung Deutschlands mit den Ideen der Französischen Revolution und Restauration. Tl. 1: Vorgeschichte und Entstehung der Konstitution von 1808, München 1940 (= Schriftenreihe zur bayerischen Landesgeschichte, 35).

Publikationsorte der Verfassungen

In dieser Zusammenstellung werden die wichtigsten (vor allem neueren) Publikationsorte der vollständigen Verfassungstexte aufgelistet. Die Quellenangaben sind nach dem Erscheinungsdatum der Editionen in aufsteigender Folge geordnet.

Rheinbund

Rheinbundakte vom 12.7.1806

Pölitz, Karl Heinrich Ludwig, Die europäischen Verfassungen seit dem Jahre 1789 bis auf die neueste Zeit, Bd. 1, Abt. 1, Leipzig 1832, 3-8 (deutsch).

Pölitz, Karl Heinrich Ludwig, Die Verfassungen des teutschen Staatenbundes seit dem Jahre 1789 bis auf die neueste Zeit, Bd. 1, Leipzig 1847, 3-8 (deutsch).

Zeumer, Karl (Hg.), Quellensammlung zur Geschichte der Deutschen Reichsverfassung in Mittelalter und Neuzeit, Tl. 2, Tübingen 1904, 2. Aufl. 1913 (= Quellensammlung zum Staats-, Verwaltungs- und Völkerrecht, 2), 532-536 (frz.).

Walder, Ernst (Bearb.), Das Ende des Alten Reiches. Der Reichsdeputationshauptschluß von 1803 und die Rheinbundakte von 1806 nebst zugehörigen Aktenstücken, 2. Aufl. Bern 1962 (= Quellen zur Neueren Geschichte, 10), 68-81 (frz.)

Huber, Ernst Rudolf (Hg.), Dokumente zur deutschen Verfassungsgeschichte, 3. Aufl. Stuttgart u.a. 1978, 28-34 (deutsch).

Boldt, Hans (Hg.), Reich und Länder. Texte zur deutschen Verfassungsgeschichte im 19. und 20. Jahrhundert, München 1987, 62-72 (frz.).

Dürig, Günter – Walter Rudolf (Hg.), Texte zur deutschen Verfassungsgeschichte. Vornehmlich für den Studiengebrauch, 3. Aufl. München 1996 (= Rechtshistorische Texte), 1-10 (deutsch).

Willoweit, Dietmar – Ulrike Seif (Hg.), Europäische Verfassungsgeschichte, München 2003 (= Rechtshistorische Texte), 413-418 (deutsch).

Bussek, Holger– Martin Damken – Thomas Müller – Martin Regenbrecht (Hg.), Deutsche Verfassungen, CD-ROM, Berlin 2004 (deutsch).

Kotulla, Michael, Deutsches Verfassungsrecht 1806-1918. Eine Dokumentensammlung nebst Einführungen. Bd. 1: Gesamtdeutschland, Anhaltische Staaten und Baden, Berlin-Heidelberg 2006, 497-512 (deutsch/frz.).
Heun, Werner (Hg.), German Constitutional Documents 1806-1849. Part 1: National Constitutions/Constitutions of the German States (Anhalt-Bernburg – Baden). Deutsche Verfassungsdokumente 1806-1849. Teil 1: Nationale Verfassungen/Verfassungen der deutschen Staaten (Anhalt-Bernburg – Baden), München 2006 (= Constitutions of the World from the late 18th Century to the Middle of the 19th Century. Sources on the Rise of Modern Constitutionalism. Europe, vol. 3; Verfassungen der Welt vom späten 18. Jahrhundert bis Mitte des 19. Jahrhunderts. Quellen zur Herausbildung des modernen Konstitutionalismus, Europa, Bd. 3), 17-23 (frz.).

Königreich Westphalen

Verfassung vom 7.12.1807

Bulletin des lois du Royaume de Westphalie – Gesetz-Bülletin des Königreichs Westphalen. 3 Bde., Kassel 1808, Nr. 1, 1-31 (deutsch/frz.).
Pölitz, Karl Heinrich Ludwig, Die europäischen Verfassungen seit dem Jahre 1789 bis auf die neueste Zeit, Bd. 1, Abt. 1, Leipzig 1832, 36-42 (deutsch).
Pölitz, Karl Heinrich Ludwig, Die Verfassungen des teutschen Staatenbundes seit dem Jahre 1789 bis auf die neueste Zeit, Bd. 1, Leipzig 1847, 36-42 (deutsch).
Boldt, Hans (Hg.), Reich und Länder. Texte zur deutschen Verfassungsgeschichte im 19. und 20. Jahrhundert, München 1987, 77-89 (deutsch).
Rob, Klaus (Bearb.), Regierungsakten des Königreichs Westphalen 1807-1813, München 1992 (= Quellen zu den Reformen in den Rheinbundstaaten, 2), 41-57 (deutsch/frz.).
Franz, Eckhart G. – Karl Murk (Hg.), Verfassungen in Hessen 1807-1946. Verfassungstexte der Staaten des 19. Jahrhunderts, des Volksstaates und des heutigen Bundeslandes Hessen, Darmstadt 1998 (= Arbeiten der Hessischen Historischen Kommission, NF 13), 21-31 (deutsch).
Willoweit, Dietmar – Ulrike Seif (Hg.), Europäische Verfassungsgeschichte, München 2003 (= Rechtshistorische Texte), 418-428 (deutsch).
Bussek, Holger– Martin Damken – Thomas Müller – Martin Regenbrecht (Hg.), Deutsche Verfassungen, CD-ROM, Berlin 2004 (deutsch).
Brandt, Peter – Martin Kirsch – Arthur Schlegelmilch (Hg.), Quellen zur europäischen Verfassungsgeschichte im 19. Jahrhundert. Institutionen und Rechts-

praxis im gesellschaftlichen Wandel, Tl. 1: Um 1800, CD-ROM, Bonn 2004 (deutsch/frz.).

Königreich Bayern

Verfassung vom 25.4.1808

Königlich Baierisches Regierungs-Blatt 1808, 985-1000.
Pölitz, Karl Heinrich Ludwig, Die europäischen Verfassungen seit dem Jahre 1789 bis auf die neueste Zeit, Bd. 1, Leipzig 1832, 96-100.
Döllinger, Georg Ferdinand, Sammlung der im Gebiete der inneren Staats-Verwaltung des Königreichs Bayern bestehenden Verordnungen. Aus amtlichen Quellen geschöpft und systematisch geordnet, Bd. 1: Staatsgebiet und Staatsverfassung, München 1835, 371-379.
Pölitz, Karl Heinrich Ludwig, Die Verfassungen des teutschen Staatenbundes seit dem Jahre 1789 bis auf die neueste Zeit, Bd. 1, Leipzig 1847, 96-100.
Doeberl, Michael, Rheinbundverfassung und bayerische Konstitution, München 1924 (= Sitzungsberichte der Bayerischen Akademie der Wissenschaften, philos.-philolog. u. hist. Kl. 1924), 88-92.
Wegelin, Peter, Die bayerische Konstitution von 1808, in: Schweizer Beiträge zur Allgemeinen Geschichte 16 (1958), 142-206, hier 150-153.
Schimke, Maria Carola (Hg.), Regierungsakten des Kurfürstentums und Königreichs Bayern 1799-1815, München 1996 (= Quellen zu den Reformen in den Rheinbundstaaten, 4), 77-82.
Bussek, Holger– Martin Damken – Thomas Müller – Martin Regenbrecht (Hg.), Deutsche Verfassungen, CD-ROM, Berlin 2004.
Brandt, Peter – Martin Kirsch – Arthur Schlegelmilch (Hg.), Quellen zur europäischen Verfassungsgeschichte im 19. Jahrhundert. Institutionen und Rechtspraxis im gesellschaftlichen Wandel, Tl. 1: Um 1800, CD-ROM, Bonn 2004.

Fürstentum Reuß ältere Linie

Verfassung vom 15.3.1809

Thüringisches Staatsarchiv Greiz, Mandate und Verordnungen, Nr. 2, Bl. 149-152v sowie Bl. 242-249v, Nr. 4, Stück-Nr. 82, Nr. 9, Stück-Nr. 47, Nr. 11, Bl. 97-102v, Nr. 13, Bl. 262-265v, Nr. 20, Bl. 24-27v, Nr. 20a, Bl. 66-69v.

Herzogtum Sachsen-Weimar-Eisenach

Verfassung vom 20.9.1809

Thüringisches Hauptstaatsarchiv Weimar, Vereinigte Landschaft, IV 4, Bl. 5-51.
Pölitz, Karl Heinrich Ludwig, Die europäischen Verfassungen seit dem Jahre 1789 bis auf die neueste Zeit, Bd. 1, Leipzig 1832, 732-751.
Pölitz, Karl Heinrich Ludwig, Die Verfassungen des teutschen Staatenbundes seit dem Jahre 1789 bis auf die neueste Zeit, Bd. 2, Leipzig 1847, 732-751.
Bussek, Holger– Martin Damken – Thomas Müller – Martin Regenbrecht (Hg.), Deutsche Verfassungen, CD-ROM, Berlin 2004.

Freie Stadt/Großherzogtum Frankfurt

Organisation der Stadt Frankfurt am Main vom 10.10.1806

Der Rheinische Bund 1 (1808), 353 ff.
Pölitz, Karl Heinrich Ludwig, Die europäischen Verfassungen seit dem Jahre 1789 bis auf die neueste Zeit, Bd. 1, Leipzig 1832, 1125-1130.
Pölitz, Karl Heinrich Ludwig, Die Verfassungen des teutschen Staatenbundes seit dem Jahre 1789 bis auf die neueste Zeit, Bd. 2, Leipzig 1847, 1125-1130.

Höchstes Organisations-Patent der Verfassung des Großherzogthums Frankfurt vom 16.8.1810

Großherzoglich frankfurtisches Regierungsblatt 1 (1810), 10-24.
Pölitz, Karl Heinrich Ludwig, Die europäischen Verfassungen seit dem Jahre 1789 bis auf die neueste Zeit, Bd. 1, Leipzig 1832, 45-49
Pölitz, Karl Heinrich Ludwig, Die Verfassungen des teutschen Staatenbundes seit dem Jahre 1789 bis auf die neueste Zeit, Bd. 1, Leipzig 1847, 45-49.
Rob, Klaus (Bearb.), Regierungsakten des Primatialstaates und des Großherzogtums Frankfurt 1806-1813, München 1995 (= Quellen zu den Reformen in den Rheinbundstaaten, 3), 106-116.
Franz, Eckhart G. – Karl Murk (Hg.), Verfassungen in Hessen 1807-1946. Verfassungstexte der Staaten des 19. Jahrhunderts, des Volksstaates und des heutigen Bundeslandes Hessen, Darmstadt 1998 (= Arbeiten der Hessischen Historischen Kommission, NF 13), 34-43.

Bussek, Holger– Martin Damken – Thomas Müller – Martin Regenbrecht (Hg.), Deutsche Verfassungen, CD-ROM, Berlin 2004.
Brandt, Peter – Martin Kirsch – Arthur Schlegelmilch (Hg.), Quellen zur europäischen Verfassungsgeschichte im 19. Jahrhundert. Institutionen und Rechtspraxis im gesellschaftlichen Wandel, Tl. 1: Um 1800, CD-ROM, Bonn 2004.

Constitutions-Ergänzungs-Acte vom 17./18.7.1816

Constitutions-Ergänzungs-Acte zu der alten Stadt-Verfassung der freien Stadt Frankfurt angenommen durch die Bürgerschaft den 17. und 18. Juli 1816, Frankfurt 1817.
Pölitz, Karl Heinrich Ludwig, Die europäischen Verfassungen seit dem Jahre 1789 bis auf die neueste Zeit, Bd. 1, Leipzig 1832, 1155-1180.
Pölitz, Karl Heinrich Ludwig, Die Verfassungen des teutschen Staatenbundes seit dem Jahre 1789 bis auf die neueste Zeit, Bd. 2, Leipzig 1847, 1155-1180.

Herzogtum Anhalt-Köthen

Edict wegen Einführung des Französischen Gesetzbuchs vom 28.12.1810, Verwaltungsordnungen vom 19.2.1811 und vom 22.2.1811.

Sammlung der in dem Herzogthume Anhalt-Cöthen ergangenen Gesetze, Verordnungen und Verfügungen, Jg. 1810, Bd. 4, Nr. 167, 153-155.
Pölitz, Karl Heinrich Ludwig, Die europäischen Verfassungen seit dem Jahre 1789 bis auf die neueste Zeit, Bd. 1, Leipzig 1832, 1057-1064.
Pölitz, Karl Heinrich Ludwig, Die Verfassungen des teutschen Staatenbundes seit dem Jahre 1789 bis auf die neueste Zeit, Bd. 2, Leipzig 1847, 1057-1064.
Kotulla, Michael, Deutsches Verfassungsrecht 1806-1918. Eine Dokumentensammlung nebst Einführungen. Bd. 1: Gesamtdeutschland, Anhaltische Staaten und Baden, Berlin-Heidelberg 2006, 1523-1535.
Heun, Werner (Hg.), German Constitutional Documents 1806-1849. Part 1: National Constitutions/Constitutions of the German States (Anhalt-Bernburg – Baden). Deutsche Verfassungsdokumente 1806-1849. Teil 1: Nationale Verfassungen/Verfassungen der deutschen Staaten (Anhalt-Bernburg – Baden), München 2006 (= Constitutions of the World from the late 18th Century to the Middle of the 19th Century. Sources on the Rise of Modern Constitutionalism. Europe, vol. 3; Verfassungen der Welt vom späten 18. Jahrhundert bis

Mitte des 19. Jahrhunderts. Quellen zur Herausbildung des modernen Konstitutionalismus, Europa, Bd. 3), 173 f.

Personenregister

Die Person „Napoleon Bonaparte“ wurde wegen der Häufigkeit ihres Auftretens nicht in das Register aufgenommen.

Orts- und Sachregister

Die Begriffe „Konstitution“, „Konstitutionalismus“ und „Verfassung“ wurden wegen der Häufigkeit ihres Auftretens nicht in das Register aufgenommen.

RECHTSHISTORISCHE REIHE

Band 1 Studien zu den germanischen Volksrechten. Gedächtnisschrift für Wilhelm Ebel. Vorträge gehalten auf dem Fest-Symposion anläßlich des 70. Geburtstages von Wilhelm Ebel am 16. Juni 1978 in Göttingen. Götz Landwehr (Hrsg.) 1982.

Band 2 Hans Poeschel: Die Statuten der Banken, Sparkassen und Kreditgenossenschaften in Hamburg und Altona von 1710 bis 1889. 1978.

Band 3 Thomas Kolbeck: Juristenschwemmen, Untersuchungen über den juristischen Arbeitsmarkt im 19. und 20. Jahrhundert. 1978.

Band 4 Norbert Hempel: Richterleitbilder in der Weimarer Republik. 1978.

Band 5 Rolf Stratmann: Die Scheinbußen im mittelalterlichen Recht. 1978.

Band 6 Martin C. Lockert: Die niedersächsischen Stadtrechte zwischen Aller und Weser. Vorkommen und Verflechtungen. Eine Bestandsaufnahme. 1979.

Band 7 Joachim Rückert/Wolfgang Friedrich: Betriebliche Arbeiterausschüsse in Deutschland, Großbritannien und Frankreich im späten 19. und frühen 20. Jahrhundert. Eine vergleichende Studie zur Entwicklung des kollektiven Arbeitsrechts. 1979.

Band 8 Peter Bender: Die Rezeption des römischen Rechts im Urteil der deutschen Rechtswissenschaft. 1979.

Band 9 Friedrich Karl Alsdorf: Untersuchungen zur Rechtsgestalt und Teilung deutscher Ganerbenburgen. 1980.

Band 10 Dietmar Willoweit/Winfried Schich (Hrsg.): Studien zur Geschichte des sächsisch-magdeburgischen Rechts in Deutschland und Polen (Sammelband). 1980.

Band 11 Brigitte Hempel: Der Entwurf einer Polizeiordnung für das Herzogtum Sachsen-Lauenburg aus dem Jahre 1591. 1980.

Band 12 Klaus-Detlev Godau-Schüttke: Rechtsverwalter des Reiches. Staatssekretär Dr. Curt Joël. 1981.

Band 13 Rainer Polley: Anton Friedrich Justus Thibaut (AD 1772-1840) in seinen Selbstzeugnissen und Briefen. Teil 1: Abhandlung. Teil 2: Briefwechsel. Teil 3: Register zum Briefwechsel. 1982.

Band 14 Michael Wettengel: Der Streit um die Vogtei Kelkheim 1275-1276. Ein kanonischer Prozeß.1981.

Band 15 Otto Wilhelm Krause: Naturrechtler des sechzehnten Jahrhunderts. Ihre Bedeutung für die Entwicklung eines natürlichen Privatrechts. 1982.

Band 16 Helga Spindler: Von der Genossenschaft zur Betriebsgemeinschaft. Kritische Darstellung der Sozialrechtslehre Otto von Gierkes. 1982.

Band 17 Holger Otte: Gustav Radbruchs Kieler Jahre 1919-1926. 1982.

Band 18 Rüdiger Teuner: Die fuldische Ritterschaft 1510-1656. 1982.

Band 19 Gerhard Dilcher/Rudolf Hoke/Gian Savino Pene Vidari/Hans Winterberg (Hrsg.): Grundrechte im 19. Jahrhundert. 1982.

Band 20 Karl-Hans Schloßstein: Die westfälischen Fabrikengerichtsdeputationen - Vorbilder, Werdegang und Scheitern. 1982.

Band 21 Birger Schulz: Der Republikanische Richterbund (1921-1933). 1982.

Band 22 Engelbert Krause: Die gegenseitigen Unterhaltsansprüche zwischen Eltern und Kindern in der deutschen Privatrechtsgeschichte. 1982.

Band 23 Meent W. Francksen: Staatsrat und Gesetzgebung im Großherzogtum Berg (1806-1813). 1982.

Band 24 Gerd von Sonnleithner: Bearbeitung des Handelsrechts durch Ignaz von Sonnleithner in seinem "Leitfaden über das österreichische Handels- und Wechselrecht". 1982.

Band 25 Rudolf Palme: Rechts-, Wirtschafts- und Sozialgeschichte der inneralpinen Salzwerke bis zu deren Monopolisierung. 1983.

Band 26 Helen Bosshard: Pestalozzis Staats- und Rechtsverständnis und seine Stellung in der Aufklärung. 1983.

Band 27 Jens Jessen: Die Selbstzeugnisse der deutschen Juristen. Erinnerungen, Tagebücher und Briefe. Eine Bibliographie. 1983.

Band 28 Günter Martin Jensen: Das Domanium Waldeck. Die rechtliche Zuordnung eines Fürstenvermögens. 1984.

Band 29 Johann Heinrich Kumpf: Petitionsrecht und öffentliche Meinung im Entstehungsprozeß der Paulskirchenverfassung 1848/49. 1983.

Band 30 Sabine Frey: Rechtsschutz der Juden gegen Ausweisungen im 16. Jahrhundert. 1983.

Band 31 Dietrich Joswig: Die germanische Grundstücksübertragung. 1984.

Band 32 Andreas Baryli: Konzessionssystem contra Gewerbefreiheit. Zur Diskussion der österreichischen Gewerberechtsreform 1835 bis 1860. 1984.

Band 33 Gerhard Oberkofler: Studien zur Geschichte der österreichischen Rechtswissenschaft. 1984.

Band 34 Rudolf Lauda: Kaufmännische Gewohnheit und Burgrecht bei Notker dem Deutschen. Zum Verhältnis von literarischer Tradition und zeitgenössischer Realität in der frühmittelalterlichen Rhetorik. 1984.

Band 35 Jens Jensen: Die Ehescheidung des Bischofs Hans von Lübeck von Prinzessin Julia Felicitas von Württemberg-Weiltingen AD 1648-1653. Ein Beitrag zum protestantischen Ehescheidungsrecht im Zeitalter des beginnenden Absolutismus. 1984.

Band 36 Horst Schröder: Friedrich Karl von Savigny. Geschichte und Rechtsdenken beim Übergang vom Feudalismus zum Kapitalismus in Deutschland. 1984.

Band 37 Andreas Hatzung: Dogmengeschichtliche Grundlagen und Entstehung des zivilrechtlichen Notstands. 1984.

Band 38 Matthias Klasen: Das Billwerder Landrecht. Landrecht und Landgericht in den Hamburger Elbmarschen. 1985.

Band 39 Rainer Jamin: Aufbau, Tätigkeit und Verfahren der Auseinandersetzungsbehörden bei der Durchführung der preußischen Agrarreformen. 1985.

Band 40 Henry Winter: Teilschuld, Gesamtschuld und unechte Gesamtschuld. Zur Konzeption der §§ 420 ff. BGB - Ein Beitrag zur Entstehungsgeschichte des BGB. 1985.

Band 41 Hermann Eichler: Verfassungsbewegung in Amerika und Europa. 1985.

Band 42 Dagmar Bandemer: Heinrich Albert Zachariae. Rechtsdenken zwischen Restauration und Reformation. 1985.

Band 43 Eva-Christine Frentz: Das Hamburgische Admiralitätsgericht (1623-1811). Prozeß und Rechtsprechung. 1985.

Band 44 Karl Lillig: Rechtsetzung im Herzogtum Pfalz-Zweibrücken während des 18. Jahrhunderts. Ein Beitrag zur Geschichte der territorialen Rechtsbildung. 1985.

Band 45 Walter Weber: Die Entwicklung der Sparkassen zu selbständigen Anstalten des öffentlichen Rechts. Ein Beitrag zur Entwicklung des Anstaltsbegriffs im 19. Jahrhundert. 1985.

Band 46 Bärbel Baum: Der Stabreim im Recht. Vorkommen und Bedeutung des Stabreims in Antike und Mittelalter. 1986.

Band 47 Hans Popp: Die nationalsozialistische Sicht einiger Institute des Zivilprozeß- und Gerichtsverfassungsrechts. 1986.

Band 48 John Karl-Heinz Montag: Die Lehrdarstellung des Handelsrechts von Georg Friedrich von Martens bis Meno Pöhls. Die Wissenschaft des Handelsrechts im ersten Drittel des 19. Jahrhunderts. 1986.

Band 49 Volker D. Anhäusser: Das internationale Obligationenrecht in der höchstrichterlichen Rechtsprechung des 19. Jahrhunderts. 1986.

Band 50 Udo Beer: Die Juden, das Recht und die Republik. Verbandswesen und Rechtsschutz 1919-1933. 1986.

Band 51 Herbert Grziwotz: Der moderne Verfassungsbegriff und die "Römische Verfassung" in der deutschen Forschung des 19. und 20. Jahrhunderts. 1986.

Band 52 Ralf Conradi: Karl Friedrich Eichhorn als Staatsrechtslehrer. Seine Göttinger Vorlesung über "Das Staatsrecht der deutschen Bundesstaaten" nach einer Kollegmitschrift aus dem Wintersemester 1821/22. 1987.

Band 53 Dieter Dannreuther: Der Zivilprozeß als Gegenstand der Rechtspolitik im Deutschen Reich 1871-1945. Ein Beitrag zur Geschichte des Zivilprozeßrechts in Deutschland. 1987.

Band 54 Stephan Felix Pauly: Organisation, Geschichte und Praxis der Gesetzesauslegung des (Königlich) Preußischen Oberverwaltungsgerichtes 1875-1933. 1987.

Band 55 Rüdiger Schulz: Die Entstehung des Seerechts des Allgemeinen Deutschen Handelsgesetzbuches unter besonderer Berücksichtigung der Bestimmungen über die Reederei, den Schiffer und die Schiffsmannschaft. 1987.

Band 56 Reinhold Reis: Deutsches Privatrecht in den Weistümern der Zenten Schriesheim und Kirchheim. 1987.

Band 57 Jürgen Christoph: Die politischen Reichsamnestien 1918-1933. 1987.

Band 58 Gerhard Oberkofler/Eduard Rabofsky: Hans Kelsen im Kriegseinsatz der k.u.k.-Wehrmacht. Eine kritische Würdigung seiner militärtheoretischen Angebote. 1988.

Band 59 Arne Wulff: Staatssekretär Prof. Dr. Dr. h.c. Franz Schlegelberger. 1876-1970. 1991.

Band 60 Gerhard Köbler (Hrsg.): Wege europäischer Rechtsgeschichte. Karl Kroeschell zum 60. Geburtstag. 1987.

Band 61 Rüdiger Hütte: Der Gemeinschaftsgedanke in den Erbrechtsreformen des Dritten Reichs. 1988.

Band 62 Markus Göldner: Politische Symbole der europäischen Integration. Fahne, Hymne, Hauptstadt, Paß, Briefmarke, Auszeichnungen. 1988.

Band 63 Wolfgang Kröner: Freiheitsstrafe und Strafvollzug in den Herzogtümern Schleswig, Holstein und Lauenburg von 1700 bis 1864. 1988.

Band 64 Werner Gaile: Die Norder Theelacht. 1988.

Band 65 Karl v. Kempis: Andreas Gaill (1526-1587). Zum Leben und Werk eines Juristen der frühen Neuzeit. 1988.

Band 66 Wolf-Rüdiger Osburg: Die Verwaltung Hamburgs in der Franzosenzeit. 1811-1814. 1988.

Band 67 Christian Schudnagies: Hans Frank. Aufstieg und Fall des NS-Juristen und Generalgouverneurs. 1988.

Band 68 Otmar Jung: Senatspräsident Freymuth. Richter, Sozialdemokrat und Pazifist in der Weimarer Republik. Eine politische Biographie. 1989.

Band 69 Joachim Lohner: Das landeshauptmannschaftliche Gericht in Oberösterreich zu Beginn der Neuzeit. Eine Darstellung des oberösterreichischen Prozeßrechts am obersten Territorialgericht des Landes anhand der oberösterreichischen Landtafel.1989.

Band 70 Bernd Klemann: Rudolf von Jhering und die Historische Rechtsschule. 1989.

Band 92 Heinz Marcus Hanke: Luftkrieg und Zivilbevölkerung. Der kriegsvölkerrechtliche Schutz der Zivilbevölkerung gegen Luftbombardements von den Anfängen bis zum Ausbruch des Zweiten Weltkrieges. 1991.

Band 93 Kirsten Kraglund: Familien- und Erbrecht. Materielles Recht und Methoden der Rechtsanwendung in der Rechtsprechung des Oberappellationsgerichts der vier Freien Städte Deutschlands zu Lübeck. 1991.

Band 94 Reinhard Lorenz: Die politische und rechtliche Stellung des Proletariats in Preußen in der Zeit zwischen den Reformen und der Revolution 1848/49. 1991.

Band 95 Eric Hilgendorf: Die Entwicklungsgeschichte der parlamentarischen Redefreiheit in Deutschland. 1991.

Band 96 Hans J. Reiter: Die Handelsgesellschaft Villeroy & Boch von der Gründung 1836 bis zum Jahr 1878. 1992.

Band 97 Martin Johannes Heller: Reform der deutschen Rechtssprache im 18. Jahrhundert. 1992.

Band 98 Michael Kotulla: Die Tragweite der Grundrechte der revidierten preußischen Verfassung vom 31.01.1850. 1992.

Band 99 Michael Siefener: Hexerei im Spiegel der Rechtstheorie. Das crimen magiae in der Literatur von 1574 bis 1608. 1992.

Band 100 Andreas Ebert-Weidenfeller: Hamburgisches Kaufmannsrecht im 17. und 18. Jahrhundert. Die Rechtsprechung des Rates und des Reichskammergerichtes. 1992.

Band 101 Enno Bommel: Die Entstehung der Verwirkungslehre in der Krise des Positivismus. 1992.

Band 102 Ralph Steppacher: Die Berücksichtigung der bäuerlichen Postulate bei der Entstehung des ZGB und der Revision des OR. Ein Beitrag zur schweizerischen Kodifikationsgeschichte (1893-1912). 1992.

Band 103 Martin Fleckenstein: Die Todesstrafe im Werk Carl Joseph Anton Mittermaiers (1787-1867). Zur Entwicklungsgeschichte eines Werkbereichs und seiner Bedeutung für Theorie- und Methodenbildung. 1992.

Band 104 Jörn Eckert: Der Kampf um die Familienfideikommisse in Deutschland. Studien zum Absterben eines Rechtsinstitutes. 1992.

Band 105 Jörg Grotkopp: Beamtentum und Staatsformwechsel. Die Auswirkungen der Staatsformwechsel von 1918, 1933 und 1945 auf das Beamtenrecht und die personelle Zusammensetzung der deutschen Beamtenschaft. 1992.

Band 106 Andreas Rohde: Die Garantiehaftung des Vermieters und ihr Verhältnis zum Unmöglichkeitsrecht in dogmengeschichtlicher und modernrechtlicher Sicht. 1992.

Band 107 Tjark Siefke Kunstreich: Gesamtvertretung. Eine historisch-systematische Darstellung. 1992.

Band 108 Jürgen Krüger: Blindheit und Königtum. Die Blindheit des Königs Georg V. von Hannover als verfassungsrechtliches Problem. 1992.

Band 109 Wolfgang Putschek: Ständische Verfassung und autoritäre Verfassungspraxis in Österreich 1933-1938 mit Dokumentenanhang. Verfassung und Verfassungswirklichkeit. Mit einem Anhang: Denkschriften von Rechtsanwalt Dr. Erich Führer 1936/37. 1993.

Band 110 Klaus Hofmann: Die Verdrängung der Juden aus öffentlichem Dienst und selbständigen Berufen in Regensburg 1933-1939. 1993.

Band 111 Franz Kilger: Die Entwicklung des Telegraphenrechts im 19. Jahrhundert mit besonderer Berücksichtigung der technischen Entwicklung. Telegraphenrecht im 19. Jahrhundert. 1993.

Band 112 Wilhelm Brauneder (Hrsg.): Heiliges Römisches Reich und moderne Staatlichkeit. 1993.

Band 113 Thomas Heinrich: Das preußische Nichtehelichenrecht: Von der Aufklärung zur Reaktion. 1993.

Band 114 Gerald Kohl: Jagd und Revolution. Das Jagdrecht in den Jahren 1848 und 1849. 1993.

Band 115 Christian Schudnagies: Der Kriegs- oder Belagerungszustand im Deutschen Reich während des Ersten Weltkrieges. Eine Studie zur Entwicklung und Handhabung des deutschen Ausnahmezustandsrechts bis 1918. 1994.

Band 116 Elisabeth Bellmann: Die Internationale Kriminalistische Vereinigung (1889-1933). 1994.

Band 117 Julia Pfannkuch: Volksrichterausbildung in Sachsen 1945-1950. 1993.

Band 118 Jörg Offen: Von der Verwaltungsgemeinschaft des BGB von 1896 zur Zugewinngemeinschaft des Gleichberechtigungsgesetzes von 1957. 1994.

Band 119 Dorothee Kohlhas-Müller: Untersuchungen zur Rechtsstellung Theoderichs des Großen. 1995.

Band 120 Monika Rose: Das Gerichtswesen des Herzogtums Pfalz-Zweibrücken im 18. Jahrhundert. Ein Beitrag zur territorialen Gerichtsbarkeit im Alten Reich. 1994.

Band 121 Jörn Eckert / Hans Hattenhauer (Hrsg.): Bibel und Recht. Rechtshistorisches Kolloquium 9. - 13. Juni 1992 an der Christian-Albrechts-Universität zu Kiel. 1994.

Band 122 Robert Martin Mizia: Der Rechtsbegriff der Autonomie und die Begründung des Privatfürstenrechts in der deutschen Rechtswissenschaft des 19. Jahrhunderts. 1995.

Band 123 Walther Graf von Plettenberg: Das Fortleben des Liber Iudiciorum in Asturien/León (8.-13. Jh.). 1994.

Band 124 Wolfgang Schulz: Das deutsche Börsengesetz. Die Entstehungsgeschichte und wirtschaftlichen Auswirkungen des Börsengesetzes von 1896. 1994.

Band 125 Frank Hagemann: Der Untersuchungsausschuß Freiheitlicher Juristen. 1949-1969. 1994.

Band 126 Andreas Rethmeier: "Nürnberger Rassegesetze" und Entrechtung der Juden im Zivilrecht. 1995.

Band 127 Edith Grether: Die Poesie der Throne. Die Juristen in der Fruchtbringenden Gesellschaft. 1995.

Band 128 Anna Bartels-Ishikawa: Der Lippische Thronfolgestreit. Eine Studie zu verfassungsrechtlichen Problemen des Deutschen Kaiserreiches im Spiegel der zeitgenössischen Staats. 1995.

Band 129 Jörg Schmidt: Otto Koellreutter 1883-1972. Sein Leben, sein Werk, seine Zeit. 1995.

Band 130 Christian Hattenhauer: Wahl und Krönung Franz II. AD 1792. Das Heilige Reich krönt seinen letzten Kaiser - Das Tagebuch des Reichsquartiermeisters Hieronymus Gottfried von Müller und Anlagen. 1995.

Band 131 Jutta v. der Decken: Das Seearbeitsrecht im Hamburger Stadtrecht von 1301 bis 1603. 1995.

Band 132 Detlev Schmidt: Die Reform des Rechts der Handelsvertreter von 1953. 1995.

Band 133 Gabi Roßdeutscher: Privatautonomie im Scheidungsrecht. Scheidungsbezogene Vereinbarungen in den letzten 200 Jahren. 1995.

Band 134 Harald Kahlenberg: Leben und Werk des Rechtshistorikers Walther Merk. Ein Beispiel für das Verhältnis von Rechtsgeschichte und Nationalsozialismus. 1995.

Band 135 Michael Steitz: Adelbert Düringer am Reichsgericht (1902-1915). Seine aktienrechtlichen Entscheidungen und sein Einfluß auf das Aktienrecht in Deutschland. 1995.

Band 136 Christian Becker: Beata Justorum Translatio. Juristen in schleswig-holsteinischen Leichenpredigten. 1996.

Band 137 Christoph Seiler: Vom Allgemeinen Landrecht zum Bürgerlichen Gesetzbuch. Dargestellt am Beispiel der höchstrichterlichen Judikatur zum kaufrechtlichen Sachmängelgewährleistungsrecht. 1996.

Band 138 Bernd Mayer: Die Vertrauensmännerausschüsse auf den preußischen Steinkohlegruben an der Saar. Entstehung und Wirken. Eine rechtshistorische Untersuchung. 1996.

Band 139 Rochus Scholl: Juden und Judenrecht im Herzogtum Pfalz-Zweibrücken. Ein Beitrag zur Rechtsgeschichte eines deutschen Kleinstaates am Ende des alten Reiches. 1996.

Band 140 Meike Bursch: Judentaufe und frühneuzeitliches Strafrecht. Die Verfahren gegen Christian Treu aus Weener/Ostfriesland 1720-1728. 1996.

Band 141 Markus Hillenbrand: Fürstliche Eheverträge. Gottorfer Hausrecht 1544-1773. 1996.

Band 142 Ulf Häder: Das gemeinschaftliche Oberappellationsgericht thüringischer Staaten in Jena. Ein Beitrag zur Geschichte des Gerichtswesens im 19. Jahrhundert. 1996.

Band 143 Andreas Bauer: Das Gnadenbitten in der Strafrechtspflege des 15. und 16. Jahrhunderts. Dargestellt unter besonderer Berücksichtigung von Quellen der Vorarlberger Gerichtsbezirke Feldkirch und des Hinteren Bregenzerwaldes. 1996.

Band 144 Christian Wirth: Der Jurist Johann Andreas Georg Friedrich Rebmann zwischen Revolution und Restauration. 1996.

Band 145 Stefanie Müller: Die Rechtsprechung des Hanseatischen Oberlandesgerichts zum persönlichen Eherecht in Hamburgischen Gerichtsfällen von 1879-1900. 1996.

Band 146 Jean-Nicolas Morisset: Der Frachtvertrag in der *Ordonnance de la marine* von 1681. 1996.

Band 147 Dirk Lentfer: Die Glogauer Landesprivilegien des Andreas Gryphius von 1653. 1996.

Band 148 Wencke Mull: Die Haftung für Einsturzschäden nach den §§ 836-838 BGB in der Rechtsprechung des Reichsgerichts. 1996.

Band 149 Renate Zelger: Teufelsverträge. Märchen, Sage, Schwank, Legende im Spiegel der Rechtsgeschichte. 1996.

Band 150 Guido Kraß: Das Arrestverfahren in Frankfurt am Main im Spätmittelalter. 1996.

Band 151 F. Benedict Heyn: Die Entwicklung des Eisenbahnfrachtrechts von den Anfängen bis zur Einführung des Allgemeinen Deutschen Handelsgesetzbuches (ADHGB). 1996.

Band 152 Thomas Lang: Die Staats- und Verfassungslehre Carl Salomo Zachariaes. 1996.

Band 153 Michael Hebeis: Karl Anton von Martini (1726-1800). Leben und Werk. 1996.

Band 154 Gerald Hubert: Die Diskussion um die rechtliche Natur der Bizone in den Jahren 1947-1949. 1996.

Band 155 Christof Horn: Die Rechtsprechung des Reichsgerichts in Ehescheidungssachen der Jahre 1900 bis 1905. 1996.

Band 156 Hermann Nehlsen / Georg Brun (Hrsg.): Münchener rechtshistorische Studien zum Nationalsozialismus. 1996.

Band 157 Jan Otto Clemens Kehrberg: Die Entwicklung des Elektrizitätsrechts in Deutschland. Der Weg zum Energiewirtschaftsgesetz von 1935. 1997.

Band 158 Johannes Tradt: Der Religionsprozeß gegen den Zopfschulzen (1791-1799). Ein Beitrag zur protestantischen Lehrpflicht und Lehrzucht in Brandenburg-Preußen gegen Ende des 18. Jahrhunderts. 1997.

Band 159 Dietmar Olsen: Das kaufrechtliche Sachmängelgewährleistungsrecht des Code civil in der Rechtsprechung deutscher Gerichte im 19. Jahrhundert. Ein Beitrag zur Ablösung der Partikularrechte durch das BGB. 1997.

Band 160 Ulrich Bernhardt: Die Deutsche Akademie für Staats- und Rechtswissenschaft „Walter Ulbricht" 1948-1971. 1997.

Band 161 Claudia Susan Hoppe: Die Bürgschaft im Rechtsleben Hamburgs von 1600 bis 1900. 1997.

Band 162 Franz-Rudolf Ecker: Die Entwicklung des Bergrechts im Saarbrücker Steinkohlenrevier bis zum Ende des 18. Jahrhunderts. Ein Vergleich mit dem älteren deutschen Bergrecht. 1997.

Band 163 Anne Katrin Rückert: Politik und Privatrecht in der „konservativen Revolution". 1997.

Band 164 Gisbert Laube: Der Reichskunstwart. Geschichte einer Kulturbehörde 1919-1933. 1997.

Band 165 Nicolas Lührig: Die Diskussion über die Reform der Juristenausbildung von 1945 bis 1995. 1997.

Band 166 Regula Gerber Jenni: Die Emanzipation der mehrjährigen Frauenzimmer. Frauen im bernischen Privatrecht des 19. Jahrhunderts. 1997.

Band 167 Mischa A. Färber: Das gemeinschaftliche Testament in der höchstrichterlichen Rechtsprechung zum Allgemeinen Preußischen Landrecht und zum BGB. Ein Beitrag zur Ablösung der Partikularrechte durch das BGB. 1997.

Band 168 Catherine Antoinette Gasser: Philipp Lotmar 1850-1922. Professor der Universität Bern. Sein Engagement für das Schweizerische Arbeitsrecht. 1997.

Band 169 Lars Immisch: Der sozialistische Richter in der DDR und seine Unabhängigkeit. Der Versuch eines Rechtsvergleiches zum Unabhängigkeitsbegriff in der bundesdeutschen Rechtsordnung. 1997.

Band 170 Jessica Jacobi: Besitzschutz vor dem Reichskammergericht. Die friedenssichernde Funktion der Besitzschutzklagen am Reichskammergericht im 16. Jahrhundert, dargestellt anhand von Kameralisten. 1998.

Band 171 Ewald Hügemann: Die Geschichte des öffentlichen und privaten Mietpreisrechts vom Ersten Weltkrieg bis zum Gesetz zur Regelung der Miethöhe von 1974. 1998.

Band 172 Lutz Rentzow: Die Entstehungs- und Wirkungsgeschichte der Vernewerten Landesordnung für das Königreich Böhmen von 1627. 1998.

Band 173 Sabine Stürmer: Mühlenrecht im Herzogtum Pfalz-Zweibrücken während des 18. Jahrhunderts. Ein Beitrag zum Wirtschaftsrecht eines deutschen Kleinstaates im Alten Reich. 1998.

Band 174 Mario Bogisch: *Nemo testis in re sua*. Das Problem der Zeugnisfähigkeit bei der Anwendung der deutschen Zivilprozeßordnung von 1877. 1998.

Band 175 Rainer Oßwald: Pactane sunt servanda? Freiwilligkeit, Zwang und Unverbindlichkeitserklärungen im islamischen Vertragsrecht malikitischer Schule. 1998.

Band 176 Bettina Kern: Der preußische BGB-Entwurf von 1842. 1998.

Band 177 Inken Fuhrmann: Die Diskussion über die Einführung der fakultativen Zivilehe in Deutschland und Österreich seit Mitte des 19. Jahrhunderts. 1998.

Band 178 Annette Rieck: Der Heilige Ivo von Hélory (1247-1303). Advocatus pauperum und Patron der Juristen. 1998.

Band 179 Frank Bottenberg: Die Hamburgische Strafprozeßordnung von 1869. 1998.

Band 180 Matthias Krauß: Das kursächsische Postrecht von seinen Anfängen bis zum Ende des Alten Reichs. 1998.

Band 181 Torsten Schmidt: Die Entmündigung von den Anfängen des BGB bis zu ihrer Ablösung durch das Institut der Betreuung. 1998.

Band 182 Christian Nunn: Rudolf Müller-Erzbach. 1874-1959. Von der realen Methode über die Interessenjurisprudenz zum kausalen Rechtsdenken (Leben und Werk). 1998.

Band 183 Christian Ortloff: Das staatskirchenrechtliche System Wilhelm Traugott Krugs. Glaubens- und Gewissensfreiheit – eine Forderung der Vernunft. 1998.

Band 184 Christian Hattenhauer: Schuldenregulierung nach dem Westfälischen Frieden. Der sog. § *de indaganda* und seine Umsetzung im Jüngsten Reichsabschied (AD 1648 und 1654). 1998.

Band 185 Werner Schubert: Preußen im Vormärz. Die Verhandlungen der Provinziallandtage von Brandenburg, Pommern, Posen, Sachsen und Schlesien sowie – im Anhang – von Ostpreußen, Westfalen und der Rheinprovinz (1841-1845). 1998.

Band 186 Silvia Schumacher: Das Rechtsverhältnis zwischen Eltern und Kindern in der Privatrechtsgeschichte. 1999.

Band 187 Kai Sommer: Die Strafbarkeit der Homosexualität von der Kaiserzeit bis zum Nationalsozialismus. Eine Analyse der Straftatbestände im Strafgesetzbuch und in den Reformentwürfen (1871-1945). 1998.

Band 188 Jan Erik Backhaus: Volksrichterkarrieren in der DDR. 1999.

Band 189 Ralf Ruhnau: Die Fürstlich Thurn und Taxissche Privatgerichtsbarkeit in Regensburg. Ein Kuriosum der deutschen Rechtsgeschichte. 1999.

Band 190 Antonio Grilli: Die französische Justizorganisation am linken Rheinufer 1797-1803. 1999.

Band 191 Stephanie Kammerloher-Lis: Die Entstehung des Gesetzes über die religiöse Kindererziehung vom 15. Juli 1921. 1999.

Band 192 Jan Telp: Ausmerzung und Verrat. Zur Diskussion um Strafzwecke und Verbrechensbegriffe im Dritten Reich. 1999.

Band 193 Kurt von Pannwitz: Die Entstehung der Allgemeinen Deutschen Wechselordnung. Ein Beitrag zur Geschichte der Vereinheitlichung des deutschen Zivilrechts im 19. Jahrhundert. 1999.

Band 194 Sylvia Busch: Die Entstehung der Allgemeinen Gerichtsordnung für die Preussischen Staaten von 1793/95. Ein Beitrag zur Geschichte der Kodifikationsbewegung und der Reform des Zivilprozesses in Preußen im 18. Jahrhundert. 1999.

Band 195 Dirk Bieresborn: Klage und Klageerwiderung im deutschen und englischen Zivilprozeß. Eine rechtshistorische und rechtsvergleichende Untersuchung unter besonderer Berücksichtigung der Beeinflussung durch das römisch-kanonische Verfahren. 1999.

Band 196 Andreas Thier / Guido Pfeifer / Philipp Grzimek (Hrsg.): Kontinuitäten und Zäsuren in der Europäischen Rechtsgeschichte. Europäisches Forum Junger Rechtshistorikerinnen und Rechtshistoriker München 22.-24. Juli 1998. 1999.

Band 197 Franz Smola: Die Fürstlich Liechtenstein'sche Kunstsammlung. Rechtsfragen zur Verbringung der Sammlung von Wien nach Vaduz in den Jahren 1944/45. 1999.

Band 198 Frank Martin Krauss: Das geteilte Eigentum im 19. und 20. Jahrhundert. Eine Untersuchung zum Fortbestand des Teilungsgedankens. 1999.

Band 199 Matthias Frey: Die spanische Aktiengesellschaft im 18. Jahrhundert und unter dem Código de Comercio von 1829. 1999.

Band 200 Alexandra Gilde: Die Stellung der Frau im Reichsstrafgesetzbuch von 1870/71 und in den Reformentwürfen bis 1919 im Urteil der bürgerlichen Frauenbewegung. Eine Analyse ausgewählter Straftatbestände. 1999.

Band 201 Malte Dießelhorst / Arne Duncker: Hans Kohlhase. Die Geschichte einer Fehde in Sachsen und Brandenburg zur Zeit der Reformation. 1999.

Band 202 Jörg Hillmann: Territorialrechtliche Auseinandersetzungen der Herzöge von Sachsen-Lauenburg vor dem Reichskammergericht im 16. Jahrhundert. 1999.

Band 203 Carsten Engler: Die Kommanditgesellschaft (KG) und die stille Gesellschaft im Allgemeinen Deutschen Handelsgesetzbuch (ADHGB) von 1861. 1999.

Band 204 Vesta Hoffmann-Steudner: Die Rechtsprechung des Reichsgerichts zu dem Scheidungsgrund des § 49 EheG (EheG 1938) in den Jahren 1938-1945. 1999.

Band 205 Michaela Thiele: Die Auflösung von Arbeitsverhältnissen aufgrund Anfechtung und außerordentlicher Kündigung nach der Rechtsprechung des Reichsarbeitsgerichts (1927-1945). 2000.

Band 206 Peter Landau / Hermann Nehlsen / Mathias Schmoeckel (Hrsg.): Karl von Amira zum Gedächtnis. 1999.

Band 207 Marcus Flinder: Die Entstehungsgeschichte des Zivilgesetzbuches der DDR. 1999.

Band 208 Boris Franz Leo Bromm: Die Entstehungsgeschichte des Berufs des Handelsvertreters. Unter besonderer Berücksichtigung der Sozialgesetzgebung in den Jahren von 1871-1933. 2000.

Band 209 Winfried C. J. Eberstein: Das Tierschutzrecht in Deutschland bis zum Erlaß des Reichs-Tierschutzgesetzes vom 24. November 1933. Unter Berücksichtigung der Entwicklung in England. 1999.

Band 210 Patrick Deller: Der „nach dem Vertrage" vorausgesetzte Gebrauch (§ 459 Absatz 1 Satz 1 BGB). Eine kaufrechtliche Untersuchung unter Berücksichtigung rechtshistorischer wie rechtsvergleichender Grundlagen. 2000.

Band 211 Eckard Freiherr von Bodenhausen: Haftung des Geschäftsherrn für Verrichtungsgehilfen im Straßen- und Schienenverkehr. Eine Analyse der Entscheidungen des Reichsgerichts zu § 831 BGB (1900-1945). 2000.

Band 212 Birte Gast: Der Allgemeine Teil und das Schuldrecht des Bürgerlichen Gesetzbuchs im Urteil von Raymond Saleilles (1855-1912). 2000.

Band 213 Hansjörg Michael Huber: Koloniale Selbstverwaltung in Deutsch-Südwestafrika. Entstehung, Kodifizierung und Umsetzung. 2000.

Band 214 Ulf Björner: Die Verfassungsgerichtsbarkeit im Norddeutschen Bund und Deutschen Reich (1867-1918). Eine rechtshistorische Untersuchung über Gerichtsbarkeit im Spannungsfeld von Politik und Recht innerhalb der von Bismarck geschaffenen deutschen Bundesstaaten. 2000.

Band 215 Mathias Freiherr von Rosenberg: Friedrich Carl von Savigny (1779-1861) im Urteil seiner Zeit. 2000.

Band 216 Reinhard Binder-Krieglstein: Österreichisches Adelsrecht 1868-1918/19. Von der Ausgestaltung des Adelsrechts der cisleithanischen Reichshälfte bis zum Adelsaufhebungsgesetz der Republik unter besonderer Berücksichtigung des adeligen Namensrechts. 2000.

Band 217 Claudia-Regine Nerius: Johannes Lehmann-Hohenberg (1851-1925). Eine Studie zur völkischen Rechts- und Justizkritik im Deutschen Kaiserreich. 2000.

Band 218 Ludger Meuten: Die Erbfolgeordnung des Sachsenspiegels und des Magdeburger Rechts. Ein Beitrag zur Geschichte des sächsisch-magdeburgischen Rechts. 2000.

Band 219 Christoph Alexander von Wilcken: Die Reformbestrebungen zum Genossenschaftsgesetz in der Frühzeit der Bundesrepublik. Die Beratungen der Sachverständigenkommission zur Überprüfung des Genossenschaftsrechts 1954 bis 1958 und der Referentenentwurf von 1962. 2000.

Band 220 Verein Junger RechtshistorikerInnen Zürich (Hrsg.): ¿Rechtsgeschichte(n)? ¿Histoire(s) du droit? ¿Storia/storie del diritto? ¿Legal Histori(es)? Europäisches Forum Junger Rechtshistorikerinnen und Rechtshistoriker Zürich 28.-30. Mai 1999. 2000.

Band 221 Hans Christian Schüler: Die Entstehungsgeschichte der Bundesnotarordnung vom 24. Februar 1961. 2000.

Band 222 Nils-Eberhard Schramm: Die Vereinigung demokratischer Juristen (1949-1999). 2000.

Band 223 Silke Anke Torp: Das Rechtsverhältnis zwischen den Eltern und ihren Kindern. Dienstleistungspflicht, Aussteuer und Ausstattung. Eine Analyse der Rechtsprechung des Reichsgerichts und des Reichsarbeitsgerichts zu den Vorschriften der §§ 1616 bis 1625 des Bürgerlichen Gesetzbuches in der Zeit von 1900 bis 1945. 2000.

Band 224 Martin Jürgen Maaß: Die Geschichte des Eigentumsvorbehalts, insbesondere im 18. und 19. Jahrhundert. 2000.

Band 225 Stefanie Langer: Rechtswissenschaftliche Itinerarien. Lebenswege namhafter europäischer Juristen vom 11. bis zum 18. Jahrhundert. 2000.

Band 226 Ulrich Schmitz: Der Unterhaltsanspruch des nichtehelichen Kindes gegen seinen Erzeuger. Die rechtsgeschichtliche und dogmatische Entwicklung im deutschen Recht. 2000.

Band 227 Sebastian Günther: Friedrich Carl von Savigny als Grundherr. 2000.

Band 228 Henning Ibs: Hermann J. Held (1890-1963). Ein Kieler Gelehrtenleben in den Fängen der Zeitläufe. 2000.

Band 229 Matthias Rücker: Wirtschaftswerbung unter dem Nationalsozialismus. Rechtliche Ausgestaltung der Werbung und Tätigkeit des Werberats der deutschen Wirtschaft. 2000.

Band 230 Hendrik Sandmann: Die Entwicklung von Begriff und Inhalt des Wirtschaftchsrechts durch die Rechtswissenschaft in der Weimarer Republik. 2000.

Band 231 Sibylle Müller: Gibt es Menschenrechte bei Samuel Pufendorf? 2000.

Band 232 Karin Olechowski-Hrdlicka: Die gemeinsamen Angelegenheiten der Österreichisch-Ungarischen Monarchie. Vorgeschichte – Ausgleich 1867 – Staatsrechtliche Kontroversen. 2001.

Band 233 Johannes Mierau: Die juristischen Abschluß- und Diplomprüfungen in der SBZ/DDR. Ein Einblick in die Juristenausbildung im Sozialismus. 2001.

Band 234 Jörg Wolff (Hrsg.): Stillstand, Erneuerung und Kontinuität. Einsprüche zur Preußenforschung. 2001.

Band 235 Friedo Schröder: Die anwaltliche Tätigkeit während der nationalsozialistischen Herrschaft. Eine Analyse der anwaltlichen Argumentation in Zivilprozessen anhand der vorhandenen Prozeßakten der Landgerichte Frankenthal, Wiesbaden, Limburg und Frankfurt und der Handakten der *jüdischen Konsulenten* des OLG-Bezirks Frankfurt. 2001.

Band 236 Der Code pénal des Königreichs Westphalen von 1813 mit dem Code pénal von 1810 im Original und in deutscher Übersetzung. Herausgegeben und mit einer Einleitung versehen von Werner Schubert. 2001.

Band 237 Klaus Richter: Deutsches Kolonialrecht in Ostafrika 1885-1891. 2001.

Band 238 Kai von Lewinski: Deutschrechtliche Systembildung im 19. Jahrhundert. 2001.

Band 239 Alexander Herzog: Sittenwidrige Rechtsgeschäfte in der höchstrichterlichen Rechtsprechung aus den Jahren 1948-1965. 2001.

Band 240 Claudia Rönnau: Die Beratungen des Wasserrechtsausschusses der Akademie für Deutsches Recht zu einem Reichswassergesetz (1934-1941). Ein Beitrag zur Dogmatik der Begriffe *Gemeingebrauch* und *Sondergebrauch* in der Zeit des Nationalsozialismus. 2001.

Band 241 Momme Rohlack: Kriegsgesellschaften (1914-1918). Arten, Rechtsformen und Funktionen in der Kriegswirtschaft des Ersten Weltkrieges. 2001.

Band 242 Rolf Geyer: Der Gedanke des Verbraucherschutzes im Reichsrecht des Kaiserreichs und der Weimarer Republik (1871-1933). Eine Studie zur Geschichte des Verbraucherrechts in Deutschland. 2001.

Band 243 Felix Lorenz Benjamin Lehmann: Der Rote Adlerorden. Entstehung und rechtliche Grundlagen (1705-1918). 2002.

Band 244 Marc Ludwig: Der Pfändungsschutz für Lohneinkommen. Die Entstehungs- und Entwicklungsgeschichte der Vorschriften zum Schutz vor Lohnpfändung in Deutschland. 2001.

Band 245 Alexander Wachter: Dorfschule zwischen Pastor und Schulmeister. Zur Säkularisierung des niederhessischen Schulwesens im 19. Jahrhundert. 2001.

Band 246 Richard Scholz: Analyse der Entstehungsbedingungen der reichsgerichtlichen Aufwertungsrechtsprechung. Untersuchung unter besonderer Berücksichtigung der konservativen Geldpolitik der Reichsbank und der Inflationspolitik der Reichsregierung. 2001.

Band 247 Judith Laeverenz: Märchen und Recht. Eine Darstellung verschiedener Ansätze zur Erfassung des rechtlichen Gehalts der Märchen. 2001.

Band 248 Christina Schenk: Bestrebungen zur einheitlichen Regelung des Strafvollzugs in Deutschland von 1870 bis 1923. 2001.

Band 249 Nils Werner: Die Prozesse gegen die Landvolkbewegung in Schleswig-Holstein 1929/32. Ein Beitrag zur Justizkritik in der späten Weimarer Republik. 2001.

Band 250 Wolfgang Walter: Das Duell in Bayern. Ein Beitrag zur bayerischen Strafrechtsgeschichte. 2002.

Band 251 Jörn Eckert / Kjell Å. Modéer (Hrsg.): Geschichte und Perspektiven des Rechts im Ostseeraum. Erster Rechtshistorikertag im Ostseeraum 8.–12. März 2000. 2001.

Band 252 Jan Könighaus: Die Inauguration der Christian-Albrechts-Universität zu Kiel 1665. Symbolgehalt und rechtliche Bedeutung des Universitätszeremoniells. 2002.

Band 253 Andreas Görgen: Rechtssprache in der Frühen Neuzeit. Eine vergleichende Untersuchung der Fremdwortverwendung in Gesetzen des 16. und 17. Jahrhunderts. 2002.

Band 254 Ralf Schäfer: Die Rechtsstellung der Haigerlocher Juden im Fürstentum Hohenzollern-Sigmaringen von 1634-1850. Eine rechtsgeschichtliche Untersuchung. 2002.

Band 255 Regine Schmalhorst: Die Tierhalterhaftung im BGB von 1896. Die Entstehung und Änderung des § 833 BGB sowie eine Analyse der Rechtsprechung des Reichsgerichts bis 1908. 2002.

Band 256 Thomas Hense: Konrad Beyerle. Sein Wirken für Wissenschaft und Politik in Kaiserreich und Weimarer Republik. 2002.

Band 257 Christian Mahlmann: Die Strafrechtswissenschaft der DDR. Klassenkampftheorie und Verbrechenslehre. 2002.

Band 258 Henning Kahmann: Die Bankiers von Jacquier & Securius 1933–1945. Eine rechtshistorische Fallstudie zur "Arisierung" eines Berliner Bankhauses. Mit einem Geleitwort von John Kornblum. 2002.

Band 259 Volker Friedrich Drecktrah: Die Gerichtsbarkeit in den Herzogtümern Bremen und Verden und in der preußischen Landdrostei Stade von 1715 bis 1879. 2002.

Band 260 Andreas Klass: Standes- oder Leistungselite? Eine Untersuchung der Karrieren der Wetzlarer Anwälte des Reichskammergerichts (1693-1806). 2002.

Band 261 Wolfgang Eder: Das italienische Tribunale Speciale per la Difesa dello Stato und der deutsche Volksgerichtshof. Ein Vergleich zwischen zwei politischen Gerichtshöfen. 2002.

Band 262 Albrecht Cordes / Bernd Kannowski (Hrsg.): Rechtsbegriffe im Mittelalter. 2002.

Band 263 Thomas Hildebrandt: Die Brandenburgischen Provinziallandtage von 1841, 1843, und 1845 anhand ausgewählter Verhandlungsgegenstände. 2002.

Band 264 Jan Finzel: Georg Adam Struve (1619-1692) als Zivilrechtler. 2003.

Band 265 Björn Carsten Frenzel: Das Selbstverständis der Justiz nach 1945. Analyse der Rolle der Justiz unter Berücksichtigung der Reden zur *Wiedereröffnung* der Bundes- und Oberlandesgerichte. 2003.

Band 266 Nils Reichhelm: Die marxistisch-leninistische Staats- und Rechtstheorie Karl Polaks. 2003.

Band 267 Raik Schneider: Altrechtliche Personenzusammenschlüsse. Ihre Entwicklung unter besonderer Berücksichtigung des Rechts des Großherzogtums Sachsen-Weimar-Eisenach sowie der Herzogtümer Sachsen-Meiningen und Sachsen-Gotha. 2003.

Band 268 Anke Meier: Die Geschichte des deutschen Konkursrechts, insbesondere die Entstehung der Reichskonkursordnung von 1877. 2003.

Band 269 Stefan Jens Jordan: Leben und Werk des Tübinger Rechtsprofessors Wilhelm Gottlieb Tafinger 1760-1813. 2003.

Band 270 Stefanie Hubig: Die historische Entwicklung des § 23 ZPO. Zum Ursprung und Fortleben des Vermögensgerichtsstandes im deutschen Prozeßrecht des 19. Jahrhunderts. 2003.

Band 271 Michael G. Perband: Der Grundsatz der freien Beweiswürdigung im Zivilprozeß (§ 286 ZPO) in der Rechtsprechung des Reichsgerichts. 2003.

Band 272 Mathias Bouveret: Die Stellung des Staatsoberhauptes in der parlamentarischen Diskussion und Staatsrechtslehre von 1848 bis 1918. 2003.

Band 273 Barbara Széchényi: Rechtliche Grundlagen bayerischer Zensur im 19. Jahrhundert. 2003.

Band 274 Sylvia Scharfenberg: Die Entstehungsgeschichte des Beurkundungsgesetzes vom 28. August 1969. 2003.

Band 275 Urte Nesemann: Die schwedische Familiengesetzgebung von 1734 bis zu den Reformgesetzen von 1915 bis 1920 und deren Einfluss auf die Gesetzgebungsprojekte der Weimarer Republik. Unter besonderer Berücksichtigung der Rechtsstellung der Frau und des unehelichen Kindes. 2003.

Band 276 Alexandra Brück: Die Polizeiordnung Herzog Christians von Braunschweig-Lüneburg vom 6. Oktober 1618. 2003.

Band 277 Torsten Landwehr: Das Kommissionsgeschäft in Rechtswissenschaft, Gesetzgebung und Rechtspraxis vom 16. bis zum Ende des 18. Jahrhunderts. 2003.

Band 278 Tassilo Wilhelm Maria Englert: Deutsche und italienische Zivilrechtsgesetzgebung von 1933–1945. Parallelen in der Rechtsetzung und gegenseitige Beeinflussung unter besonderer Berücksichtigung des Familien- und Erbrechts. 2003.

Band 279 Tobias Prang: Der Schutz der Versicherungsnehmer bei der Auslegung von Versicherungsbedingungen durch das Reichsgericht. 2003.

Band 280 Thorsten Lieb: Privileg und Verwaltungsakt. Handlungsformen der öffentlichen Gewalt im 18. und 19. Jahrhundert. 2004.

Band 281 Michael Rühling: Das Ladenschlussgesetz vom 28. November 1956. Vorgeschichte, Entstehung des Gesetzes und weitere Entwicklung. 2004.

Band 282 Kathrin Nawotki: Die schleswigsche Deichstavengerechtigkeit. Vom 17. Jahrundert bis in die Gegenwart. Eine gewohnheitsrechtliche Superfizies an nordfriesischen Deichgrundstücken und ihre Entwicklung. 2004.

Band 283 Erik Nils Voigt: Die Gesetzgebungsgeschichte der militärischen Ehrenstrafen und der Offizierehrengerichtsbarkeit im preußischen und deutschen Heer von 1806 bis 1918. 2004.

Band 284 Dorothea Riedi Hunold: Die Einführung der allgemeinen Wechselfähigkeit in der Schweiz in der zweiten Hälfte des 19. Jahrhunderts. Unter besonderer Berücksichtigung der politischen, wirtschaftlichen und sozialen Verhältnisse. 2004.

Band 285 Thomas Gergen: Pratique juridique de la paix et trêve de Dieu à partir du concile de Charroux (989–1250). Juristische Praxis der Pax und Treuga Dei ausgehend vom Konzil von Charroux (989–1250). 2004.

Band 286 Kathrin Bethkenhagen: Die Entwicklung des Luftrechts bis zum Luftverkehrsgesetz von 1922. 2004.

Band 287 Heiko Lüpkes: Die Verbrechen der Diener des Staats im Allgemeinen Landrecht für die Preußischen Staaten von 1794 und ihre Entwicklung zu den Vergehen und Verbrechen im Amte im Strafgesetzbuch für die Preußischen Staaten von 1851. 2004.

Band 288 Mirco Peter Hirsch: Von der Erbbescheinigung des Preußischen Rechts zum Erbschein des Bürgerlichen Gesetzbuchs. 2004.

Band 289 Bettina Günther: Die Behandlung der Sittlichkeitsdelikte in den Policeyordnungen und der Spruchpraxis der Reichsstädte Frankfurt am Main und Nürnberg im 15. bis 17. Jahrhundert. 2004.

Band 290 Seunghyeon Seong: Der Begriff der *nicht gehörigen Erfüllung* aus dogmengeschichtlicher und rechtsvergleichender Sicht. 2004.

Band 291 Steffen-Werner Meyer: Bemühungen um ein Reichsgesetz gegen den Büchernachdruck. Anläßlich der Wahlkapitulation Leopolds II. aus dem Jahre 1790. 2004.

Band 292 Ulrich Löffler: Instrumentalisierte Vergangenheit? Die nationalsozialistische Vergangenheit als Argumentationsfigur in der Rechtsprechung des Bundesverfassungsgerichts. 2004.

Band 293 Norbert Koch: Die Entwicklung des deutschen privaten Immissionsschutzrechts seit Beginn der Industrialisierung. Unter besonderer Berücksichtigung des Einflusses der höchstrichterlichen Rechtsprechung. 2004.

Band 294 Julius Ludwig Pfeiffer: Das Tierschutzgesetz vom 24. Juli 1972. Die Geschichte des deutschen Tierschutzrechts von 1950 bis 1972. 2004.

Band 295 Bert-Hagen Strodthoff: Die richterliche Frage- und Erörterungspflicht im deutschen Zivilprozeß in historischer Perspektive. 2004.

Band 296 Tim Kannewurf: Die Höfeordnung vom 24. April 1947. Entstehungsgeschichte und Einordnung in die Entwicklung des Anerbenrechts. 2004.

Band 297 Steffi Heine: Die Methodendiskussion nach Inkrafttreten des Bürgerlichen Gesetzbuches und die Gründung des Vereins *Recht und Wirtschaft*. 2004.

Band 298 Anne Marlene Simon-Holtorf: Geschichte des Familienwahlrechts in Frankreich (1871 bis 1945). 2004.

Band 299 Jürgen Busch: Das Germanenbild der deutschen Rechtsgeschichte. Zwischen Wissenschaft und Ideologie. Mit einem Vorwort von Herwig Wolfram. 2004.

Band 300 Jan Kohlmann: Der Marsch zu den Gräbern von Karl und Rosa. Geschichte eines Gedenktages. 2004.

Band 301 Christian Rainer Schlicht: Die kumulative Schuldübernahme in der Rechtsprechung des Reichsgerichts und in der zeitgenössischen Literatur. 2004.

Band 302 Hans Peter Glöckner: Positive Vertragsverletzung. Die Geburt eines Rechtsinstituts. 2006.

Band 303 João Manuel Azevedo Alexandrino Fernandes: Die Theorie der Interpretation des Gesetzes bei Francisco Suárez. 2005.

Band 304 René Funk: Die Wahlprüfung der volksgewählten Abgeordneten der Volksvertretungen im Frühkonstitutionalismus. Eine Untersuchung der Wahlprüfung in den Kammern der Abgeordneten des Großherzogtums Baden, des Königreichs Württemberg und des Großherzogtums Hessen. 2005.

Band 305 Carolin O'Sullivan. Die Ahndung von Rechtsbrüchen der Seeleute im mittelalterlichen hamburgischen und hansischen Seerecht (1301–1482). 2005.

Band 306 Martin Jürgens: Staat und Reich bei Ernst Rudolf Huber. Sein Leben und Werk bis 1945 aus rechtsgeschichtlicher Sicht. 2005.

Band 307 Florian G. Dürselen: Franz Beyerle (1885–1977). Leben, Ära und Werk eines Rechtshistorikers. 2005.

Band 308 Kai Bandilla: Urheberrecht im Kaiserreich. Der Weg zum Gesetz betreffend das Urheberrecht an Werken der Literatur und Tonkunst vom 19. Juni 1901. 2005.

Band 309 Stefan Mieth: Die Entwicklung des Denkmalrechts in Preußen 1701–1947. 2005.

Band 310 Catharina Lodemann: Die Geschichte des französischen *acte de gouvernement*. 2005.

Band 311 Christina Wicke: Kodifikationsbestrebungen und Wissenschaft in Hessen-Darmstadt im vorkonstitutionellen Zeitalter. Zu der Beteiligung der Gießener Rechtsprofessoren an den Gesetzgebungsarbeiten in Hessen-Darmstadt in der Zeit zwischen 1769 und 1820. 2005.

Band 312 Christiane Chlosta: Nur dem Gesetz unterworfen? Eine rechtsgeschichtliche Untersuchung zu Idee und Wirklichkeit richterlicher Gesetzestreue unter besonderer Berücksichtigung der Aufwertungsrechtsprechung und des richterlichen Prüfungsrechts. 2005.

Band 313 Kathrin Dirr: Hoheitsrechtliche Streitigkeiten zwischen den Kölner Erzbischöfen und der Stadt Köln auf Grundlage reichskammergerichtlicher Verfahren des 16. und 17. Jahrhunderts. 2005.

Band 314 Michael Racky: Die Diskussion über Gewaltenteilung und Gewaltentrennung im Vormärz. 2005.

Band 315 Petra Thiemrodt: Die Entstehung des Staatshaftungsgesetzes der DDR. Eine Untersuchung auf der Grundlage von Materialien der DDR-Gesetzgebungsorgane mit zeitgeschichtlichen Bezügen. 2005.

Band 316 Julius F. Reiter: Entstehung und staatsrechtliche Theorie der italienischen *Carta del Lavoro*. 2005.

Band 317 André Book: Die Justizreform in der Frühzeit der Bundesrepublik. Die Beratungen der Kommission zur Vorbereitung einer Reform der Zivilgerichtsbarkeit in den Jahren 1955 bis 1961. 2005.

Band 318 Frank Zentz: Das amerikanische Strafverfahren als Element der Besatzungspolitik in Deutschland. Erziehung zur Demokratie durch den *Court of Appeals* 1948–1955. 2005.

Band 319 Friederike Quaisser: Mietrecht im 19. Jahrhundert. Ein Vergleich der mietrechtlichen Konzeptionen im Allgemeinen Landrecht für die Preußischen Staaten von 1794 und dem gemeinen Recht. 2005.

Band 320 Stefan Burghard: Professor Dr. Wilhelm Kahl – Leben zwischen Wissenschaft und Politik. 2005.

Band 321 Günter Baranowski: Die *Russkaja Pravda* – ein mittelalterliches Rechtsdenkmal. 2005.

Band 322 Christina Schneider: Die SS und „das Recht". Eine Untersuchung anhand ausgewählter Beispiele. 2005.

Band 323 Werner Schubert (Hrsg.): Zivilprozessreform in der Weimarer Zeit. Quellen zur Emminger-Zivilprozessverordnung vom 13.2.1924 und zu den Arbeiten der Zivilprozesskommission des Reichsjustizministeriums (1922–1930). Eingeleitet und herausgegeben von Werner Schubert. 2005.

Band 324 Felix Gaul: Der Jurist Rudolf Isay (1886–1956). Ein verantwortungsbewusster Vermittler im Spannungsfeld zwischen dynamischer Rechtsschöpfung, ökonomischem Wandel und technischem Fortschritt. 2005.

Band 325 Konstanze Braun: Dr. Otto Georg Thierack (1889–1946). 2005.

Band 326 Eckart Klein / Stefan Chr. Saar / Carola Schulze (Hrsg.): Zwischen Rechtsstaat und Diktatur. Deutsche Juristen im 20. Jahrhundert. 2006.

Band 327 Stefan Botor: Das *Berliner Sühneverfahren* – Die letzte Phase der Entnazifizierung. 2006.

Band 328 Andreas Köhler: Die Sorgerechtsregelungen bei Ehescheidung seit 1945. Scheidungsstrafe und verordnete Gemeinsamkeit. 2006

Band 329 Lars Düwel: Die Nichtigkeit und Anfechtbarkeit der Ehe in der Rechtsprechung des Reichsgerichts zwischen 1900 und 1945. 2006.

Band 330 Katalin Polgar: Das Oberappellationsgericht der vier freien Städte Deutschlands (1820–1879) und seine Richterpersönlichkeiten. 2007.

Band 331 Julia Schweitzer: Schiffer und Schiffsmann in den Rôles d'Oléron und im Llibre del Consolat de Mar. Ein Vergleich zweier mittelalterlicher Seerechtsquellen. 2007.

Band 332 Diana-Catharina Kurtz: Das Institut der Adoption im preußischen Allgemeinen Landrecht und im französischen Code civil zwischen Rezeption römisch-rechtlicher Prinzipien und verändertem Familienverständnis. 2006.

Band 333 Dino Joakim Duderstadt: Spiel, Wette und Differenzgeschäft (§§ 762–764 BGB) in der Rechtsprechung des Reichsgerichts und in der zeitgenössischen Literatur. 2007.

Band 334 Ronald Hoffmann: Die Domänenfrage in Thüringen. Über die vermögensrechtlichen Auseinandersetzungen mit den ehemaligen Landesherren in Thüringen nach dem Ersten Weltkrieg. 2006.

Band 335 Joachim Windmüller: *Ohne Zwang kann der Humanismus nicht existieren...* – „Asoziale“ in der DDR. 2006.

Band 336 Sven Christian Gläser: Die Mediatisierung der Grafschaft Wertheim. Der juristische Kampf eines kleinen Reichsstandes gegen den Verlust der Landesherrschaft und seine Folgen. 2006.

Band 337 Benjamin Schleyer: Friedrich Wilhelm Bornemann (1798–1864). Eine Juristenkarriere im Preußen des 19. Jahrhunderts. 2006.

Band 338 Die Reform des Ehescheidungsrechts von 1976. Quellen zum Ersten Gesetz vom 14.6.1976 zur Reform des Ehe- und Familienrechts (Parlamentarische Ausschussprotokolle – Anglikanische Denkschrift von 1966 zur Scheidungsrechtsreform – Schlussabstimmung 1969 in der Eherechtskommission des Bundesministeriums der Justiz). Eingeleitet und herausgegeben von Werner Schubert. 2006.

Band 339 Andreas Feld: Das Bayerische Gesetz zum Schutz des Eigentums an Erzeugnissen der Literatur und Kunst gegen Nachdruck vom 15.04.1840. Vorgeschichte und Zustandekommen. 2007.

Band 340 Bernd Wörner: Adelbert Düringers Einfluß als Richter am Reichsgericht in Leipzig auf dem Gebiet des Personengesellschaftsrechts. 2007.

Band 341 Jan Jelle Kähler: Französisches Zivilrecht und französische Justizverfassung in den Hansestädten Hamburg, Lübeck und Bremen (1806–1815). 2007.

Band 342 Jörn Eckert / Pia Letto-Vanamo / Kjell Å. Modéer (Hrsg.): Juristen im Ostseeraum. Dritter Rechtshistorikertag im Ostseeraum 20.–22. Mai 2004. 2007.

Band 343 Ferdinand von Weyhe: A.E. Wassermann. Eine rechtshistorische Fallstudie zur „Arisierung“ zweier Privatbanken. 2007.

Band 344 Martin Klaus Römermann: Kündigungen und Kündigungsschutz im Franquismus. 2007.

Band 345 Thomas Hoffmann: Der Landrechtsentwurf David Hilchens von 1599. Ein livländisches Rechtszeugnis polnischer Herrschaft. 2007.

Band 346 Ingo Ullmann: Die rechtliche Behandlung holsteinischer Leibeigener um die Mitte des 18. Jahrhunderts. Dargestellt unter besonderer Berücksichtigung der Schmoeler Leibeigenschaftsprozesse von 1738 bis 1743 sowie von 1767 bis 1777. 2007.

Band 347 Petra Fischer-Langosch: Die Entstehungsgeschichte des Familiengesetzbuches der DDR von 1965. 2007.

Band 348 Lasse O. Johannsen: Die rechtliche Behandlung ausreisewilliger Staatsbürger in der DDR. 2007.

Band 349 Ralf Schlottau: Deutsche Kolonialrechtspflege. Strafrecht und Strafmacht in den deutschen Schutzgebieten 1884 bis 1914. 2007.

Band 350 Hartwig Brandt / Ewald Grothe (Hrsg.): Rheinbündischer Konstitutionalismus. 2007.

Joachim Gaertner / Erika Godel (Hrsg.)

Religionsfreiheit und Frieden

Vom Augsburger Religionsfrieden zum europäischen Verfassungsvertrag

Frankfurt am Main, Berlin, Bern, Bruxelles, New York, Oxford, Wien, 2007.
97 S.
Schriften zum Staatskirchenrecht.
Herausgegeben von Axel Frhr. von Campenhausen, Christoph Link und Jörg Winter. Bd. 33
ISBN 978-3-631-55239-1 · br. € 19.80*

Mit dem Augsburger Religionsfrieden vom 25. September 1555 wurde im Heiligen Römischen Reich deutscher Nation eine erste konfessionelle rechtliche Koexistenzordnung geschaffen. Sie hat das Verhältnis von Staat und Kirche in der Folgezeit grundlegend verändert. Diese Ordnung ermöglichte eine Entwicklung, in der der Staat fortan nicht mehr als religiöse, sondern nur noch als politisch-weltliche Einheit verstanden wurde. Die Gewährung des Rechts auf Auswanderung (ius emigrandi) an die andersgläubigen Untertanen war ein erster, wenn auch bescheidener Schritt auf dem Weg zur heutigen Anerkennung des Grundrechts auf Religionsfreiheit. Der Tagungsband dokumentiert ein Symposion, das am 22. September 2005 in der Französischen Friedrichstadtkirche in Berlin stattfand. Seine Zielsetzung war nicht nur, die historische Bedeutung dieses für die innere Ordnung des Heiligen Römischen Reiches zentralen Reichsabschieds in Erinnerung zu rufen. Man ging vor allem der Frage nach, welche Bedeutung einige der damals getroffenen Regelungen bis in unsere Gegenwart haben. Dabei wurde eine Brücke vom Jahre 1555 zum Vertrag über eine Verfassung für Europa aus dem Jahre 2004 geschlagen.

Aus dem Inhalt: *M. Heckel*: Der Augsburger Religionsfriede – Sein Sinnwandel vom provisorischen Notstands-Instrument zum sakrosankten Reichsfundamentalgesetz religiöser Freiheit und Gleichheit · *H. Klueting*: Der Augsburger Religionsfrieden und die katholische Reichskirche · *G. Riedl*: Vom theologischen Glaubensstreit zum historischen Rechtsfrieden ...und darüber hinaus? Porträt des Augsburger Religionsfriedens (1555) als einer (un-)genutzten Chance gelebter Ökumenefähigkeit · u.v.m.

www.ingramcontent.com/pod-product-compliance
Ingram Content Group UK Ltd.
Pitfield, Milton Keynes, MK11 3LW, UK
UKHW021940290926
8980IPUK00016B/1718